高等职业教育现代学徒制试点专业系列教材

高等职业教育示范性产业学院系列教材

继电保护实验实训指导书（第二版）

（活页式）

主　编　吴轶群　刘　宇

副主编　钟福文　邵诚霖　黄心怡

中国水利水电出版社

www.waterpub.com.cn

·北京·

内 容 提 要

本教材是高等学校电力技术类相关专业继电保护课程教学的配套活页式实训教材。按照工作领域典型工作任务共分四个项目，包括微机保护调试基础元件认知和操作、常规继电器调试、中低压输电线路保护测控装置调试、变压器保护测控装置调试。本教材的编写倡导行动导向的教学，通过问题的引导，促进学生主动地思考和学习。本教材的教学须在工学结合一体化的真实环境或仿真环境里完成，教材编写按照现场继电保护调试的作业流程，实用性及可操作性较强。

本教材适用于继电保护维护与运行的技术、管理人员参考使用，可作为继电保护高级工考试教材和继电保护技师、高级技师的指导用书，同时还可作为继电保护培训中心现场实操教材。

图书在版编目（CIP）数据

继电保护实验实训指导书 / 吴铁群，刘宇主编. -- 2版. -- 北京 : 中国水利水电出版社，2024.6
高等职业教育现代学徒制试点专业系列教材 高等职业教育示范性产业学院系列教材
ISBN 978-7-5226-2037-4

Ⅰ. ①继… Ⅱ. ①吴… ②刘… Ⅲ. ①继电保护－实验－高等职业教育－教材 Ⅳ. ①TM77-33

中国国家版本馆CIP数据核字(2024)第005904号

书　　名	高等职业教育现代学徒制试点专业系列教材 高等职业教育示范性产业学院系列教材 **继电保护实验实训指导书（第二版）（活页式）** JIDIAN BAOHU SHIYAN SHIXUN ZHIDAOSHU
作　　者	主　编　吴铁群　刘　宇 副主编　钟福文　邵诚霖　黄心怡
出版发行	中国水利水电出版社 （北京市海淀区玉渊潭南路1号D座　100038） 网址：www.waterpub.com.cn E-mail：sales@mwr.gov.cn 电话：（010）68545888（营销中心）
经　　售	北京科水图书销售有限公司 电话：（010）68545874、63202643 全国各地新华书店和相关出版物销售网点
排　　版	中国水利水电出版社微机排版中心
印　　刷	北京市密东印刷有限公司
规　　格	184mm×260mm　16开本　16.25印张　385千字
版　　次	2017年11月第1版第1次印刷 2024年6月第2版　2024年6月第1次印刷
印　　数	0001—1500册
定　　价	**59.00**元

前言

本教材是针对继电保护相关职业典型工作任务学习领域课程开发的活页式教材，是一本强调学生主动学习和有效学习的新教材，也是广东省高职教育广州德晟电力示范性产业学院和电力系统继电保护技术现代学徒制试点专业的建设成果之一。本教材从行业的实际出发，以立德树人为根本，结合电力行业的职业素养要求，融入课程思政元素，注重社会主义核心价值观教育、劳动教育，注重团结协作教育，增强安全意识和责任意识，培养精益求精的大国工匠精神，使党的二十大精神进教材、进课堂、进头脑。教材通过总结多年教学、实践经验，在学习和工作一体化的情境下，引领学生完成继电保护调试技术相关典型工作任务，在培养专业能力的同时，也促进学生关键能力和综合素质的提升，从而发展学生的综合职业能力。

本教材以基于工作过程的思路编排实训项目，实训内容强调实践性。每个项目中包含若干个实训任务，以实训内容为中心，从实训目标、实训内容、实训指导到技能训练与成绩评定等环节展开，在完成工作的过程中学习专业技能；每个实训任务都有相应的考核要求和评分标准，并对实训效果进行量化，在考核评分标准中对训练过程进行记录，给出可操作的量化考核标准；实训内容和考核标准与国家职业技能鉴定全面接轨，构建职业资格证书“直通车”，实现高职高专技能型人才的培养目标。

本教材共分四个项目：项目一为微机保护调试基础元件认知和操作，主要完成电力自动化计算机监控系统的功能认知及基本操作，并掌握微机保护调试中的主要器具设备的特性及使用方法；项目二为常规继电器调试，主要完成单个常规继电器（如电压、电流、功率方向、同步检查时间、中间、信号及感应性电流继电器等）元件特性测试任务，通过调试熟练掌握微机保护调试仪的使用方法；项目三和项目四分别以实际微机装置为例，结合现场实际作业流程完成中低压线路、变压器保护装置的调试。各有关院校在使用本教材时，可根据教学计划、试验条件灵活安排学习任务，有些内容可安排为综合型实训环节。

本活页式教材可以让学生在学习过程中获得与以往完全不同的学习体

验，让学生成为学习的主体，同时深刻理解工作任务的每一个学习目标，指导并评价自己的学习效果；自主学习同时通过教师指导、团队协作、小组讨论、自评与互评，强调操作规范和安全要求，提升工作技能和职业素养。

参加本教材编写工作的是长期从事电力系统继电保护教学和实践的一线老师，以及长期在现场参与调试及培训任务具有主富经验的企业专业技术人员。广东水利电力职业技术学院颜慧、牛明莉、陈艳、黄贵军以及枣庄工程技师学院（枣庄科技职业学院）邱广凯、唐玉坤共同参编，并完成教材的视频和资源制作，全书由吴铁群统稿。本教材的编写还得到了广东昂立电气自动化有限公司技术部刘雁冰、陈灿钿、许志和，重庆新世纪电气有限公司技术部汪泽进、张晓平工程师，广州德晟电力科技有限公司程红、庞大丰、朱军城、何健华工程师以及广东电网技能专家、教授级高级工程师黄国平的大力协助，他们对本教材进行审阅并提出了宝贵的意见，编写人员参考借鉴了相关著作、报刊的有关资料。在此一并表示衷心的感谢！

由于编者水平有限，书中难免疏漏之处，恳请广大读者批评指正。

编者

2024年3月

"行水云课"数字教材使用说明

"行水云课"水利职业教育服务平台是中国水利水电出版社立足水电、整合行业优质资源全力打造的"内容"＋"平台"的一体化数字教学产品。平台包含高等教育、职业教育、职工教育、专题培训、行水讲堂五大版块，旨在提供一套与传统教学紧密衔接、可扩展、智能化的学习教育解决方案。

本套教材是整合传统纸质教材内容和富媒体数字资源的新型教材，它将大量图片、音频、视频、3D动画等教学素材与纸质教材内容相结合，用以辅助教学。

内页二维码具体标识如下：

· Ⓕ 为动画

· ▶ 为微课

· ▤ 为文档

· Ⓟ 为图片

线上教学与配套数字资源获取途径：

· 手机端：

关注"行水云课"公众号→搜索"图书名"→封底激活码激活→学习或下载

· PC端：

登录"xingshuiyun. com"→搜索"图书名"→封底激活码激活→学习或下载

数字资源索引

续表

目 录

项目一

微机保护调试基础元件认知和操作

微机保护调试中必备的主要元件有微机保护调试仪、模拟断路器等，也常涉及后台监控软件的基本操作。

本项目主要完成三个任务：对 P8000 电力自动化计算机监控系统的功能认知及基本操作、ONLLY 系列测试仪的结构认识及基本操作、6633D 型高压断路器模拟装置的结构认识及使用方法。要求学生在调试过程中，按照 35kV 线路保护检验作业规范，熟练运用本项目的基础元件完成保护流程作业。

任务一　电力自动化计算机监控系统认知及操作

● **任务描述**

按照变电站相关运行规程的要求，完成实时监控、历史报表、事件查询、数据备份、事故追忆、保护定值查询与设置等基本功能；对照相关规程分析设备运行状态并进行事故判断与分析。

● **学习目标**

（1）了解 P8000 电力自动化计算机监控系统的运行界面及功能。

（2）掌握运行程序中登录退出、控制操作、保护定值查询与设置、事件查询等操作方法。

（3）学会分析设备运行状态并进行事故判断分析。

● **任务分组**

表 1-1-1　　学生任务分配表

<table>
<tr><td>班级</td><td></td><td>组号</td><td></td><td>指导老师</td><td></td></tr>
<tr><td>组长</td><td></td><td>学号</td><td colspan="3"></td></tr>
<tr><td colspan="2" rowspan="5">组员</td><td>姓名</td><td>学号</td><td>姓名</td><td>学号</td></tr>
<tr><td></td><td></td><td></td><td></td></tr>
<tr><td></td><td></td><td></td><td></td></tr>
<tr><td></td><td></td><td></td><td></td></tr>
<tr><td></td><td></td><td></td><td></td></tr>
<tr><td colspan="6">任务分工</td></tr>
<tr><td colspan="6"></td></tr>
</table>

● **获取信息**

引导问题 1：P8000 电力自动化计算机监控系统具备哪些功能？

____

____

引导问题 2：P8000 电力自动化计算机监控系统如何进行保护定值查询与设置？

____

____

● **工作计划**

表 1-1-2　　工　作　方　案

步骤	工　作　内　容	负责人

● **进行决策**

(1) 各组派代表阐述工作方案。

(2) 各组对其他组的工作方案提出自己不同的看法。

(3) 教师结合大家完成的情况进行点评，选出最佳方案。

● **工作实施**

按照工作方案的内容及步骤进行变电站运行监控，编写运行记录（表 1-1-3）。

表 1-1-3　　变电站运行记录表

序号	设备名称	型号	运行参数				停送电记录			
			I	P	Q	$\cos\varphi$	停电时间	停电范围	停电原因	操作人
							倒闸记录			
							倒闸原因		监护人	操作人
							开关跳闸、继电保护记录			
值班人员：							日期：			

● **评价反馈**

1. 验收过程情况记录

完成验收过程问题记录表1-1-4。

表1-1-4 验收过程问题记录表

验收问题记录	整 改 措 施	完成时间	备注

2. 各组代表展示作品，介绍任务的完成过程、实施过程存在的问题及解决方法，完成评价考核评分表1-1-5。

表1-1-5 评价考核评分表

项目名称	评 价 内 容	分值	评价分数		
			自评	互评	师评
职业素养考核项目（40%）	安全意识、责任意识、服从意识	10			
	积极参加教学活动，按时完成工作活页内容	10			
	团结合作、与人交流能力	10			
	文明作业，清理现场	10			
专业能力考核项目（60%）	调试准备工作到位	10			
	操作步骤准确	20			
	操作过程熟练、规范	20			
	记录报告编写完整、正确	10			
总分					
总评	自评（20%）+互评（20%）+师评（60%）	综合等级		教师（签名）：	

● **任务相关知识点**

1. P8000电力自动化计算机监控系统简介

P8000电力自动化计算机监控系统是支持重庆新世纪公司生产的以EDCS-6000、EDCS-7000、EDCS-8000、EDCS-9000系列单元结构为基础的电力综合自动化系统的专用软件包。它由组态程序和运行程序两部分组成。组态程序和运行程序之间相互独立。但组态程序是运行程序的基础。

软件运行基本环境要求如下。

CPU：主频1GHz或更高。

内存：256MB以上。

硬盘空间：40GB 以上。

监视器：VGA、1024×768 或更高分辨率。

操作系统：Windows NT、Windows 2000、Windows XP。

本软件系统是介于电力保护监控和过程控制之间的一款功能强大的监控软件系统，运行界面丰富、灵活、生动；使用操作简便，易于使用者掌握和接受；安装和维护十分方便快捷；可满足不同变电站、配电所和电站的不同需求。

2. 软件功能

（1）本软件支持单机运行和网络运行（可支持单网和双网），支持双机热备用。

（2）支持多种通信方式（如 RS232、485、CAN、以太网）。

（3）除支持重庆新世纪公司开发通信规约外，还支持多种标准通信规约（如 ModBus 规约、部颁 CDT 规约、101 规约、104 规约等）。

（4）由于本软件系统在开发时考虑到变电站和电站的实际情况和电力行业的发展要求，预留有可扩展模块，通过简单的二次开发，可实现与多种外围设备（如直流屏、电能表、调速器、PLC、励磁屏等）的通信来实现数据采集和控制。

（5）软件具有事故录波查询功能，可根据保护装置上传的事故信息数据产生出参数波形，便于用户分析事故原因。

（6）软件具有十分丰富、生动的动画功能，可实现电气潮流方向、电站开机过程动态显示及电站辅机运行情况的动态显示（油、气、水及电机的运行情况）。

（7）报表灵活，能根据用户的实际情况来建立报表；可实现报表的分时、分段打印或用户选择打印时段进行打印。

3. 运行程序

P8000 电力自动化计算机监控系统根据组态程序按照组态数据，要求画面实现实时监控、历史报表、事件查询、数据备份、事故追忆等运行。组态程序和运行程序两个程序间仅以组态数据文件作关联。以下对运行程序的主菜单主要功能加以说明。

双击电力监控图标，进入 P8000 电力自动化计算机监控系统运行程序。

（1）登录与退出。

1.1 电力监控软件的登录与退出

1）用户登录/注销。选择用户（Alt＋U）菜单，点击“用户登录/注销”项，即在画面上弹出一个“输入登录操作密码”对话框，点击“▼”在“用户名”下拉列表框中找到自己的名字，在“用户密码”文本框中输入密码，再单击“确认”按钮，如图 1-1-1 和图 1-1-2 所示。

用户登录后，即可进行该用户权限范围内的操作。

2）用户退出。选择文件（Alt＋F）进入文件菜单，根据选择，也可退到 Windows 界面。操作：单击菜单“退出”，正确输入有权限退出程序的密码后，将弹出选择退出方式对话框，选择退出方式后，单击“是”按钮，即执行相应的退出方式，如果不想退出，单击“否”按钮，如图 1-1-3 所示。

注意：如果是想关机，最好是在屏幕上选关机一项，当计算机屏上出现“现在您可以安全地关闭计算机了。”时才能关闭电源。如果没有出现上面这句话而直接

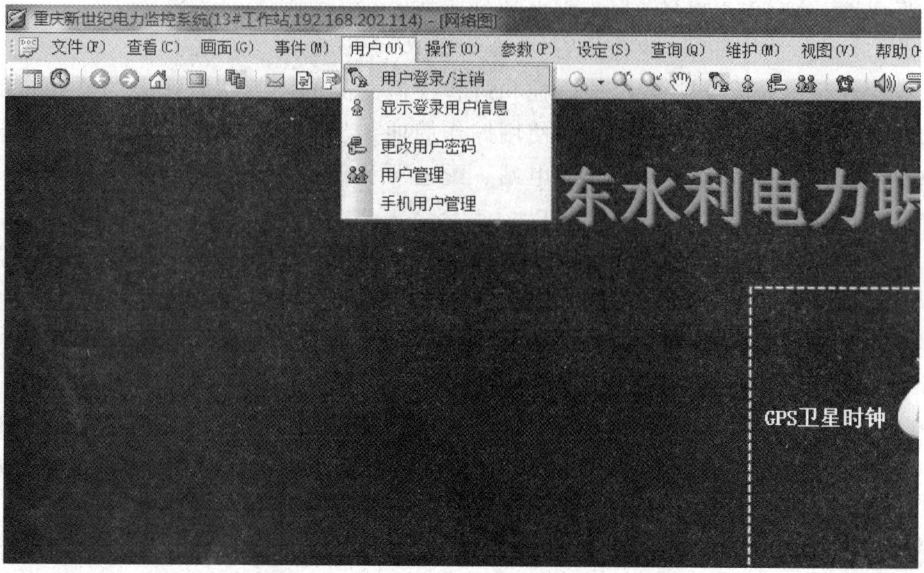

图 1-1-1 选择“用户登录/注销”命令

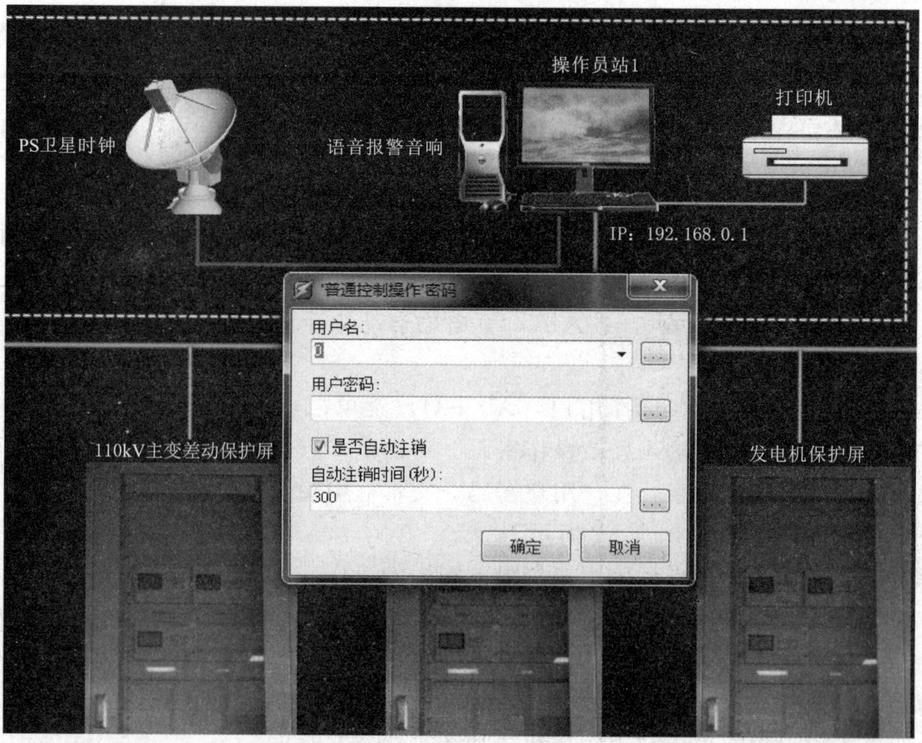

图 1-1-2 弹出“普通控制操作密码”对话框

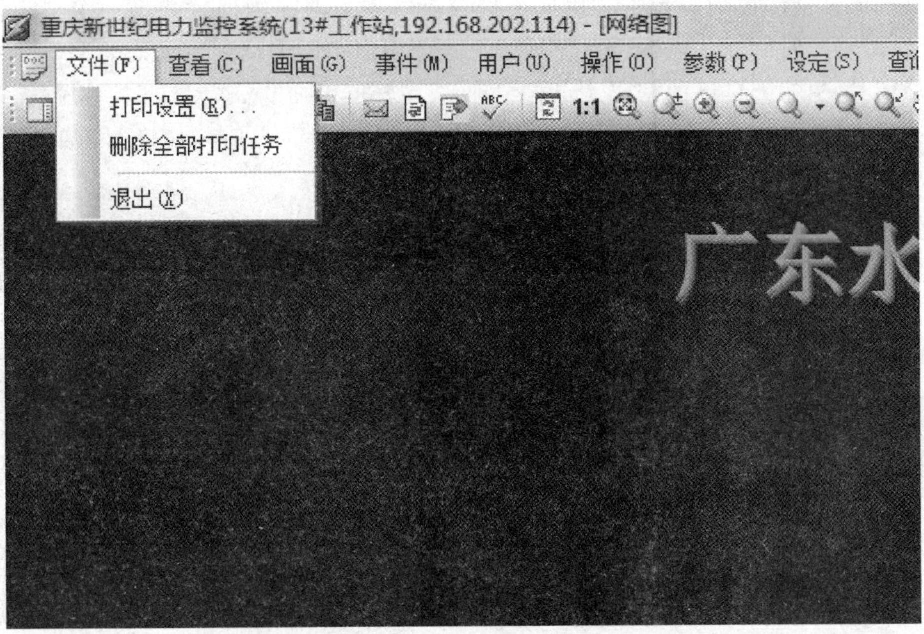

图 1-1-3 选择“退出”命令

关电源，可能会引起 Windows 的某些信息丢失，重新开机时，会出现扫描磁盘错误等问题。

(2) 操作。操作（Alt+O）菜单中主要命令，如图 1-1-4 所示。

1.2 单元装置的控制操作

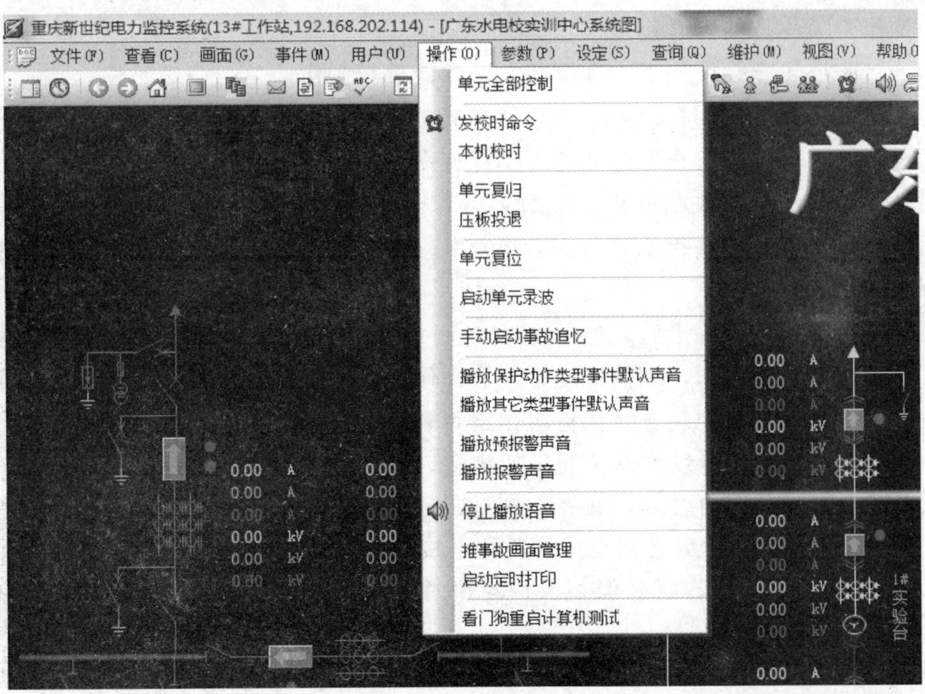

图 1-1-4 “操作”菜单命令

1）单元全部控制。点击“单元全部控制”项，即在画面上弹出一个“输入登录操作密码”对话框，点击“▼”按钮，在“用户名”中找到自己的名字，在“用户密码”栏中输入自己的密码，点击“确认”按钮，弹出操作对话框，根据需要直接在对话框内对所有单元进行相关“复归”“远近控”“定值区切换”“启动录波”等操作，如图1-1-5所示。

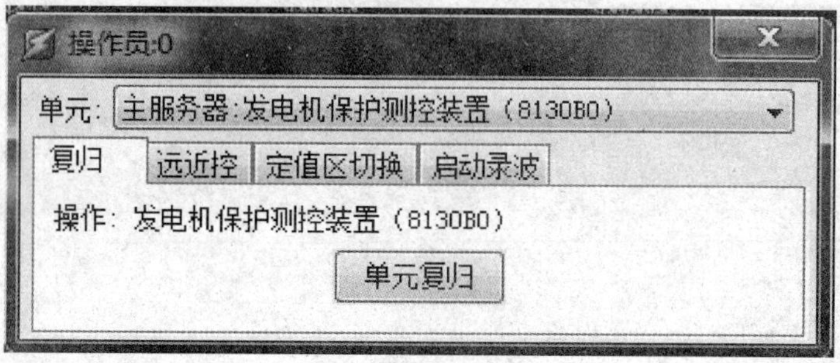

图1-1-5 选择单元操作

如果要进行相应间隔开关的分合闸操作，也可在画面中直接点击要操作的开关对应的断路器图标，即在画面上弹出一个“输入登录操作密码”对话框，点击“▼”按钮，在“用户名”栏中找到自己的名字，在“用户密码”栏中输入密码，点击“确认”按钮，弹出操作对话框，根据需要在对话框内只能对本开关进行操作，如图1-1-6所示。下一个开关的操作方法如同上一个开关操作过程。如果鼠标已经变为手形就不需用户登录等操作步骤。

操作中需注意的问题有以下：

（a）监控装置必须处于“远控状态”才能进行操作。

（b）在发开关操作命令前，如果该单元的开关挂牌闭锁有效，则要对开关挂牌闭锁进行检查，仅当检查通过才能发出操作命令，闭锁说明详见“开关挂牌”。

（c）在进行操作时，如果出现24V信号电源异常、220V控制电源异常、分合闸回路异常（可以根据指示灯判别，不亮则异常），请不要继续操作，应清除故障后再操作。

（d）在操作命令发出后，通常很短时间内就能使开关分或合，但如果几秒钟后，现场开关仍未动作，上位机提示开关操作失败，说明上位机和监控装置的通信是正确的，请查看监控装置及执行机构是否有问题。

（e）如果机组装置发生保护动作后跳闸，这时要进行合闸操作，而直接合闸却不成功时，请先分闸再合闸，或者操作复归后再执行合闸操作。

（f）每次保护动作后必须在保护装置上按“信号复归”键，或在上位机中操作“单元操作复归”操作，以确保在保护动作时，保护信息不被丢失；同时，也为下次操作合闸做好准备。

（g）开关操作完成，需退出操作状态，让鼠标图标变为“箭头形”，以避免其他人员用现有已登陆用户的操作权限进行操作。

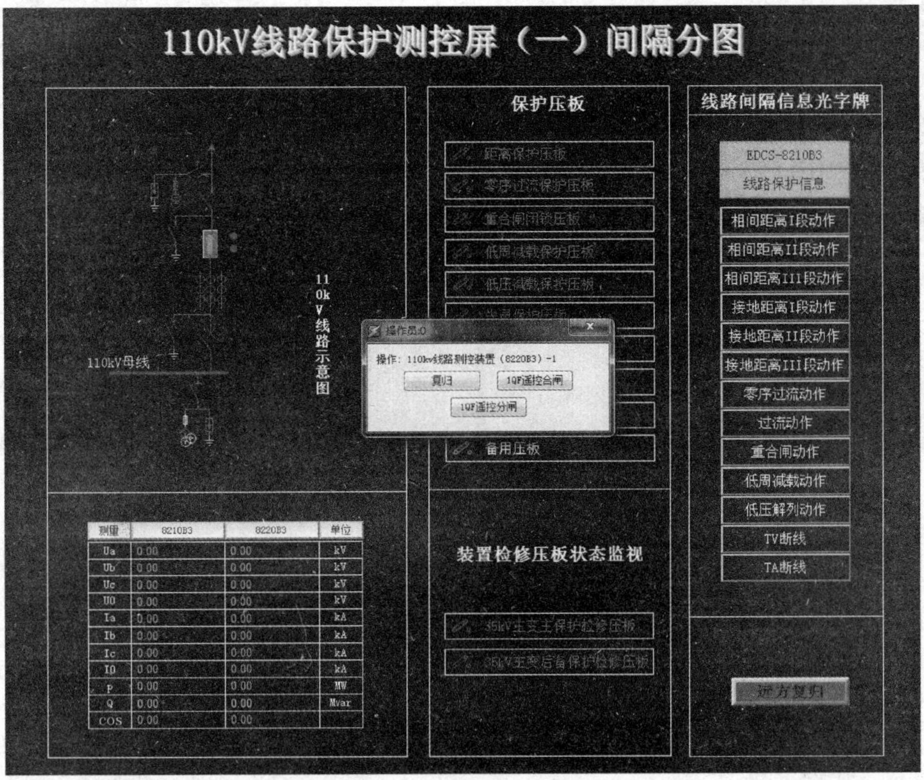

图 1-1-6　本间隔开关操作

2）单元复位。点击“单元复位”项，弹出“输入复位单元密码”对话框，输入“用户名”和“密码”，点击“确认”按钮，弹出“单元复位”对话框，在“选择单元”栏选中所要复位操作的单元，点“确定”按钮，完成单元复位操作，如图 1-1-7 所示。

3）单元复归。点击“单元复归”项，弹出“单元操作复归”对话框，选择所要复归的单元，点击“复归”按钮，完成单元复归操作，如图 1-1-8 所示。

1.3　运行参数及保护采样查询

（3）保护查询与设置。

1）运行参数查询。点击“参数（Alt+P）”菜单中“运行参数”，可查看单元回路各运行参数，如图 1-1-9 所示。

选择“模拟量”选项卡，显示出单元的 I、P、Q、$\cos\varphi$、U、f 等二次值和一次值。根据需要选择查看单元回路的模拟量。

选择“开关量”选项卡，即弹出“运行参数”菜单中开关量栏，可显示单元的开关信号状态，“1”为有信号，“0”为无信号，根据需要选择查看单元回路的开关量。

选择“电度”选项卡，显示出单元的电能当前二次值、一次值，根据需要选择查看单元回路的电能。

此外，还可根据需要查询“模拟量角度”“合闸参数”等其他运行参数。

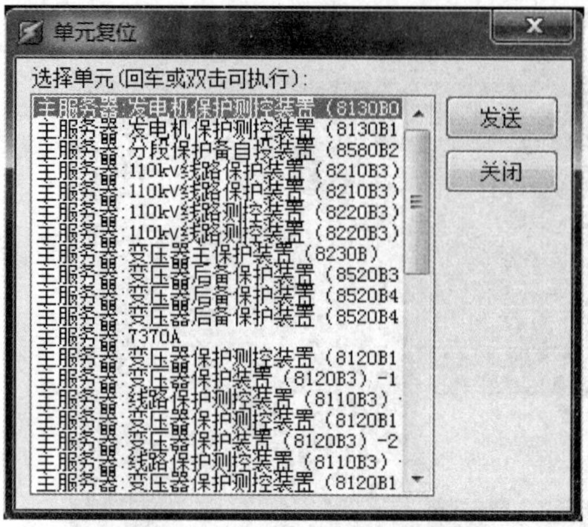

图 1-1-7 “单元复位”对话框

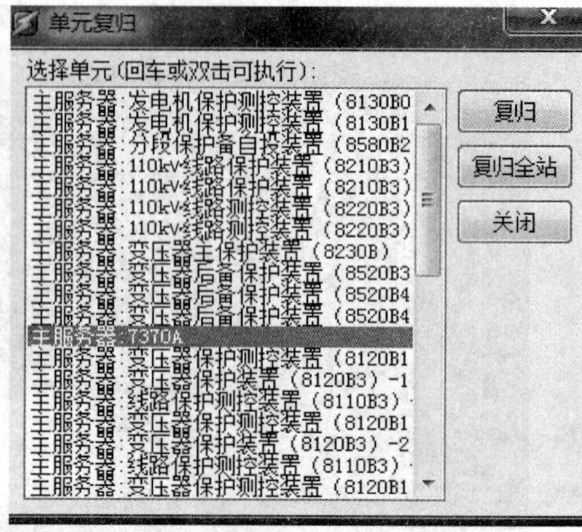

图 1-1-8 “单元复归”对话框

图 1-1-9 “运行参数”窗口

1.4 保护定值查询与修改

2）保护采样。选择“参数（Alt+P）”菜单中“保护采样”命令，即弹出“保护采样”对话框，显示出单元的各个采样值和计算值，根据需要用滚动条选择查看各回路的保护采样。

3）保护定值查询与修改。选择“(Alt+S)”菜单中“定值”命令，可完成对单元箱上的保护定值查询与修改。在“选择单元”树型目录中选择，可对单元箱上的保护定值查询。修改单元箱上的定值，是通过修改“主机值”，然后把“主机值”发送给单元箱来完成；主机定值发送后，无论发送是否成功，“主机值”都将存盘。“单元值”是从单元箱召唤上来的。当“主机值”与“单元值”不同时，则修改值字体为“红色”，表示定值修改未成功，应重新向单元发送定值进行修改，如图 1-1-10 所示。

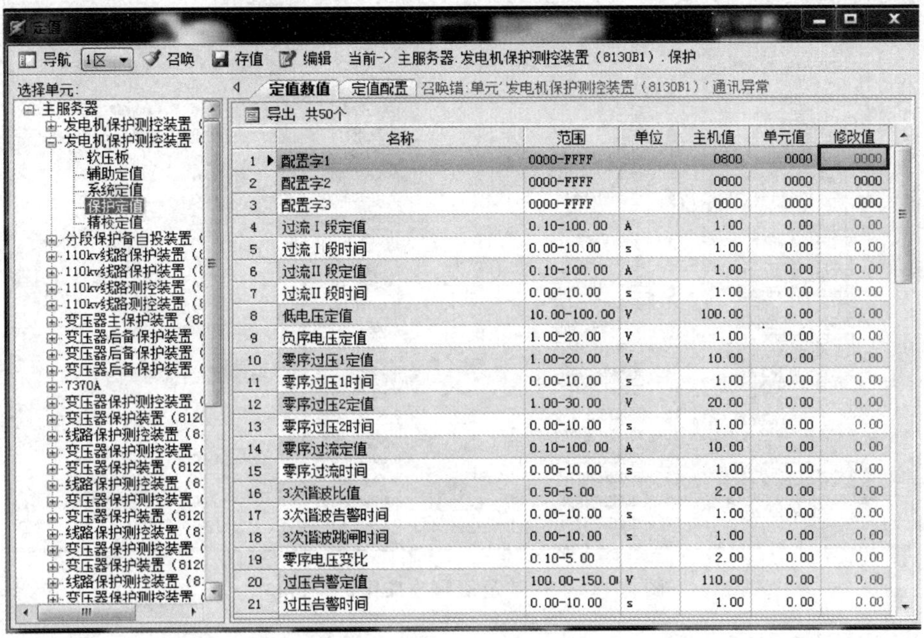

图 1-1-10 “定值”窗口

单击“编辑”按钮，正确输入用户名及其密码后，即进入编辑状态，选择相应的定值区号，即可对当前区号定值的“数字定值”和“保护配置”进行修改。

“定值数值”的修改：选择“定值数值”选项卡，用光标把输入焦点定位到“修改值”一列中要修改处进行修改，点击“存储”即可将修改值赋给主机值，存盘，但不下发单元箱。

“保护配置”的修改：选择“定值配置”页选项卡，单击“修改值”列，当有“√”时，单击后“√”消失，当无“√”时，单击后“√”出现。有“√”表示“1”，即该配置为投入；无“√”表示“0”，即退出该配置。

发送定值到单元箱：单击按钮“发送”，如果输入值的范围检查通过，则输入的主机值将发送给单元箱；否则将显示输入错，只有排除错误后，才能把主机值发送给单元箱。

单击按钮“赋值”，即可把主机值赋给修改值，如图 1-1-11 所示。

1.5 电力监控软件事件查询

(4) 事件查询。

1) 事件（Alt+M）：

“事件”菜单中主要命令如图 1-1-12 所示。

(a) 事件窗口。选择“显示/隐藏主窗口事件窗口”命令，即在画面下方弹出一个事件窗口，最新的一条会闪烁提示，查看多个事件用右边的滚动条移动即可。

(b) 弹出式事件窗口。选择“弹出式事件窗口”命令，即在画面正上方弹出事件窗口，在时间栏里点击右键设置弹出方式。

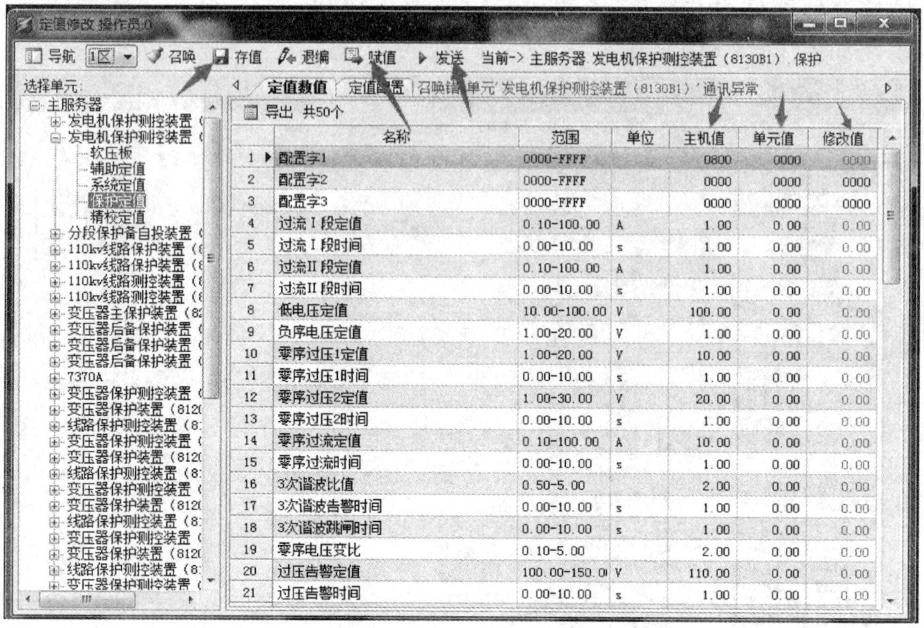

图 1-1-11 “定值修改操作员”窗口

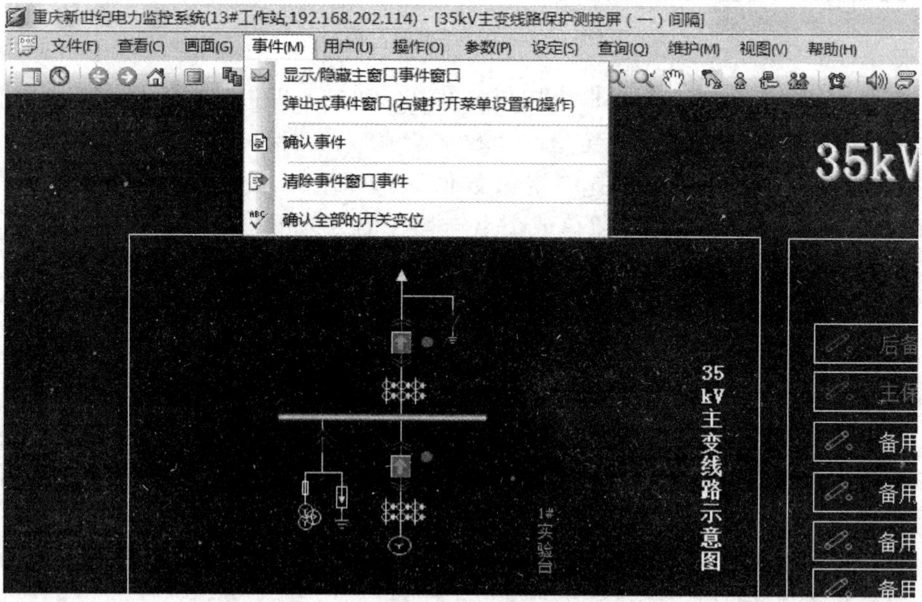

图 1-1-12 “事件”下拉菜单命令

（c）确认事件。选择“确认事件”命令，将闪烁提示的事件命令，使闪烁停止。

（d）确认全部开关变位。选择“确认全部的开关变位”命令，将闪烁提示的开关命令，使闪烁停止。

2）查询（Alt+Q）：

“查询”菜单中主要命令如图 1-1-13 所示。

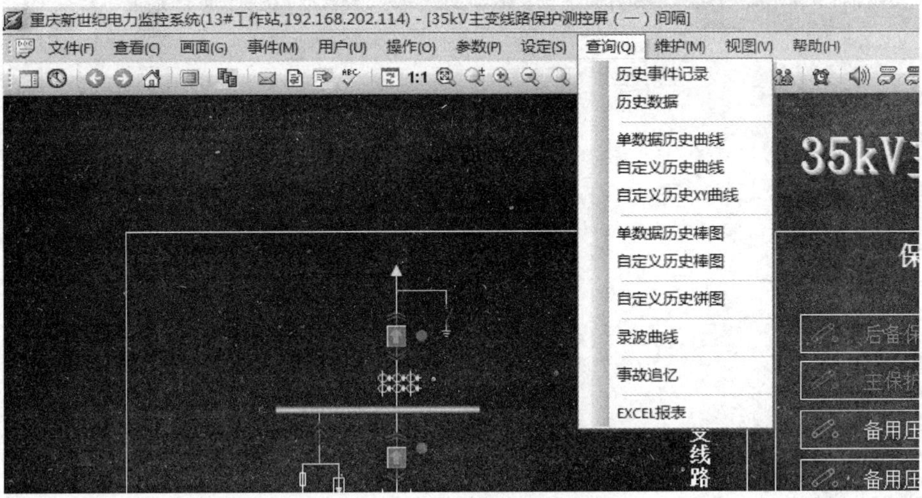

图 1-1-13 “查询”下拉菜单命令

功能：查询历史事件、数据记录。

(a) 历史事件记录：

选择“历史时间记录”命令，可以显示所有发生的事件记录，如图 1-1-14 所示。

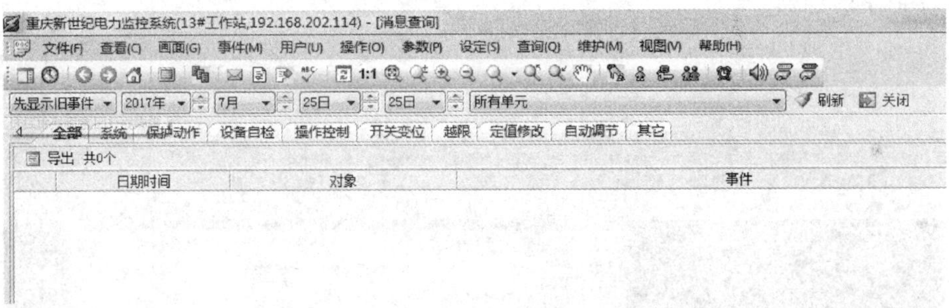

图 1-1-14 “历史事件记录查询”窗口

事件记录可按时间类型、记录范围选择。用第 2～4 个下拉列表框选择查询开始日期的年、月、日；用第 5 个下拉列表框选择查询终止日期的日；用第 6 个下拉列表框选择需查询的单元回路。

历史事件记录可进行保护动作、设备自检、操作控制、开关变位越限、定值修改、自动调节以及其他事件消息记录。

(b) 历史数据：

历史数据可按时间数据、具体数据项目选择。第 1 个下拉列表框选择，可选择“5 分钟数、10 分钟数、15 分钟数、30 分钟数”“日数据”“月数据”和“年数据”四种类型。“默认起终点”下拉列表框选择“起终点”，第 4～6 个下拉列表框选择“年”“月”“日”，如图 1-1-15 所示。

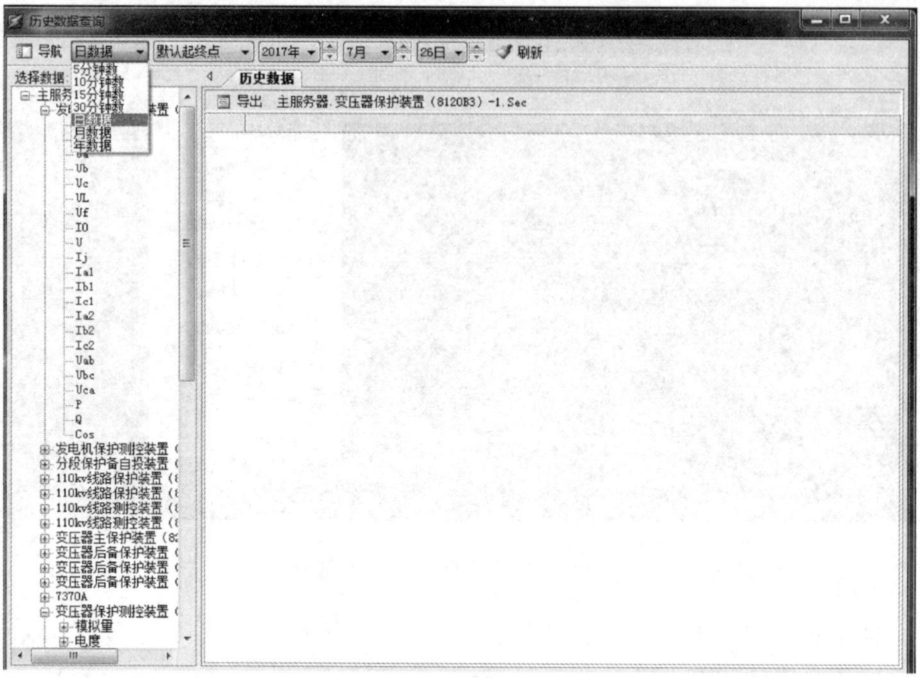

图 1-1-15 “历史数据查询”窗口

(c) 录波曲线：

单击“录波曲线”命令显示单元保护动作时的录波曲线、录波数据等，如图 1-1-16 所示。

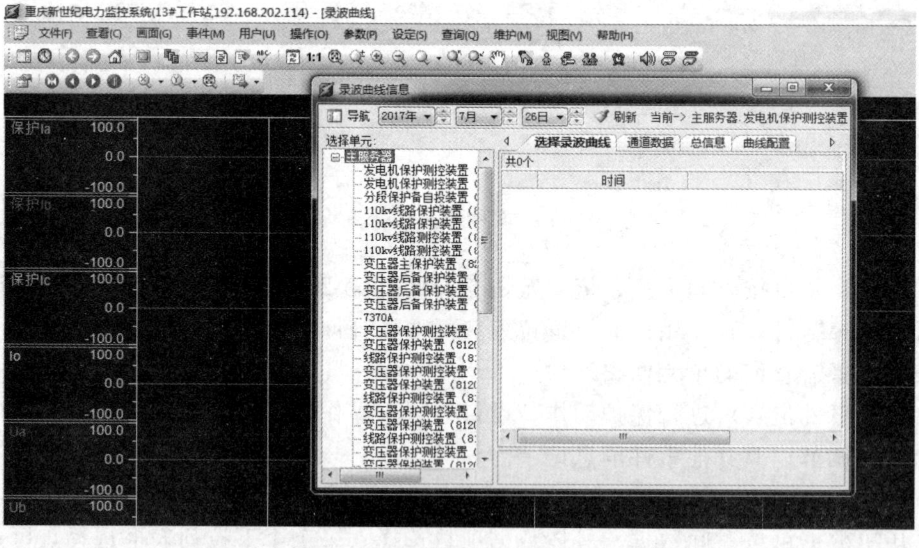

图 1-1-16 “录波曲线”窗口

(d) 事故追忆：

“选择事故追忆”命令可显示事故发生前后 60s 时间内的运行情况，如图 1-1-17 所示。

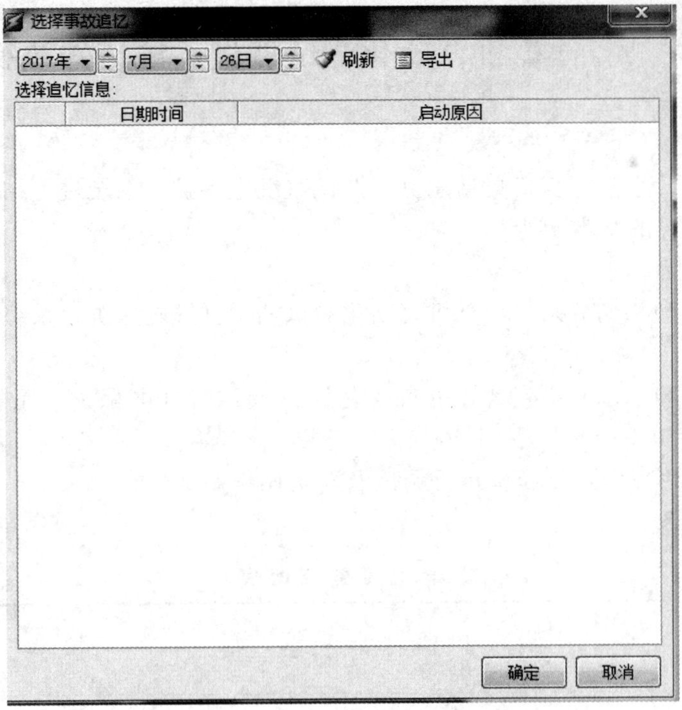

图 1-1-17 “选择事故追忆”对话框

任务二 计算机自动化测试调试系统认知及操作

● **任务描述**

对 ONLLY 系列计算机自动化测试调试（继电保护）系统进行结构认知及基本操作，了解系统的基本功能。

● **学习目标**

（1）了解 ONLLY 系列计算机自动化测试调试（继电保护）系统的硬件构成及特点。

（2）掌握 ONLLY 系列计算机自动化测试调试（继电保护）系统的基本操作方法。

（3）学会用系统进行脱机运行调试及联机操作调试。

● **任务分组**

表 1-2-1 学生任务分配表

<table>
<tr><td>班级</td><td></td><td>组号</td><td></td><td>指导老师</td><td></td></tr>
<tr><td>组长</td><td></td><td>学号</td><td colspan="3"></td></tr>
<tr><td colspan="2">组员</td><td colspan="4"><table><tr><td>姓名</td><td>学号</td><td>姓名</td><td>学号</td></tr><tr><td></td><td></td><td></td><td></td></tr><tr><td></td><td></td><td></td><td></td></tr><tr><td></td><td></td><td></td><td></td></tr><tr><td></td><td></td><td></td><td></td></tr></table></td></tr>
<tr><td colspan="6">任务分工</td></tr>
<tr><td colspan="6"></td></tr>
</table>

● **获取信息**

引导问题 1：说明 ONLLY 系列计算机自动化测试调试（继电保护）系统的硬件构成有哪几部分？各有何功能？

____

____

引导问题 2：ONLLY 系列计算机自动化测试调试（继电保护）系统操作时有哪些注意事项？

____

____

引导问题 3：ONLLY 系列计算机自动化测试调试（继电保护）系统如何进行联机调试？

● 工作计划

表 1-2-2 工作方案

步骤	工作内容	负责人

● 进行决策

(1) 各组派代表阐述工作方案。

(2) 各组对其他组的工作方案提出自己不同的看法。

(3) 教师结合大家完成的情况进行点评，选出最佳方案。

● 工作实施

按照工作方案的内容及步骤进行 ONLLY 系列计算机自动化测试调试（继电保护）系统操作，编写记录表 1-2-3。

表 1-2-3 ONLLY 系列测试仪操作记录表

调试系统结构及软件功能			
设备名称	设备型号	硬件设备构成	软件功能
调试系统操作			
序号	操作内容	操作步骤	注意事项
1	开机		

续表

序号	操作内容	操作步骤	注意事项
2	关机		
3	外接 PC 机联机		

● **评价反馈**

1. 验收过程情况记录，完成验收过程问题记录表 1-2-4。

表 1-2-4　　验收过程问题记录表

验收问题记录	整改措施	完成时间	备注

2. 各组代表展示作品，介绍任务的完成过程、实施过程存在的问题及解决方法，完成评价考核评分表 1-2-5。

表 1-2-5　　评价考核评分表

项目名称	评价内容	分值	评价分数		
			自评	互评	师评
职业素养考核项目（40%）	安全意识、责任意识、服从意识	10			
	积极参加教学活动，按时完成工作活页内容	10			
	团结合作、与人交流能力	10			
	文明作业、清理现场	10			
专业能力考核项目（60%）	调试准备工作到位	10			
	操作步骤准确	20			
	操作过程熟练、规范	20			
	记录报告编写完整、正确	10			
总分					
总评	自评（20%）+互评（20%）+师评（60%）	综合等级	教师（签名）：		

● **任务相关知识点**

1.6 ONLLY系列计算机自动化测试调试（继电保护）系统介绍

1. ONLLY 系列计算机自动化测试调试（继电保护）系统简介

ONLLY 系列计算机自动化测试调试（继电保护）系统由昂立（广州）电气公司研发，自 1994 年底推出系列产品，参照 DL/T 624—2010《继电保护微机型试验装置技术条件》，采用目前最新的电子技术研制的新一代继电保护测试装置，可以独立完成继电保护、励磁、计量、故障录波等专业领域内的装置和元器件测试调试，广泛适用于电力、铁路、石化、冶金、矿山、军事、航空等行业的科研、生产和电气试验现场。

同前几代产品相比，ONLLY 系列计算机自动化测试调试（继电保护）系统在测试精度、幅频特性、散热及可靠性等方面均取得了较大的进步，尤其是小信号波形和精度的处理方面尤为突出。其主要特点如下。

（1）双操作系统，可以外接计算机运行，也可脱机独立运行（内置工控机一体化）。两者的软件界面风格及操作方法完全一致。

（2）测试仪面板兼具键盘设计，无需附加任何 PC 外设即可直接使用，现场操作尤为方便。

（3）10.4 寸彩色液晶显示屏。

（4）多路电压设计，U_x 相电压能提供多种输出方式，可以满足各种不同的测试需求。

（5）装置可以立式或卧式放置，更好地适应于现场及其他各类调试场所。

（6）测试仪内置网络接口，可直接通过网络线和外接计算机相连。

（7）脱机运行亦可支持鼠标操作。

（8）脱机运行状态下，软件功能同样丰富；测试报告可保存于测试仪，以备查阅，也可以上传到外接计算机中进行编辑、打印等处理。

（9）测试仪内置软件升级简单快捷，直接下载最新软件，无需改动任何硬件。

（10）辅助计算功能强大，可自动计算以下参数：正、负、零序电压电流，一次、二次侧有功、无功、功率因数，以及各种故障量等。

（11）单机多达 18 路 D/A 同时输出，满足变压器保护等全方位的调试。

2. 调试仪面板说明

（1）面板介绍。

1）ONLLY 系列测试仪正面板结构。ONLLY 系列测试仪的面板大致相同，在此仅作定性说明，如图 1-2-1 所示。不同型号具体的面板说明详见出厂时的硬件技术资料。

（a）Bianry Input 开入量：

a）8 对开入量。

b）开入量可以接空接点，也可以接 0～250V 的带电位接点，如图 1-2-2 所示。一般地，A、B、C 分别连接保护的跳 A、跳 B、跳 C 接点，R 连接保护的重合闸接点。

（b）A、B、C、a、b、c：6 个开入量公共端（黑色）连接控制开关。

图 1-2-1 ONLLY 系列测试仪正面板图（AD461）

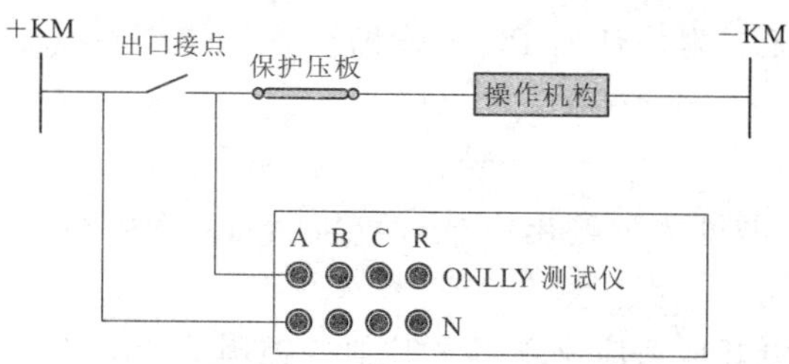

图 1-2-2 ONLLY 系列测试仪开入量引入接线

a）绿灯亮时，表示 6 个公共端之间是相互隔离的。

b）红灯亮时，表示 6 个公共端之间是导通的。

（c）AUXDC 100mA：快速开出量的辅助直流电压（10V，回路电流<100mA）。

（d）Binary Output 开出量：4 对空接点，2 对快速开出。开出量为空接点，接点容量 250V/0.5A，其断开、闭合的状态切换由软件控制。

（e）RUN 程序运行灯。

（f）键盘。

a）1、2、3、4、5、6、7、8、9、0，·：数字输入键。

b）+、-：数字输入键，作“+”、“-”号用，亦可作为试验时增加、减小控制键使用，详见相应的测试软件。

c）BkSp：退格键，用于数字输入时，退格删除前一个字符。

d）Enter：确认键。

e）Esc：取消键。

f）PgUp、PgDn：上、下翻页键。

g）↑、↓、←、→：上、下、左、右光标移动键。

h）Tab：切换键，具体功能由相应的测试软件设定。

i）Help：帮助键。

j）Start：开始“试验”的快捷键。

k）F5、F8、F10：试验过程中的辅助按键，具体功能由相应的测试软件设定。

l）液晶显示屏。

2）ONLLY 系列测试仪上盖板结构。ONLLY 系列测试仪上盖板外形如图 1-2-3 所示。

（a）Voltage Output 电压输出。一般情况，U_a、U_b、U_c 分别对应 A、B、C 三相电压，第 4 路电压 U_x 的输出方式由软件设定，U_n 为电压接地端子（4630G 四个黑色端子内部均相通），M_a、M_b、M_c 为电压小信号输出，M_n 为小信号电压接地端子。

（b）Current Output 电流输出。一般情况，I_a、I_b、I_c 分别对应 A、B、C 三相电流，I_n 为电流接地端子（I_a、I_b、I_c 任意两相或三相输出大电流时，建议将两个 I_n 端子并联输出）；AD461 有两组电流输出 I_a、I_b、I_c、I_x、I_y、I_z。

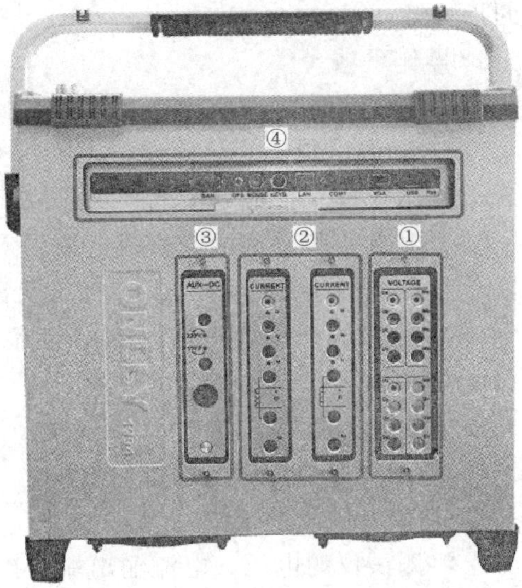

图 1-2-3 ONLLY 系列测试仪上盖板图（AD461）

（c）AUX-DC 辅助直流电压输出。辅助直流电压输出，可选择 110V 或 220V 直流电压输出。

（d）外设接口，如图 1-2-4 所示。

图 1-2-4 ONLLY 系列测试仪外设接口（AD461）

a）BAK：备用接口。

b）GPS：GPS 接口，外接 GPS 用，可选件。

c）MOUSE：鼠标接口，可外接鼠标。

d）KEYB：键盘接口，可外接键盘。

e）LAN：网络通信接口，可外接网线升级。

f）COM1：串口，串行通信接口。

g）VGA：模拟信号输出接口，可外接投影仪。

h）USB：USB 接口，可外接 USB，用于拷贝报告。

i）Rst：重启按键，可重启工控机。

（2）指示灯。

1）1、2、3、4：开出量闭合指示灯。

2）A、B、C、R、a、b、c、r：开入量闭合指示灯。

3）I_a、I_b、I_c、I_x、I_y、I_z：电流输出回路正常指示灯（电流回路开路时，相

应的指示灯亮）。

3. 操作事项

（1）注意事项。

1）启动测试仪前，请确认：

a. 测试仪可靠接地（接地线端孔位于电源插座旁）。

b. 绝对禁止将外部的交直流电源引入到测试仪的电压、电流输出插孔！

c. 工作电源误接 380V AC，将长期音响告警。

2）开始试验前，请确认：单相电流超过 15A 时，请按 F5 或根据提示选择切换到重载输出！

（2）操作步骤。

1）关闭所有与测试仪连接的电源。

2）利用专用测试导线：

a. 将测试仪的电压、电流输出端子接至被测试的保护屏或其他装置。

b. 将被测试保护屏或其他装置上的动作出口接点引回到测试仪相应的开入端子。

3）开启电源开关，启动测试仪，此时液晶屏显示如图 1－2－5 所示。

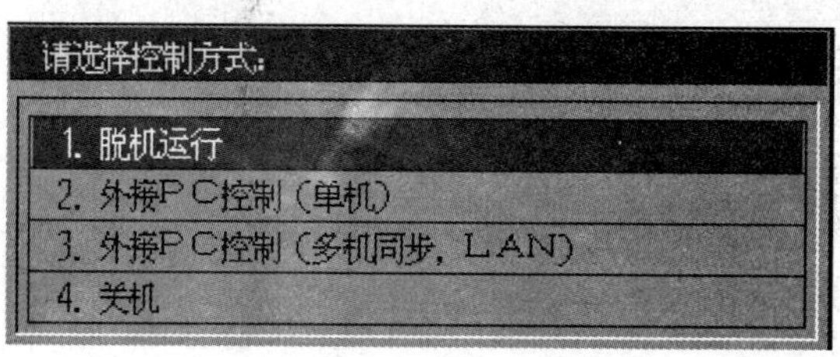

图 1－2－5　ONLLY 系列测试仪开机控制方式选择（AD461）

利用↑、↓键移动光标，按 Enter 选择所要求的测试仪运行方式。

a. 脱机运行，即测试仪脱机独立运行，使用内置的工控测试软件进行试验操作，测试结果将直接存储在内置硬盘中。该方式省去了外接计算机的接线以及计算机和测试仪之间的连接，比较适合于现场空间狭小的测试场所。

b. 外接 PC 机控制（单机）。选择该方式时，测试仪内的工控软件将自动退出，测试仪完全由外接的 PC 机控制。

（a）根据提示，选择测试仪和外接 PC 机的通信端口：串口 COM1 或通用串行总线 USB 或网络通信 LAN。一般选择“网络通信 LAN”连接，屏幕显示提示：外接 PC 控制——请确认 IP 地址［具体联机方法请参考（4）联机操作］。

（b）启动外接 PC 机内的 ONLLY 测试软件 WINDOWS 版本，根据需要进行操作，如工控机软件上传、工控机软件升级等。双击相应的图标，即可进入相关子菜单界面，若子菜单界面显示“Welcome to ONLLY”，表示上下联机成功，否则将出现“联机失败”（注：一旦出现“联机失败”，请确认连接线端口选择是否正确、连接是否可靠，然后用鼠标点击界面上方的“联机”菜单或图标按钮，尝试重新联机）。

c. 外接 PC 机控制（多机同步，LAN），自带多机同步输出功能，能同时输出几十路甚至上百路的可控制的模拟量。

d. 关机，测试仪进入屏幕保护状态。

(3) 软件测试功能。

1) 电压/电流：测试电压、电流、功率方向、中间继电器等各类交直流型继电器的动作值、返回值，以及灵敏角等。

本菜单同时也是整套测试软件中最基本的菜单，最多可同时提供 6 路电压、6 路电流；手控试验方式下，各路电压电流的幅值、角度和频率可以任意调整。

2) 时间测试：测试电压、电流、功率方向、中间继电器等各类交直流型继电器的动作时间，以及阻抗继电器的记忆时间等。

3) 频率/滑差试验：测试频率继电器、低周/低压减载装置等的动作值、动作时间，以及滑差闭锁特性。

4) 谐波叠加：测试谐波继电器的动作值、返回值，各相电压、电流可同时叠加直流、基波及 2～20 次谐波信号。

5) 波形回放：将 COMTRADE 标准格式的录波文件通过测试仪进行波形回放，实现故障再现。

6) 状态序列：用户自由定制的试验方式，程序提供了 50 种测试状态，所有状态均可以由用户自由设置，状态之间的切换由时间控制、按键控制、GPS 控制或开入接点控制。各状态下 4 对开出量的开合能自由控制，可用于模拟保护出口接点的动作情况，尤其方便于故障录波器的独立调试。

7) 整组试验：测试线路保护的整组试验，可模拟瞬时性、永久性、转换性故障，以及多次重合闸等。双端线路保护的 GPS 对调，如高频保护、光纤纵差保护等。

8) 线路保护定值校验：测试距离、零序、过流、负序电流以及工频变化量、阻抗等线路保护的定值校验，定性分析保护动作的灵敏性和可靠性。

9) 功率振荡：以单机对无穷大输电系统为模型，进行双端电源供电系统振荡模拟，主要用于测试发电机的失步保护、振荡解列装置等的动作特性，以及分析系统振荡对距离、零序等线路保护动作行为的影响等。

10) 差动保护：测试发电机、变压器、发变组以及电铁变压器等的差动保护的比例制动特性曲线和谐波制动特性等。

11) 自动准同期：测试同期继电器或自动准同期装置的动作电压、动作频率和导前角（导前时间）等，也可以进行自动调整试验。

12) 计量仪表：校验交流型电压表、电流表、有功功率表、无功功率表，以及变送器等计量类仪表。

13) 阻抗/方向型继电器：测试阻抗/方向型继电器的动作值、返回值、灵敏角，以及动作边界特性、精工电流、精工电压等。

14) 反时限继电器特性：用于反时限继电器的动作时间特性测试，包括 $i-t$ 特性，$u-t$、$f-t$、$u/f-t$ 特性，以及 $z-t$ 特性。

15) 常规继电器测试：用于进行单个常规继电器（如电压、电流、功率、方向、时间、中间及信号继电器等）元件测试，可以完成动作值、返回值、灵敏角以及动作时间等的测试。

16）地铁直流牵引保护：用于地铁直流保护的功能测试，包括 I_{ds} 速断、I_{max} 保护、ΔI 增量保护、DDL 保护、低电压保护等。

（4）联机操作。

ONLLY－AD 系列智能数模计算机继电保护测试系统支持脱机操作，也支持外接 PC 机控制。当外接 PC 机控制时，将计算机与测试仪联机需进行以下设置：

1）设置计算机的 IP 地址为“192.168.253.97”，或者添加一个 IP 地址为“192.168.253.97”，子网掩码设置为 255.255.255.0，保证计算机和测试仪在同一网段上。

2）测试仪通电开机，用网线或通过无线连接计算机和测试仪。

3）打开测试软件（如电压电流菜单），点击联机按钮，弹出设置 IP 地址对话框。

4）在“IP 对话框”内，选择 PC 机的 IP 地址为“192.168.253.97”，并且设置测试仪的 IP 地址为“192.168.253.231”（该 IP 地址为固定值）。最后点击“确认”按钮，开始联机。当联机成功后，将在界面右下角提示“Welcome to ONLLY”。

打开测试软件（如电压电流菜单），选择“配置”—“系统配置（调试仪）”菜单命令，弹出“系统配置”对话框，将“通道配置”选项卡中的各参数选择“内部功放输出”（图 1－2－6），即可进行联机调试操作。

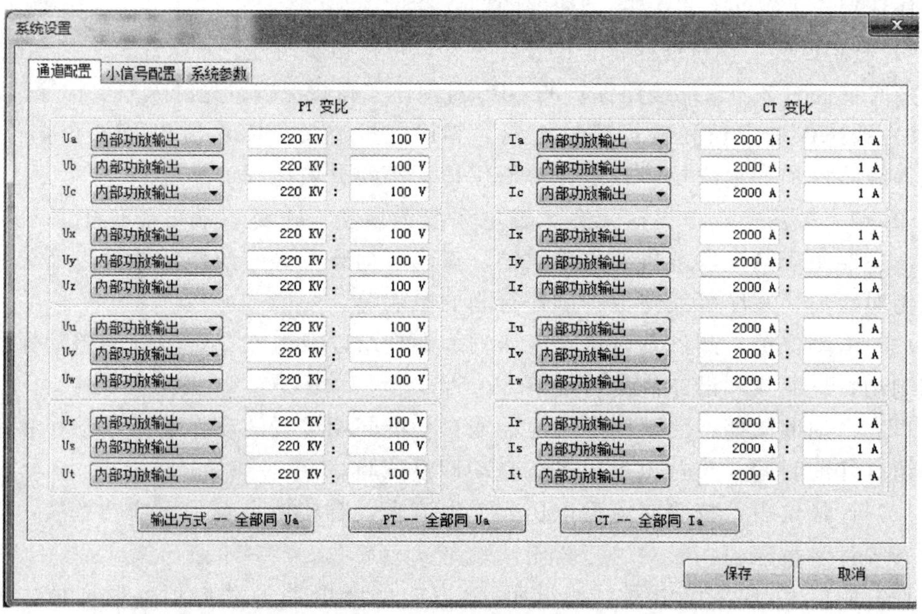

图 1－2－6　ONLLY 系列测试仪外接 PC 机的通道配置

上述操作是更改外接 PC 机的 IP 地址和子网掩码来实现联机操作。如果外接 PC 机的 IP 地址和子网掩码不能更改，也可在启动测试仪后，选择控制方式“外接 PC 控制（单机）”，更改测试仪 IP 地址和子网掩码，使之与 PC 机相同，以实现联机运行。

任务三　高压断路器模拟装置认知及操作

● **任务描述**

对6633D型机械式操作高压断路器模拟装置进行结构认知及基本操作，掌握装置应用于重合闸时的试验接线及操作方法。

● **学习目标**

（1）了解6633D型高压断路器模拟装置的硬件构成及功能。

（2）掌握6633D型高压断路器模拟装置应用于重合闸时的试验接线及操作方法。

● **任务分组**

表1-3-1　　学生任务分配表

<table>
<tr><td>班级</td><td></td><td>组号</td><td></td><td>指导老师</td><td></td></tr>
<tr><td>组长</td><td></td><td>学号</td><td colspan="3"></td></tr>
<tr><td>组员</td><td colspan="5"><table>
<tr><th>姓名</th><th>学号</th><th>姓名</th><th>学号</th></tr>
<tr><td></td><td></td><td></td><td></td></tr>
<tr><td></td><td></td><td></td><td></td></tr>
<tr><td></td><td></td><td></td><td></td></tr>
<tr><td></td><td></td><td></td><td></td></tr>
</table></td></tr>
<tr><td colspan="6">任务分工</td></tr>
<tr><td colspan="6"></td></tr>
</table>

● **获取信息**

引导问题1：说明6633D型高压断路器模拟装置的硬件构成有哪几部分？各有何功能？

____

____

引导问题2：绘制6633D型高压断路器模拟装置应用于重合闸时的试验接线图。

● **工作计划**

表 1-3-2　　工　作　方　案

步骤	工　作　内　容	负责人

● **进行决策**

(1) 各组派代表阐述工作方案。

(2) 各组对其他组的工作方案提出自己不同的看法。

(3) 教师结合大家完成的情况进行点评，选出最佳方案。

● **工作实施**

按照工作方案的内容及步骤进行高压断路器模拟装置操作，编写记录见表 1-3-3。

表 1-3-3　　高压断路器模拟装置操作记录表

高压断路器模拟装置结构及功能		
设备名称	设备型号	硬件设备结构及功能
高压断路器模拟装置操作		
序号	操作内容	操作要点
1	接线	
2	跳合闸操作	

● **评价反馈**

1. 验收过程情况记录

完成验收过程问题记录见表 1－3－4。

表 1－3－4　　验收过程问题记录表

验收问题记录	整　改　措　施	完成时间	备注

2. 各组代表展示作品，介绍任务的完成过程、实施过程存在的问题及解决方法，完成评价考核评分表 1－3－5。

表 1－3－5　　评价考核评分表

项目名称	评　价　内　容	分值	评价分数		
			自评	互评	师评
职业素养考核项目（40%）	安全意识、责任意识、服从意识	10			
	积极参加教学活动，按时完成工作活页内容	10			
	团结合作、与人交流能力	10			
	文明作业，清理现场	10			
专业能力考核项目（60%）	调试准备工作到位	10			
	操作步骤准确	20			
	操作过程熟练、规范	20			
	记录报告编写完整、正确	10			
总分					
总评	自评（20%）＋互评（20%）＋师评（60%）	综合等级		教师（签名）：	

● **任务相关知识点**

1. 装置概述

高压断路器模拟装置主要用于继电保护装置的整组试验以及在备用电源自动投入装置试验等项目中替代真实的高压断路器（根据需要，可灵活地模拟两组断路器的三相），在整组试验时模拟高压断路器的跳闸及合闸，以避免由于重复的整组试验造成高压断路器反复分合闸带来的不良影响。该模拟装置为微机继电保护测试系统的配套产品，也可与其他厂家的继电保护校验装置配套使用。特别在新建厂、站的高压断路器没调好或未投直流电源的情况下，使用该装置进行继电保护试验将不受外界因素的影响，从而缩短调试时间，提高试验工作效率。

1.7　6633D型高压断路器模拟装置介绍

该高压断路器模拟装置为广东昂立自动化有限公司产品，型号为6633D，是一款传统的机械式操作的高压断路器模拟装置，所有的工作模式的设置以及手动跳合闸的操作是通过旋钮或按钮的方式来实现功能的。装置采用单片微机作为控制核心实现模拟高压断路器跳合闸时间设置、三相/分相操作选择、输入信号逻辑控制等功能从而模拟高压断路器的跳合闸动作，同时能选配提供一组直流浮充电源全隔离可调电压（DC 25～250V）和可调电流（DC 0.5～10A）输出，及6组跳合闸线圈。

（1）产品技术参数见表1-3-6。

表1-3-6　　产品技术参数

技术参数名称	技术指标/配置
跳合闸线圈	6组
断路器位置输出接点	9对
供电电源	AC 220V±15%
常闭/常开接点容量	AC 250V/8A，DC 250V/2A
跳合闸操作电源电压	DC 70～220V
跳合闸线圈电阻	110Ω/220Ω
合闸时间选择	50ms/100ms/150ms/200ms/300ms/400ms/500ms
跳闸时间选择	20ms/40ms/60ms/80ms/100ms
独立辅助直流电压	DC 25～250V、0.5～10A可调
人机界面	无
机箱结构	140mm×440mm×355mm便携式机箱
整机重量	<12.5kg

（2）6633D型高压断路器模拟装置主要特点如下。

1）提供一组直流浮充电源全隔离可调电压和可调电流，并有窗口显示调节电压、电流值。

2）同时提供6组跳合闸线圈。

3）自带手动跳合闸功能。

4）跳合闸线圈阻值可多级调节。

5）跳合闸出口时间可多时段选择。

6）自带多对跳合闸位置空接点输出。

7）单片机微机控制系统，可实行智能化升级，满足多种需要。

8）高性能的硬件平台，主要元器件均为工业级标准，核心器件采用军品级器件，保证了装置的高品质。

（3）装置外观如图1-3-1所示。

（4）6633D型高压断路器模拟装置面板简化示意图，如图1-3-2所示。

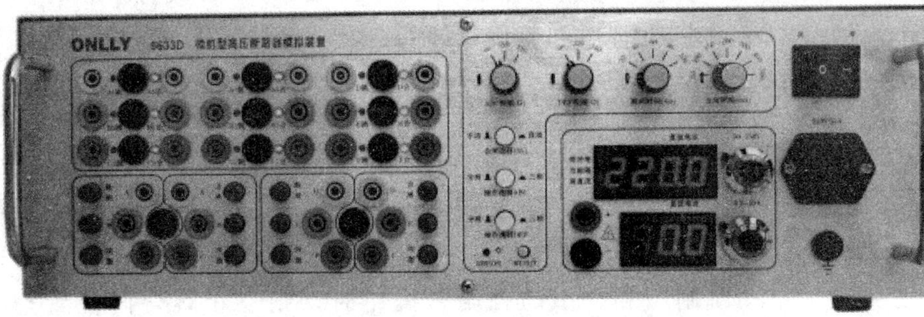

图 1－3－1　6633D 型高压断路器模拟装置外观图

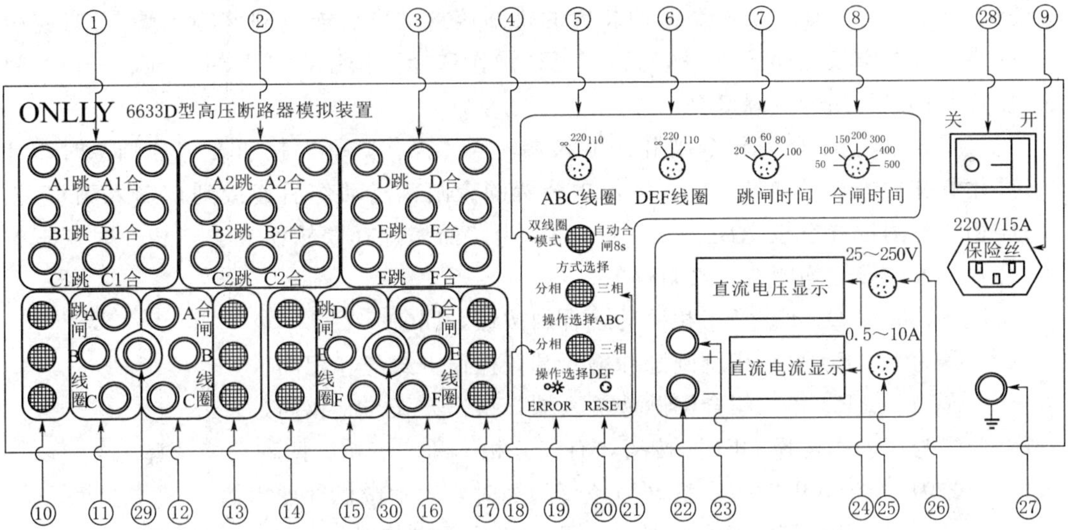

图 1－3－2　6633D 型高压断路器模拟装置面板简化示意图

①、②为相同两组 A、B、C 三相能互动的跳合闸位置空接点，每组空接点均相互独立，接点容量：AC 250V/8A 或 DC 250V/2A。

③为 D、E、F 三相能互动的跳合闸位置空接点，每组空接点均相互独立，接点容量：AC 250V/8A 或 DC 250V/2A。

④为“方式选择”，有双线圈模式和自动合闸 8s。

⑤为 A、B、C 三相跳合闸线圈阻值选择，跳合闸线圈电阻在内部是经过相应相的跳合闸位置空接点连接到⑪和⑫，故切除直流脉冲回路是靠装置本身的跳合闸位置空接点，而不是靠外部装置的控制接点（如保护出口接点等）来完成，否则会造成装置损坏。

⑥为 D、E、F 三相跳合闸线圈阻值选择，同⑤。

⑦为“跳闸时间（ms）”选择开关，共有“20ms、40ms、60ms、80ms、100ms”五种时间整定，即⑫、⑯有脉冲输入时，①、②、③跳闸位置空接点将经延时整定值后再闭合（绿灯亮）。

⑧为“合闸时间（ms）”选择开关，共有“50ms、100ms、150ms、200ms、300ms、400ms、500ms”七种时间整定，即⑫、⑯有脉冲输入时，①、②、③合闸位置空接点将经延时整定值后闭合（红灯亮）。

⑨为工作电源插座（AC 220V±15%），并装有保险丝。

⑩、⑬为A、B、C三相手动跳合闸按钮，当“操作选择ABC”按钮在“分相”时，分别按A、B、C按钮，只有相应相的跳合闸位置空接点动作，该功能在将本装置作为“三组断路器”使用时很方便（如备用电源自投装置试验等）；分别按“手动跳闸”和“手动合闸”按钮时，则三相跳合闸位置空接点均动作。

⑪为A、B、C三相跳闸脉冲输入端，当“操作选择”按钮在“分相”，且某相有脉冲输入时（如+KM经保护装置的跳闸接点动作后连接到该输入端），对应相的跳闸位置空接点闭合（绿灯亮）；当“操作选择”按钮在“三相”时，三相跳闸位置空接点均闭合（绿灯亮）。

⑫为A、B、C三相合闸脉冲输入端，当“操作选择”按钮在“分相”时，且某相有脉冲输入时（如+KM经保护装置的合闸接点动作后连接到该输入端），相应相的合闸位置空接点闭合（红灯亮）；当“操作选择”按钮在“三相”时，三相合闸位置空接点均闭合（红灯亮）。

⑭、⑰为D、E、F三相手动跳合闸按钮，同⑩、⑬。

⑮为D、E、F三相跳闸脉冲输入端，操作方式与⑪相同。

⑯为D、E、F三相合闸脉冲输入端，操作方式与⑫相同。

⑱为“操作选择DEF”按钮，有“分相”和“三相”两种功能选择。

⑲为“ERROR”指示灯，当该灯闪烁时，表示微机程序出错。

⑳为“RESET”（复位）按钮，用来复位重启装置。

㉑为“操作选择ABC”按钮，同⑱。

㉒、㉓为浮充直流工作电源输出插孔（正、负极对大地绝缘，输出电压25～250V可调节，输出负载电流0.5～10A可调节）。

㉔为显示可调当前输出浮充直流电压值和显示可调当前输出浮充直流电流值。

㉕为电流输出调节旋钮，输出负载电流0.5～10A可调节。

㉖为电压输出调节旋钮，25～250V可调节。

㉗为接地插孔（任何装置使用前都应可靠接地）。

㉘为电源开关（必须打开电源才能使K0接点闭合，否则将闭锁跳合闸线圈电阻与公共端的连接，有利于保护本装置的安全。

㉙、㉚为合闸脉冲输入公共端插孔，内部通过相应的“跳合闸控制单元”连接到⑪、⑫、⑮、⑯，一般外接在－KM。

2. 装置使用方法

(1) 操作方法。

1）接通电源，根据需要选择以下几项参数：合闸时间，跳闸时间，跳合闸线圈电流，跳合闸过程是三相或单相操作。

2）面板设置有手动跳合闸按钮，操作时三相同时跳合闸。

模拟装置在合闸状态时，合闸指示灯（红灯）亮。此时模拟装置的常开接点闭合，常闭接点断开。

模拟装置在跳闸状态时，跳闸指示灯（绿灯）亮。此时模拟装置的常闭接点闭合，常开接点断开。

例如：整组试验时，ONLLY 系列系统主机的 A、B、C 检测接点分别接至模拟装置的 A、B、C 三相跳闸常闭接点（绿灯），R 检测接点接至模拟装置的 A、B、C 三相合闸常开接点（红灯）。若是做三相一致重合闸试验，R 检测接点可接至模拟装置的 A、B、C 三相合闸常开接点中任意一相；若是做三相不一致重合闸试验，R 检测接点则必须接至模拟装置的 A、B、C 三相合闸常开接点中动作一相。在整组试验软件设置中，把断路器“跳闸延时”和“合闸延时”整定为“0ms”。

3）由外部输入的跳合闸脉冲电源可以是直流 110V 或直流 220V。当用该模拟装置保护整组试验时，将保护屏上操作回路中的三相跳闸端子及三相合闸端子与外部回路断开后，接入该模拟装置的跳合闸输入端子，电源负端接入该模拟装置的跳合闸的公共端。

4）操作选择为“三相”时，跳合闸脉冲或手动跳合闸均使三相模拟断路器都动作。在“分相”时，跳合闸脉冲仅使相应相动作，另两相状态不变。

（2）装置与微机继电保护测试仪及保护装置间的相互接线示意图。

高压断路器模拟装置在做整组试验时可替代运行的高压断路器，另外对无直流工作电源的场所，还可提供可调隔离浮充直流工作电源，并可提供跳合闸位置空接点给微机型继电保护测试系统来控制投切其故障量的输出。图 1－3－3 为实训场线路保护装置的开关控制回路图。图 1－3－4 是结合图 1－3－3 保护装置与 6633D 型高压断路器模拟装置的接线示意图。

将 6633D 型高压断路器模拟装置的跳闸线圈、合闸线圈、公共端分别与保护装置操作回路的跳闸线圈、合闸线圈、控制电源负极相连（断路器的辅助触点与保护装置的开入接点相连）。

注：若保护装置无直流工作电源，可由 6633D 型高压断路器模拟装置提供可调直流工作电源。高压断路器模拟装置接到保护装置上时，高压断路器模拟装置上的公共端只需与隔离直流输出端负极相连即可，其他接线同图 1－3－4；可提供跳合闸位置空接点给 ONLLY 微机型继电保护测试系统来控制投切其故障量的输出。

用高压断路器模拟装置代替真实断路器做自动重合闸试验，以避免由于重复的整组试验造成高压断路器反复分合带来的不良影响。在开始试验前，请把 6633D 型高压断路器模拟装置的合闸线圈置于合位，以满足重合闸的充电条件。

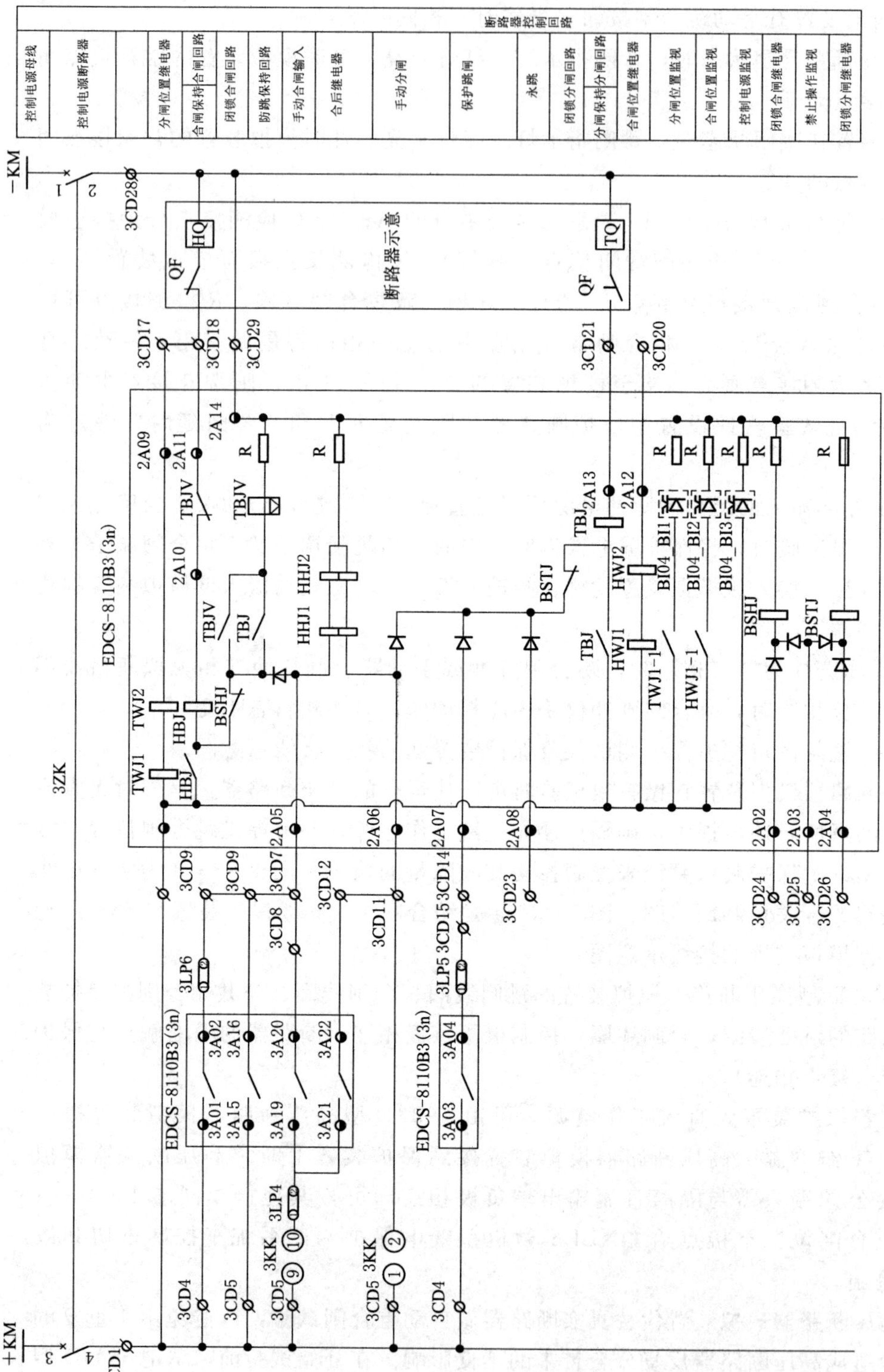

图 1－3－3　EDCS－8110B3 线路保护装置的开关控制回路图

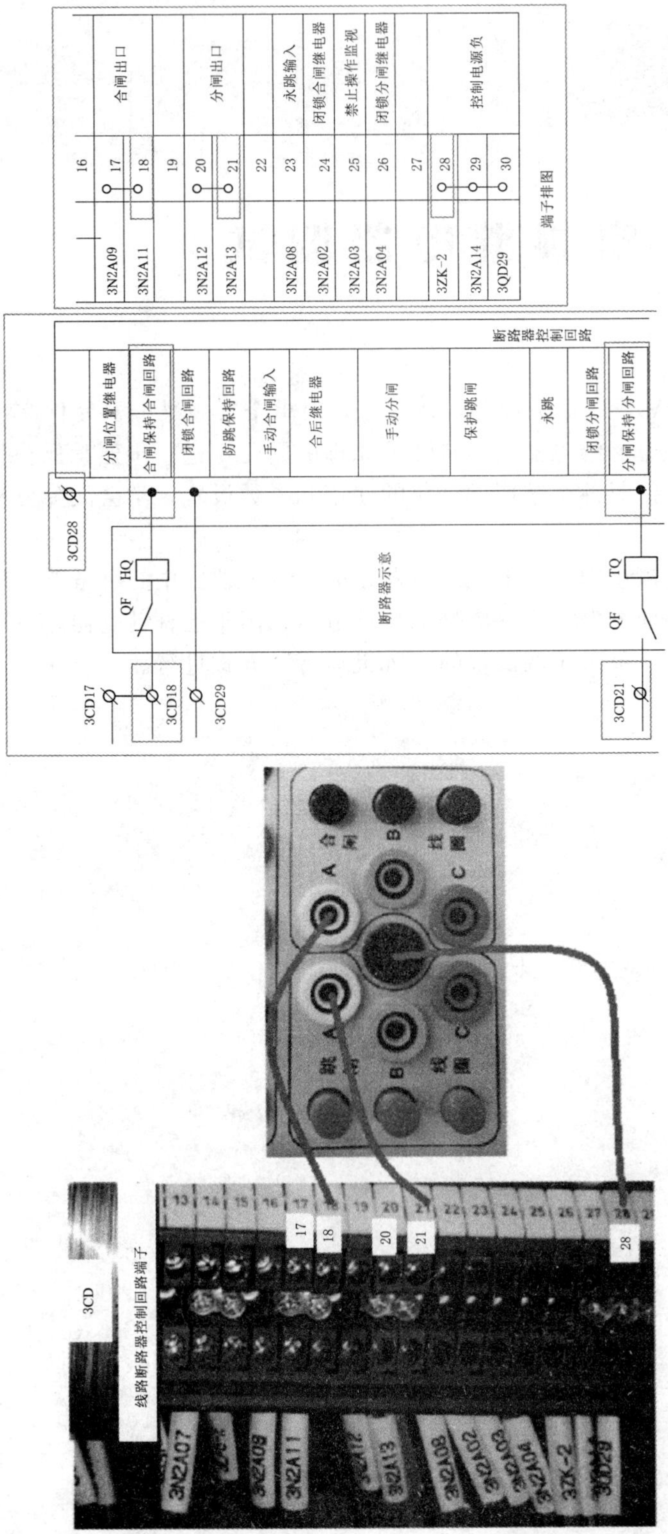

图 1-3-4 保护装置与 6633D 型高压断路器模拟装置的接线示意图

项目二

常规继电器调试

本项目要求按照35kV线路保护检验作业规范，对单个常规继电器元件完成定值及特性参数的测试。学生在掌握继电器功能特性及原理的同时，进一步熟悉保护作业流程并掌握继电器调试方法，同时熟练掌握调试仪的使用和参数设置，学会故障分析及编制作业指导书。

本项目内容包括8个测试内容：电压继电器、电流继电器、中间继电器、信号继电器、时间继电器、功率方向继电器、感应型电流继电器、同步检查继电器。

常规继电器调试试验全部采用调试仪的“脱机运行”方式进行。

任务一 电流继电器调试

● **任务描述**

按照 GB/T 7261—2016《继电保护和安全自动装置基本试验方法》、DL/T 995—2016《继电保护和电网安全自动装置检验规程》等相关规范文件，对 DL-10 系列电流继电器进行调试；并对照规程分析试验结果，说明不满足规程时采取的应对措施。

● **学习目标**

1. 了解电磁型电流继电器的构造、原理、特性和基本参数。
2. 掌握电流继电器的动作值、返回值、返回系数及动作时间的检验、调整方法。
3. 熟悉测试仪的使用方法和参数设置。

● **任务分组**

表 2-1-1 学生任务分配表

<table>
<tr><td>班级</td><td></td><td>组号</td><td></td><td>指导老师</td><td></td></tr>
<tr><td>组长</td><td></td><td>学号</td><td colspan="3"></td></tr>
<tr><td rowspan="5">组员</td><td>姓名</td><td>学号</td><td>姓名</td><td colspan="2">学号</td></tr>
<tr><td></td><td></td><td></td><td colspan="2"></td></tr>
<tr><td></td><td></td><td></td><td colspan="2"></td></tr>
<tr><td></td><td></td><td></td><td colspan="2"></td></tr>
<tr><td></td><td></td><td></td><td colspan="2"></td></tr>
<tr><td colspan="6">任务分工</td></tr>
<tr><td colspan="6"></td></tr>
</table>

● **获取信息**

引导问题 1：对照电流继电器实物，说明继电器的构成。

____

____

引导问题 2：改变电流继电器定值的方法有哪些？

____

____

引导问题 3：说明电流继电器的文字及图形符号表达方式。

引导问题 4：电流继电器的返回系数为什么恒小于 1？

引导问题 5：动作电流、返回电流和返回系数的定义是什么？

引导问题 6：电流继电器的两线圈由串联改为并联后，其定值有何变化？为什么？

- **工作计划**

1. 制定工作方案

表 2-1-2 工作方案

步骤	工作内容	负责人

2. 列出仪表、工具、设备及器具清单

表 2-1-3 器具清单

序号	名称	型号及规格	单位	数量	备注

3. 填写安全措施票

表 2-1-4 **二次安全措施票**

单位：________ 编号________

被试设备及保护名称		35kV 主变线路保护测控（ ）号屏			
工作负责人		工作时间	年 月 日	签发人	
工作内容	35kV 主变线路保护测控（ ）号屏电流继电器定检				
安全措施					
序号	执行	安全措施内容			恢复
1					
2					
3					
4					
5					
6					
⋮					

执行人： 监护人： 恢复人： 监护人：

- **进行决策**

(1) 各组派代表阐述工作方案。

(2) 各组对其他组的工作方案提出自己不同的看法。

(3) 教师结合大家完成的情况进行点评，选出最佳方案。

- **工作实施**

按照工作方案内容及步骤进行电流继电器调试，编写电流继电器检验报告表 2-1-5。

表 2-1-5 **电流继电器检验报告**

<table>
<tr><td>设备运行单位</td><td colspan="3">广东水利电力职业技术学院</td><td>设备名称</td><td colspan="3">电流继电器</td></tr>
<tr><td>设备型号</td><td></td><td colspan="2">额定电流</td><td></td><td colspan="2">安装位置</td><td></td></tr>
<tr><td>制造厂</td><td colspan="3"></td><td>设备编号</td><td colspan="3"></td></tr>
<tr><td>检验日期</td><td>年 月 日</td><td colspan="2">温度</td><td></td><td colspan="2">湿度</td><td></td></tr>
<tr><td>检验人员</td><td colspan="7"></td></tr>
<tr><td rowspan="2">一、机械部分和触点可靠性检查</td><td colspan="4">检查项目</td><td colspan="3">检查结果</td></tr>
<tr><td colspan="4"></td><td colspan="3"></td></tr>
<tr><td rowspan="4">二、整定点的动作值和返回值检验</td><td>线圈接线方式</td><td>检验次数</td><td>整定值/A</td><td>动作值/A</td><td>返回值/A</td><td>误差</td><td>返回系数</td></tr>
<tr><td rowspan="3"></td><td></td><td></td><td></td><td></td><td></td><td></td></tr>
<tr><td></td><td></td><td></td><td></td><td></td><td></td></tr>
<tr><td></td><td></td><td></td><td></td><td></td><td></td></tr>
</table>

1. 根据所选设备绘制原理接线图

2. 检验结果分析（含返回系数调整措施）

● **评价反馈**

1. 验收过程情况记录

完成验收过程问题记录表 2-1-6。

表 2-1-6 **验收过程问题记录表**

验收问题记录	整 改 措 施	完成时间	备注

2. 各组代表展示作品，介绍任务的完成过程、实施过程存在的问题及解决方法，完成评价考核评分表 2-1-7。

表 2-1-7　　评价考核评分表

<table>
<tr><th rowspan="2">项目名称</th><th rowspan="2">评　价　内　容</th><th rowspan="2">分值</th><th colspan="3">评价分数</th></tr>
<tr><th>自评</th><th>互评</th><th>师评</th></tr>
<tr><td rowspan="4">职业素养
考核项目
（40%）</td><td>安全意识、责任意识、服从意识</td><td>10</td><td></td><td></td><td></td></tr>
<tr><td>积极参加教学活动，按时完成工作活页内容</td><td>10</td><td></td><td></td><td></td></tr>
<tr><td>团结合作、与人交流能力</td><td>10</td><td></td><td></td><td></td></tr>
<tr><td>文明作业，清理现场</td><td>10</td><td></td><td></td><td></td></tr>
<tr><td rowspan="4">专业能力
考核项目
（60%）</td><td>调试准备工作到位</td><td>10</td><td></td><td></td><td></td></tr>
<tr><td>操作步骤准确</td><td>20</td><td></td><td></td><td></td></tr>
<tr><td>操作过程熟练、规范</td><td>20</td><td></td><td></td><td></td></tr>
<tr><td>检验报告编写完整、正确</td><td>10</td><td></td><td></td><td></td></tr>
<tr><td colspan="3">总分</td><td></td><td></td><td></td></tr>
<tr><td rowspan="2">总评</td><td rowspan="2">自评（20%）+互评（20%）+师评（60%）</td><td colspan="2">综合等级</td><td colspan="2" rowspan="2">教师（签名）：</td></tr>
<tr><td colspan="2"></td></tr>
</table>

● **任务相关知识点**

1. DL 系列电流继电器结构及接线图

在电流保护中常用 DL 系列电流继电器，它是一种转动舌片式的电磁型继电器，其结构如图 2-1-1 所示。

2.1　电流继电器（kA）调试试验

DL 系列电流继电器由电磁系统、整定装置、接触点系统组成。当线圈导通时，衔铁克服游丝的反作用力矩而动作，使动合触点闭合。转动刻度盘上的指针，可改变游丝的力矩，从而改变继电器的动作值。改变线圈的串联并联，可获得不同的定值。DL 系列电流继电器铭牌刻度值，为线圈串联时的定值，线圈并联电流动作定值为串联时的 2 倍。电流继电器用于反映发电机、变压器及输电线短路和过负荷的继电保护装置中。DL 系列电流继电器内部接线及试验接线图如图 2-1-2、图 2-1-3 所示。

2.2　电流继电器线圈串联试验接线

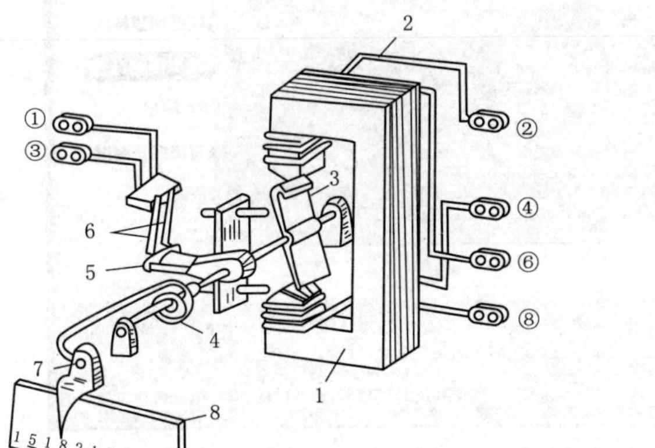

图 2-1-1　DL 系列电流继电器结构

1—电磁铁；2—线圈；3—Z 形衔铁；4—弹簧；5—动触点；6—静触点；7—整定值调整把手；8—刻度盘；①～⑧—端子号

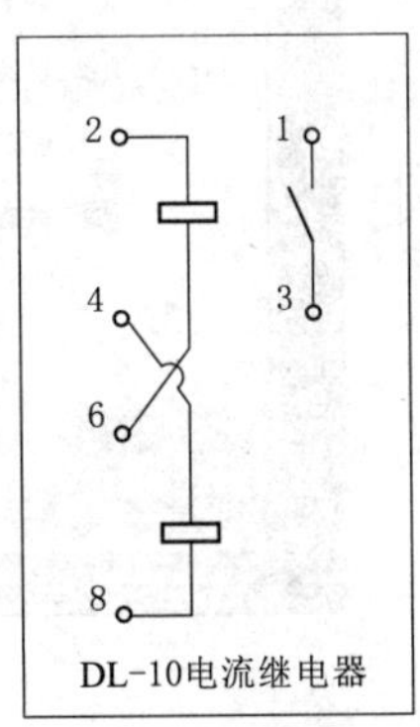

图 2-1-2　DL 系列电流继电器内部接线

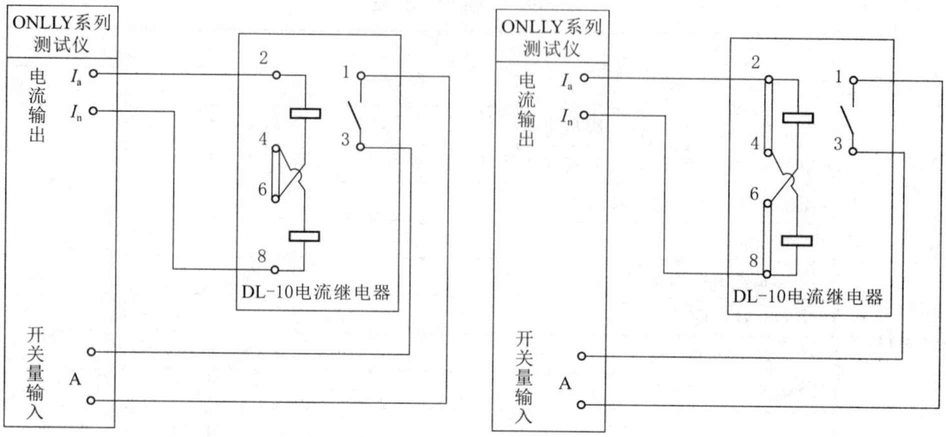

(a) 电流继电器线圈串联接线　　(b) 电流继电器线圈并联接线

图 2-1-3　DL 系列电流继电器试验接线图

返回系数 K_{re} 规程规定：$0.8<K_{re}<0.95$，如不满足要求，可调止挡螺丝改变转动舌片的起始角，以及减少继电器轴承摩擦力或反作用弹簧力等解决。

2. 测试仪设置说明

（1）测试项目选择。

选择主菜单——“常规继电器测试”——“电流继电器”，如图 2-1-4 和图 2-1-5 所示。

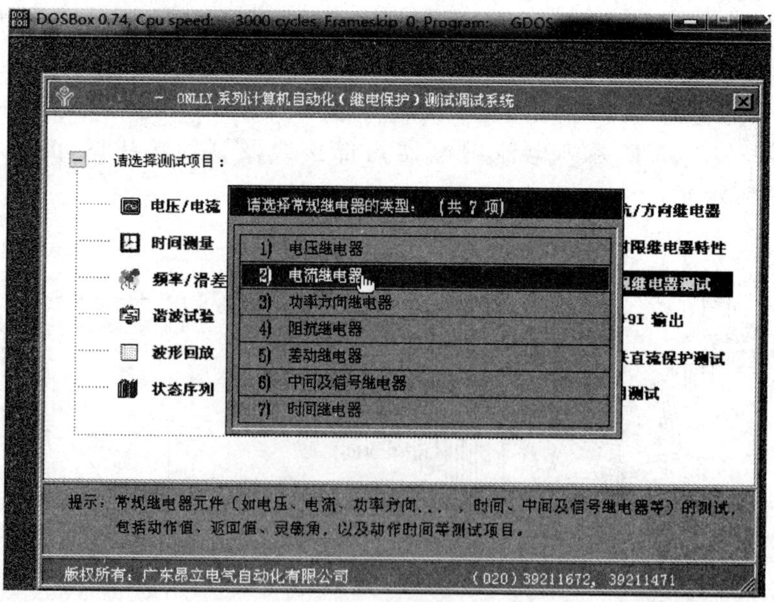

图 2-1-4　电流继电器测试菜单

本菜单主要用于测试交、直流电流继电器的动作值、返回值、返回系数以及动作时间等。

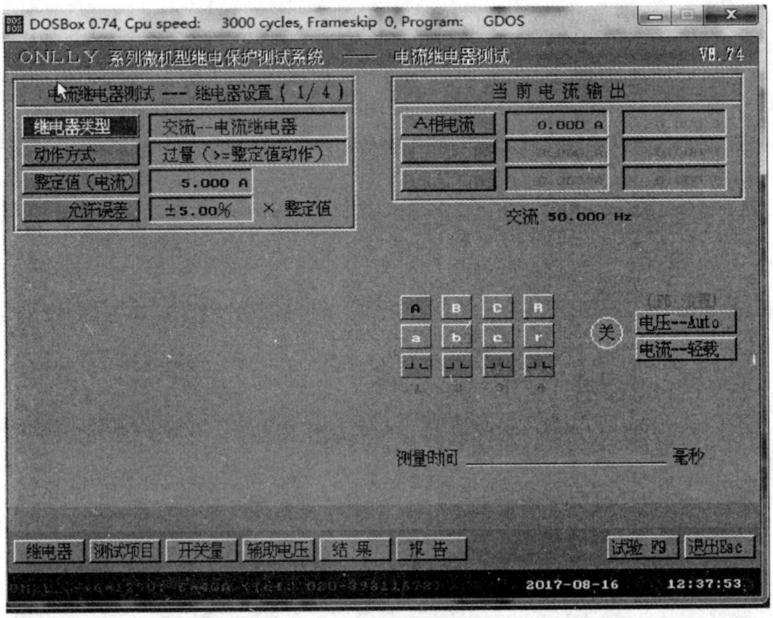

图 2-1-5 电流继电器测试菜单设置

1）主界面分为三个区域。

a. 上半区左区为控制参数设置区，用于设置试验时的控制参数，分 4 页显示，包括继电器、测试项目、开关量和辅助电压。

b. 上半区右区为电流设置区，可实时显示、修改当前电流输出的幅值、角度。

c. 下半区为试验结果的辅助显示区，辅助显示当前的试验结果和开入/开出量状态等。

注：“轻载—F5”按钮用于测试仪轻重负载的切换。一般情况下测试仪输出为轻载状态，当测试仪所带负载的阻抗值较大或需要输出较大电流时，建议试验前按下 F5 按钮，将测试仪切换到重载状态。

2）主界面的最下一行为菜单行，按↑、↓、←、→移动光标，按 Enter 执行相应的菜单项。

a. 继电器、测试项目、开关量、辅助电压：此 4 项分别对应控制参数设置区的 4 页参数，光标移动到此 4 项上时，控制参数翻到相应页面（也可以按 PgDn、PgUp 键翻页），此时按 Enter 键则光标切换进入主界面的控制参数设置区。

（a）按↑、↓、←、→键，光标将在控制参数设置区内移动。

（b）如果欲修改某项参数，按 Enter 键进入参数输入或选择状态，输入或选择完毕，按 Enter 键确认修改，或按 Esc 键撤销修改。

（c）按 Esc 键则光标切换返回菜单行中的相应项。

b. 结果：显示试验结果，包括动作值、动作时间、返回值、返回时间以及返回系数等。

c. 报告：查阅试验报告。由于工控机硬盘容量限制，程序只提供了 5 个专用报告和 5 个通用报告用于试验结果的储存、显示。专用报告仅供本测试程序调用，而通用报告可供软件包内的所有测试程序调用。

d. 试验：启动本次试验（也可以按测试仪面板上的 Start 快捷键）。

e. 退出：本菜单项具有双重功能（也可以按 Esc 键）。

(a) 当前没有进行试验时（开/关按钮显示为绿色），退出本测试程序，返回主菜单。

(b) 当前正在进行试验时（开/关按钮显示为红色），结束试验。

(2) 调试仪测试项目原理说明。

电流继电器测试基本项目含“手动试验”“动作/返回值”“动作时间”，如图 2-1-6 所示。

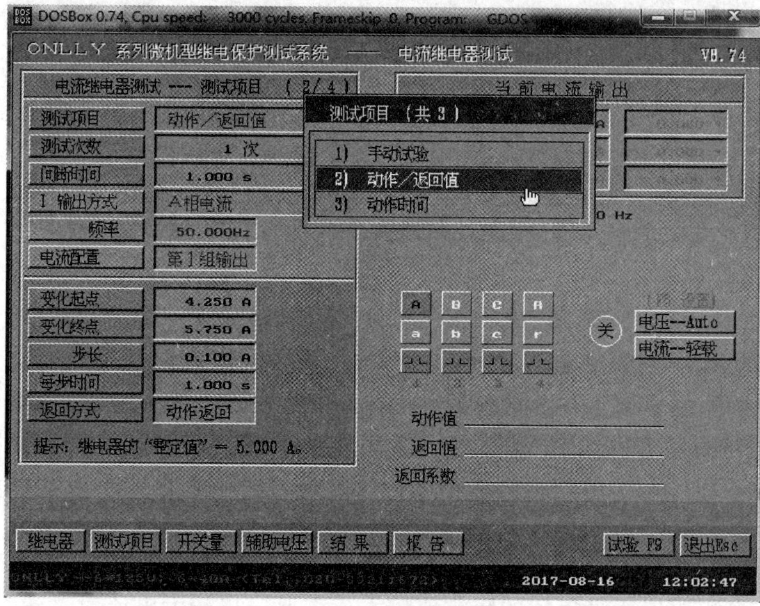

图 2-1-6　电流继电器测试菜单设置

1）手动试验：手动控制，按“+”“−”键可按设定的步长增加或减小当前电压的大小，也可以直接输入电压的幅值，当继电器动作或返回时，按“F8”或“F10”确认动作值或返回值，但此时不记录动作时间和返回时间。如果试验时引入保护动作接点，程序将根据该开入接点的状态变化自动记录动作值、返回值、动作时间以及返回时间等，试验结束后，程序根据以上记录自动计算出返回系数。

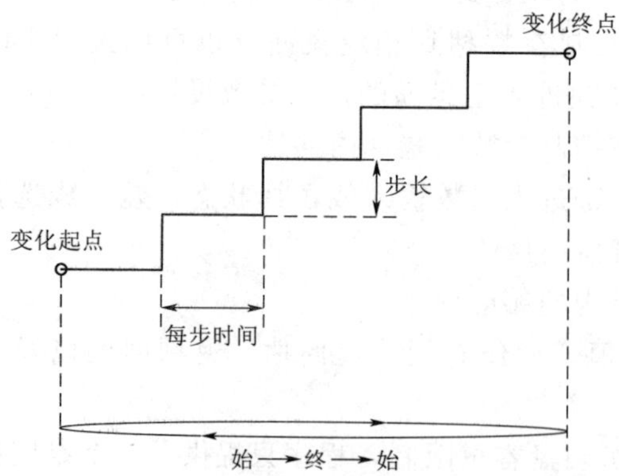

图 2-1-7　程控变量电流的变化过程

2）动作/返回值测试：程控变量电流的变化过程如图 2-1-7 所示。

3）动作时间测试：程控变量电压从故障前状态翻转到故障状态后开始

计时，直到“动作接点”的状态发生翻转。

3. 变量设置说明

（1）1/4 继电器测试菜单如图 2-1-5 所示。

1）继电器类型：选择待测试电流继电器的类型，程序提供了 3 种常见的电流继电器类型，包括“直流-电流继电器”“交流-电流继电器”“负序电流继电器”。

2）动作方式：选择待测试电压继电器的动作方式，程序提供了 2 种方式，包括：“过量（≥整定值动作）”“欠量（≤整定值动作）”。

3）整定值（电流）：设置待测试电流继电器的电流整定值。

4）允许误差：配合整定值，用于初始化程控试验时变量的变化范围（用户可在此基础上根据需要另行调整）。

（2）2/4 测试项目如图 2-1-6、图 2-1-8、图 2-1-9 所示。

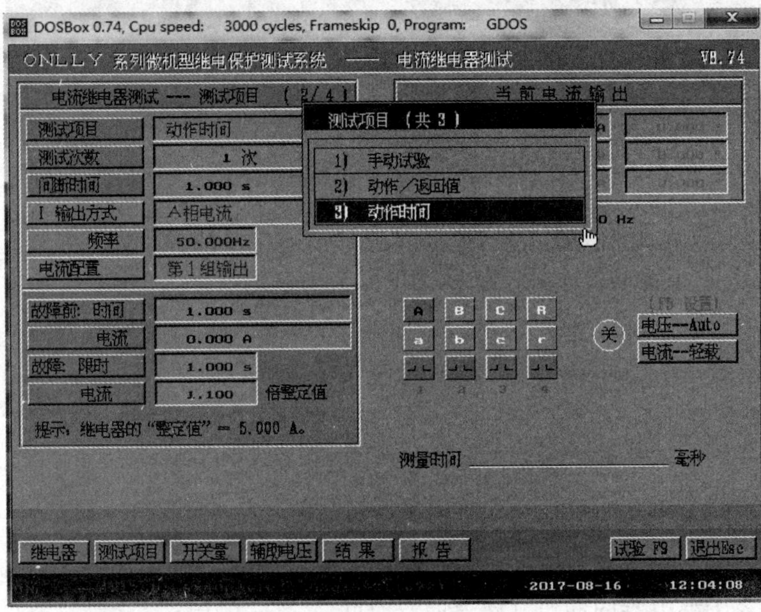

图 2-1-8 电流继电器测试菜单设置

1）各项参数释义。

a. 测试项目：选择继电器的测试项目，程序提供了 3 种测试项目，包括：“手动试验”“动作/返回值”“动作时间”。

b. I 输出方式：试验过程中，选择电流 I 的输出方式，程序提供了 7 种方式，包括：“A 相电流”“B 相电流”“C 相电流”“AB 电流两并”“BC 电流两并”“CA 电流两并”“ABC 电流三并”。

c. 频率：交流电流的输出频率（此参数仅对交流电流继电器有效）。

d. 电流配置：本选项用于选择测试仪侧 ABC 三相电流的输出方式，可选择“第 12 组并联”、“第 1 组输出”或“第 2 组输出”。

2）测试项目选择“手动试验”时，设置手动试验的有关参数。

步长：试验过程中电流 I 的每次变化步长。

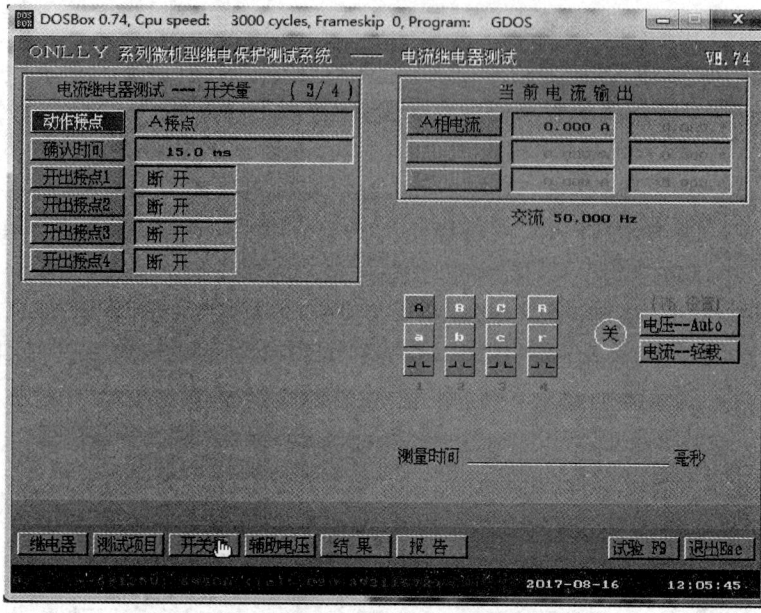

图 2-1-9 电流继电器测试菜单设置

3）测试项目选择“动作/返回值”时，设置动作值试验的有关参数。

a. 测试次数：设置当前测试项目的测试次数，范围是 1～3。

b. 间断时间：设置本次试验结束到下一次试验开始的等待时间，在间断时间里，当前电流输出均为 0（此参数仅当测试次数大于 1 时有效）。

c. 变化起点：电流变化的起点，起点可以大于终点，也可以小于终点。一般情况，变化范围的设置应能覆盖继电器的动作/返回值。

d. 变化终点：电流变化的终点。

e. 步长：试验过程中电流 I 的每次变化步长。

f. 每步时间：电流按其步长变化时，每一步大小的保持时间。一般地，每步时间的设置应大于继电器的动作（或返回）时间。

g. 返回方式：电流的返回方式。

h. “动作返回”时，电流在从起点到终点的变化过程中，一旦程序确认继电器动作，则改变电流的变化方向，向起点返回。

i. “全程变化”时，无论继电器动作与否，电流仅仅根据变化范围的设置进行变化，直至到达终点或返回到起点。

4）测试项目选择“动作时间”时，设置“故障前”和“故障”的相关参数。

a. 测试次数：设置当前测试项目的测试次数，范围是 1～3。

b. 间断时间：设置本次试验结束到下一次试验开始的等待时间，在间断时间里，当前电流输出均为 0（此参数仅当测试次数大于 1 时有效）。

c. 故障前时间：故障前状态的输出时间。

d. 故障前电流：故障前的输出电流。

e. 故障限时：从进入故障到故障结束之间的时间。

f. 故障电流：故障中的输出电流，程序提供的表达方式为 n 倍整定值。

（3）3/4 开关量。

1）动作接点：被测试继电器出口接点在测试仪 8 对开入接点中的接入位置，试验时，程序将根据该开入接点的状态变化情况确定动作或返回。

2）确认时间：躲开临界处接点的抖动，接点状态变化后的保持时间大于确认时间时，程序方予以认可记录。一般取 10～20ms。

3）开出量控制：控制测试仪上的 2（或 4）对开出接点状态，闭合或断开。

（4）4/4 辅助电压。

1）辅助电压 U_{cx}：选择辅助电压的类型，为直流或交流。

2）幅值：测试仪需要输出的辅助电压，在整个试验过程中保持不变。

3）频率：当“辅助电压”选为交流时，测试仪需要输出的交流电压的频率。

注：U_{cx} 为直流时，U_c 为＋，U_x 为－。

任务二 电压继电器调试

● 任务描述

按照 GB/T 7261—2016《继电保护和安全自动装置基本试验方法》、DL/T 995—2016《继电保护和电网安全自动装置检验规程》等相关规范文件，对 DY 系列低电压继电器和过电压继电器进行调试；对照规程分析实验结果，说明不满足规程时采取的应对措施。

● 学习目标

（1）了解电磁型电压继电器的构造、原理、特性和基本参数。

（2）掌握低电压继电器与过电压继电器的动作电压、返回电压、返回系数及动作时间的检验、调整方法，比较它们的不同。

（3）熟悉测试仪的使用方法和参数设置。

● 任务分组

表 2-2-1　　学生任务分配表

<table>
<tr><td>班级</td><td></td><td>组号</td><td></td><td colspan="2">指导老师</td><td></td></tr>
<tr><td>组长</td><td></td><td>学号</td><td colspan="4"></td></tr>
<tr><td rowspan="5">组员</td><td colspan="2">姓名</td><td>学号</td><td colspan="2">姓名</td><td>学号</td></tr>
<tr><td colspan="2"></td><td></td><td colspan="2"></td><td></td></tr>
<tr><td colspan="2"></td><td></td><td colspan="2"></td><td></td></tr>
<tr><td colspan="2"></td><td></td><td colspan="2"></td><td></td></tr>
<tr><td colspan="2"></td><td></td><td colspan="2"></td><td></td></tr>
<tr><td colspan="7">任务分工</td></tr>
<tr><td colspan="7"></td></tr>
</table>

● 获取信息

引导问题 1：对照电压继电器实物，说明其与电流继电器的结构异同之处。

____

____

引导问题 2：改变电压继电器定值的方法有哪些？

____

____

引导问题 3：说明电压继电器的文字及图形符号表达方式。

引导问题 4：低电压继电器和过电压继电器的返回系数各有何要求？返回系数太大或太小会有什么问题？如何调整返回系数的大小？

引导问题 5：低电压继电器与过电压继电器的动作值、返回值和返回系数的定义有什么不同？测试方法有什么区别？

引导问题 6：电压继电器的两线圈由串联改为并联后，其定值有何变化？为什么？

- **工作计划**

1. 制定工作方案

表 2-2-2　　工作方案

步骤	工作内容	负责人

2. 列出仪表、工具、设备及器具清单

表 2-2-3　　器具清单

序号	名称	型号及规格	单位	数量	备注

3. 填写安全措施票

表 2-2-4　　二次安全措施票

单位：________________　　编号________________

被试设备及保护名称		35kV 主变线路保护测控（　　）号屏			
工作负责人		工作时间	年　月　日	签发人	
工作内容	35kV 主变线路保护测控（　　）号屏电压继电器定检				
安全措施					
序号	执行	安全措施内容			恢复
1					
2					
3					
4					
5					
6					
⋮					

执行人：　　　　监护人：　　　　恢复人：　　　　监护人：

● **进行决策**

（1）各组派代表阐述工作方案。

（2）各组对其他组的工作方案提出自己不同的看法。

（3）教师结合大家完成的情况进行点评，选出最佳方案。

● **工作实施**

按照工作方案内容及步骤进行电压继电器调试，编写电压继电器检验报告表 2-2-5。

表 2-2-5　　**电压继电器检验报告**

<table>
<tr><td>设备运行单位</td><td colspan="3">广东水利电力职业技术学院</td><td colspan="2">设备名称</td><td colspan="2">电压继电器</td></tr>
<tr><td>设备型号</td><td colspan="2"></td><td>额定电压</td><td></td><td colspan="2">安装位置</td><td></td></tr>
<tr><td>制造厂</td><td colspan="3"></td><td colspan="2">设备编号</td><td colspan="2"></td></tr>
<tr><td>检验日期</td><td colspan="2">年　月　日</td><td>温度</td><td></td><td colspan="2">湿度</td><td></td></tr>
<tr><td>检验人员</td><td colspan="7"></td></tr>
<tr><td rowspan="2">一、机械部分和触点可靠性检查</td><td colspan="4">检查项目</td><td colspan="3">检查结果</td></tr>
<tr><td colspan="4"></td><td colspan="3"></td></tr>
<tr><td rowspan="7">二、低电压继电器的动作值和返回值检验</td><td rowspan="7">线圈接线方式</td><td>检验次数</td><td>整定值/V</td><td>动作值/V</td><td>返回值/A</td><td>误差</td><td>返回系数</td></tr>
<tr><td></td><td></td><td></td><td></td><td></td><td></td></tr>
<tr><td></td><td></td><td></td><td></td><td></td><td></td></tr>
<tr><td></td><td></td><td></td><td></td><td></td><td></td></tr>
<tr><td></td><td></td><td></td><td></td><td></td><td></td></tr>
<tr><td></td><td></td><td></td><td></td><td></td><td></td></tr>
<tr><td></td><td></td><td></td><td></td><td></td><td></td></tr>
<tr><td rowspan="6">三、过电压继电器的动作值和返回值检验</td><td rowspan="3"></td><td></td><td></td><td></td><td></td><td></td><td></td></tr>
<tr><td></td><td></td><td></td><td></td><td></td><td></td></tr>
<tr><td></td><td></td><td></td><td></td><td></td><td></td></tr>
<tr><td rowspan="3"></td><td></td><td></td><td></td><td></td><td></td><td></td></tr>
<tr><td></td><td></td><td></td><td></td><td></td><td></td></tr>
<tr><td></td><td></td><td></td><td></td><td></td><td></td></tr>
</table>

1. 根据所选设备绘制原理接线图

2. 检验结果分析（含返回系数调整措施）

● 评价反馈

1. 验收过程情况记录

完成验收过程问题记录表 2-2-6。

表 2-2-6 验收过程问题记录表

验收问题记录	整改措施	完成时间	备注

2. 各组代表展示作品，介绍任务的完成过程、实施过程存在的问题及解决方法，完成评价考核评分表 2-2-7。

表 2-2-7 评价考核评分表

项目名称	评价内容	分值	评价分数		
			自评	互评	师评
职业素养考核项目（40%）	安全意识、责任意识、服从意识	10			
	积极参加教学活动，按时完成工作活页内容	10			
	团结合作、与人交流能力	10			
	文明作业，清理现场	10			
专业能力考核项目（60%）	调试准备工作到位	10			
	操作步骤准确	20			
	操作过程熟练、规范	20			
	检验报告编写完整、正确	10			
总分					
总评	自评（20%）+互评（20%）+师评（60%）	综合等级		教师（签名）：	

● 任务相关知识点

DY系列电压继电器为电磁式继电器，其构成和原理与电流继电器相同。改变线圈的串联并联，可获得不同的定值。DY系列电压继电器铭牌刻度值，为线圈并联时的定值。线圈串联电压动作值则为并联的2倍。继电器用于反映发电机、变压器及输电线路的电压升高（过压保护）或电压降低（低电压启动）的继电保护装置中，其内部接线及试验接线图如图 2-2-1、图 2-2-2 所示。

根据规程要求，过电压继电器的返回系数 K_{re} 为 0.85～0.9，低电压继电器的返回系数 K_{re}：1.15＜K_{re}＜1.2。如不满足要求，可调止挡螺丝改变转动舌片的起始角，以及减少继电器轴承摩擦力或反作用弹簧力等解决。

2.3 电压继电器线圈并联试验接线

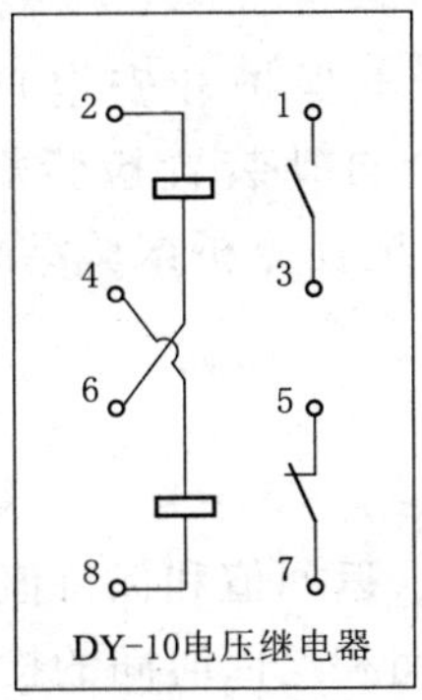

图 2-2-1 DY 系列电压继电器内部接线

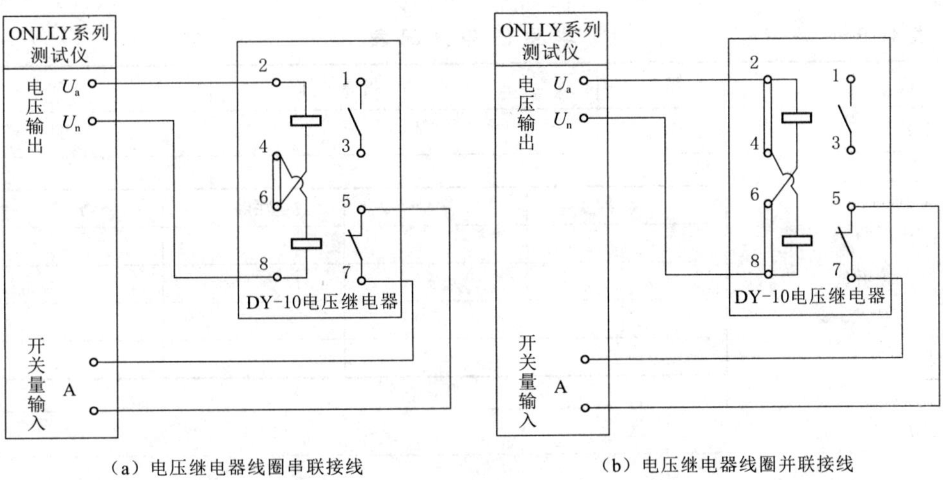

图 2-2-2 DY 系列电压继电器试验接线图

测试仪设置说明、测试原理说明、变量设置说明同电流继电器实验。

任务三 中间继电器调试

● 任务描述

按照 GB/T 7261—2016《继电保护和安全自动装置基本试验方法》、DL/T 995—2016《继电保护和电网安全自动装置检验规程》等相关规范文件，对 DZB 系列中间继电器进行调试；对照规程分析试验结果，说明不满足规程时采取的应对措施。

● 学习目标

（1）熟悉中间继电器的结构。

（2）掌握中间继电器动作值、返回值和保持值的检验方法。

（3）掌握中间继电器动作时间和返回时间的检验方法。

（4）熟悉测试仪的使用方法和参数设置。

● 任务分组

表 2-3-1　　学生任务分配表

<table>
<tr><td>班级</td><td></td><td>组号</td><td></td><td colspan="2">指导老师</td><td colspan="2"></td></tr>
<tr><td>组长</td><td></td><td>学号</td><td colspan="5"></td></tr>
<tr><td rowspan="5">组员</td><td colspan="2">姓名</td><td colspan="2">学号</td><td>姓名</td><td colspan="2">学号</td></tr>
<tr><td colspan="2"></td><td colspan="2"></td><td></td><td colspan="2"></td></tr>
<tr><td colspan="2"></td><td colspan="2"></td><td></td><td colspan="2"></td></tr>
<tr><td colspan="2"></td><td colspan="2"></td><td></td><td colspan="2"></td></tr>
<tr><td colspan="2"></td><td colspan="2"></td><td></td><td colspan="2"></td></tr>
<tr><td colspan="8">任务分工</td></tr>
<tr><td colspan="8"></td></tr>
</table>

● 获取信息

引导问题 1：对照中间继电器实物，说明其结构特点。

____

____

引导问题 2：中间继电器的类型有哪些？

____

____

引导问题 3：说明中间继电器的文字及图形符号表达方式。

____

____

引导问题 4：为什么多线圈中间继电器需要标出各线圈的同极性端子？使用时，如果把工作线圈与保持线圈的极性接错了，会出现什么后果？

____

____

引导问题 5：DZ 系列、DZB 系列和 DZS 系列中间继电器各有什么特点？各适用于什么地方？

____

____

● **工作计划**

1. 制定工作方案

表 2-3-2　　　　工 作 方 案

步骤	工 作 内 容	负责人

2. 列出仪表、工具、设备及器具清单

表 2-3-3　　　　器 具 清 单

序号	名称	型号及规格	单位	数量	备注

3. 填写安全措施票

表 2-3-4 **二次安全措施票**

单位：________ 编号________

被试设备及保护名称			35kV 主变线路保护测控（ ）号屏			
工作负责人			工作时间	年 月 日	签发人	
工作内容		35kV 主变线路保护测控（ ）号屏中间继电器定检				
安全措施						
序号	执行	安全措施内容				恢复
1						
2						
3						
4						
5						
6						
⋮						

执行人： 监护人： 恢复人： 监护人：

- **进行决策**

(1) 各组派代表阐述工作方案。

(2) 各组对其他组的工作方案提出自己不同的看法。

(3) 教师结合大家完成的情况进行点评，选出最佳方案。

- **工作实施**

按照工作方案内容及步骤进行中间继电器调试，编写中间继电器检验报告表 2-3-5。

表 2－3－5　　中间继电器检验报告

<table>
<tr><td>设备运行单位</td><td colspan="2">广东水利电力职业技术学院</td><td>设备名称</td><td colspan="2">中间继电器</td></tr>
<tr><td>设备型号</td><td></td><td>额定电压</td><td></td><td>安装位置</td><td></td></tr>
<tr><td>制造厂</td><td colspan="2"></td><td>设备编号</td><td colspan="2"></td></tr>
<tr><td>检验日期</td><td>年　月　日</td><td>温度</td><td></td><td>湿度</td><td></td></tr>
<tr><td>检验人员</td><td colspan="5"></td></tr>
<tr><td rowspan="2">一、机械部分和触点可靠性检查</td><td colspan="2">检查项目</td><td colspan="3">检查结果</td></tr>
<tr><td colspan="2"></td><td colspan="3"></td></tr>
<tr><td colspan="2">测试项目/次数</td><td>1</td><td>2</td><td>3</td><td>平均</td></tr>
<tr><td rowspan="2">二、中间继电器的动作值和返回值检验</td><td>动作值/V</td><td></td><td></td><td></td><td></td></tr>
<tr><td>返回值/V</td><td></td><td></td><td></td><td></td></tr>
<tr><td>三、中间继电器的保持值检验</td><td>保持值/A</td><td></td><td></td><td></td><td></td></tr>
<tr><td rowspan="2">四、中间继电器的动作时间与返回时间检验</td><td>动作时间/s</td><td></td><td></td><td></td><td></td></tr>
<tr><td>返回时间/s</td><td></td><td></td><td></td><td></td></tr>
</table>

1. 根据所选设备绘制原理接线图

2. 检验结果分析

● 评价反馈

1. 验收过程情况记录

完成验收过程问题记录表 2－3－6。

表 2-3-6　　验收过程问题记录表

验收问题记录	整改措施	完成时间	备注

2. 各组代表展示作品，介绍任务的完成过程、实施过程存在的问题及解决方法，完成评价考核评分表 2-3-7。

表 2-3-7　　评价考核评分表

项目名称	评价内容	分值	评价分数		
			自评	互评	师评
职业素养考核项目（40%）	安全意识、责任意识、服从意识	10			
	积极参加教学活动，按时完成工作活页内容	10			
	团结合作、与人交流能力	10			
	文明作业，清理现场	10			
专业能力考核项目（60%）	调试准备工作到位	10			
	操作步骤准确	20			
	操作过程熟练、规范	20			
	检验报告编写完整、正确	10			
总分					
总评	自评（20%）+互评（20%）+师评（60%）	综合等级		教师（签名）：	

● **任务相关知识点**

1. DZB 系列中间继电器结构及接线图

DZB-15B 型中间继电器用于直流操作的各种保护和自动控制线路中作为辅助继电器，以增加触点的数量及触点的容量。DZB-11B、DZB-12B、DZB-13B 为电压启动、电流保持的中间继电器，DZB-14B 为电流启动、电压保持的中间继电器，DZB-15B 为电流或电压动作、电流保持或电压保持的中间继电器。当动作电压（或电流）加在线圈两端时，衔铁向闭合位置移动，此时，动合触点闭合，动断触点断开，断开电源时，由于具有电压（或电流）保持绕组磁场的存在，所以衔铁仍然闭合，只有保持绕组断电后，衔铁在接触片的压力作用下返回到原始状态，动合触点断开，动断触点闭合。

根据继电器是电压启动型还是电流启动型，给继电器突然加入电压（电流），使继电器动作的最小电压（电流）值即为动作值。在继电器处于动作状态的情况下，均匀地减小电压（电流），使继电器接点刚刚分开的最大值即为返回电压（电流）值。

其内部接线及试验接线图如图 2-3-1、图 2-3-2 所示。

测试结果要求：

（1）电压启动型的继电器动作电压不应大于额定电压的70％。电流启动型的继电器动作电流不应大于其额定电流。

（2）继电器的返回电压（电流）不应小于其额定值的5％。不符合要求时，可以调整弹簧拉力或者调整衔铁限制钩改变衔铁与铁芯的气隙使其达到要求。

测试时按照图 2-3-3 所示中间继电器测试项目菜单，选定“动作/返回值”，设置好各参数。

中间继电器用 DZB-214 型（电压启动电流自保持），在动作线圈加入额定电压，使继电器动作后，电流线圈加入电流，使电压启动回路失电；调整保持线圈回路的电流，测出能使继电器保持住的最小电流，此值即为继电器的自保持电流值。

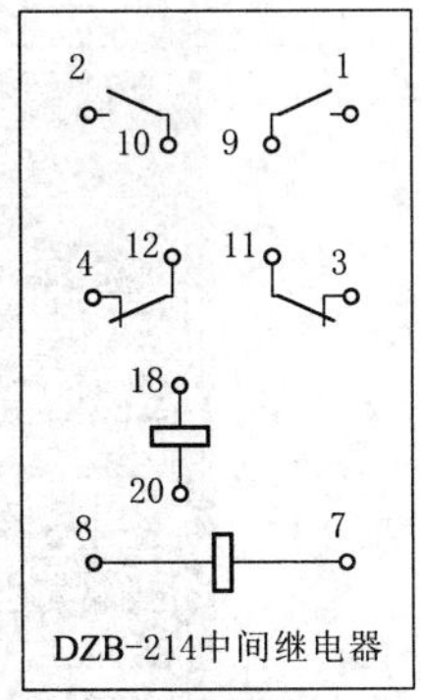

图 2-3-1　DZB 系列中间继电器内部接线

2.4　中间继电器试验接线

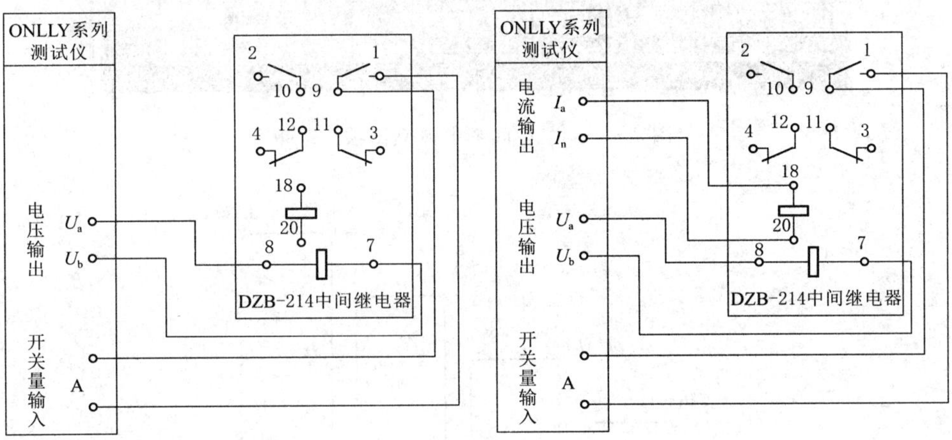

(a) 串联接线　　(b) 并联接线

图 2-3-2　DZB 系列中间继电器试验接线图

2. 调试仪基本原理及设置说明

测试本元件时，调试仪设置说明、测试项目原理说明、变量设置说明同电流继电器试验。现将不同的地方加以说明。

（1）动作/返回值测试。

程控方式，动作值测试时，当前变量的变化过程如图 2-3-4 所示。

程控方式，返回值测试时，当前变量的变化过程如图 2-3-5 所示。

（2）保持线圈——保持值测试。

程控方式，动作值测试时，当前变量的变化过程如图 2-3-6 所示。

（3）时间测试。

程控方式，变量电压从故障前状态翻转到故障状态后开始计时，直到“动作接点”的状态发生翻转。

图 2-3-3 中间继电器测试项目菜单

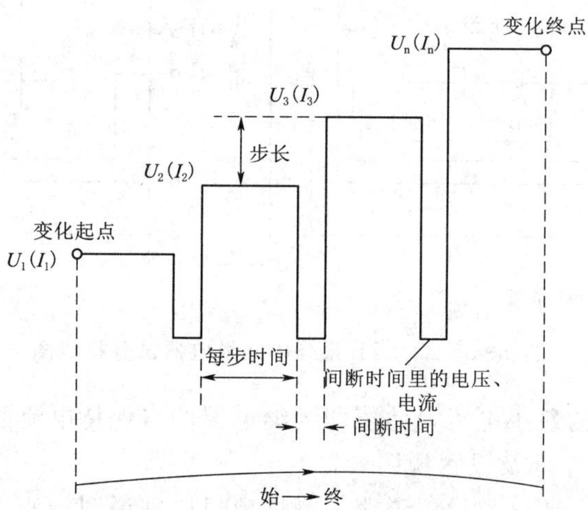

图 2-3-4 动作值测试时，当前变量的变化过程

（4）变量说明。

1）继电器类型：选择待测试继电器的类型，程序提供了 2 种常见继电器类型，包括“中间继电器”“信号继电器”。

2）直流/交流：选择待测试继电器的类型：直流或交流。

3）动作方式：选择待测试继电器的动作方式，程序提供了 4 种方式，包括：“电压启动”“电流启动”“电压启动，电流保持”“电流启动，电压保持”。

4）额定电压 U_n：中间/信号继电器的额定电压。

5）额定电流 I_n：中间/信号继电器的额定电流。

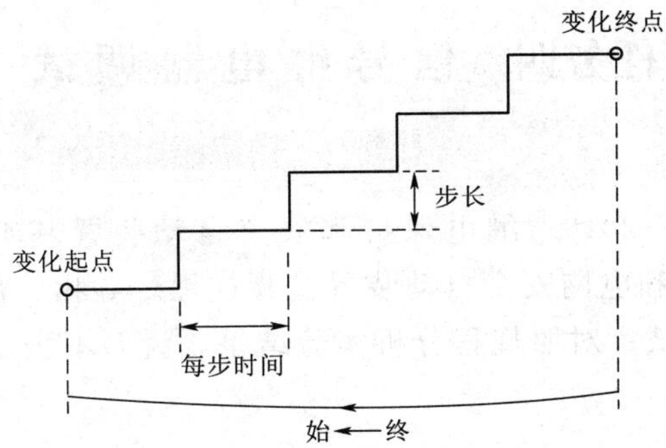

图 2-3-5　返回值测试时，当前变量的变化过程

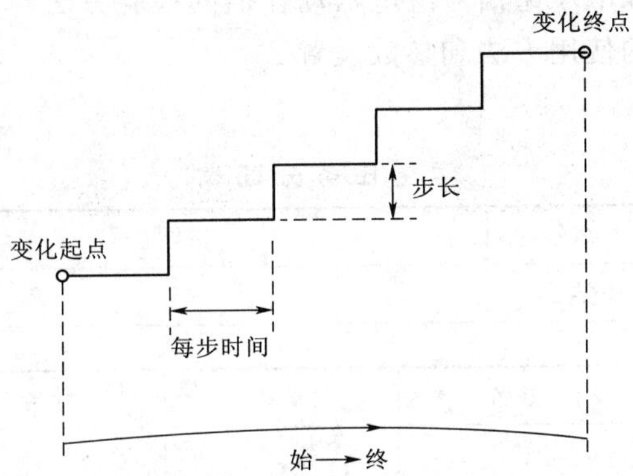

图 2-3-6　动作值测试时，当前变量的变化过程

6）U 输出方式：试验过程中，选择电压 U 的输出方式，程序提供了 3 种方式，包括："电压 U_a""电压 U_b""电压 U_{ab}"。

7）I 输出方式：试验过程中，选择电流 I 的输出方式，程序提供了 3 种方式，包括："电流 I_a""电流 I_b""电流 I_{ab}"。

8）频率：交流电压、电流的输出频率（此参数仅对交流型继电器有效）。

9）间断时间：本参数具有两个作用。

a. 设置本次试验结束到下一次试验开始的等待时间，在间断时间里，当前电压、电流输出均为 0。

b. 对于动作值测试，由于测试方法为脉冲式测试，本参数可同时用于设置每步变化输出前所需要的间断时间。

任务四 信号继电器调试

● **任务描述**

按照 GB/T 7261—2016《继电保护和安全自动装置基本试验方法》、DL/T 995—2016《继电保护和电网安全自动装置检验规程》等相关规范文件，对 DX 系列信号继电器进行调试；对照规程分析实验结果，说明不满足规程时采取的应对措施。

● **学习目标**

(1) 熟识 DX 系列信号继电器的结构。

(2) 掌握电流型和电压型信号继电器动作值的检验方法。

(3) 熟悉测试仪的使用方法和参数设置。

● **任务分组**

表 2-4-1　学生任务分配表

<table>
<tr><td>班级</td><td></td><td>组号</td><td></td><td colspan="2">指导老师</td><td></td></tr>
<tr><td>组长</td><td></td><td>学号</td><td colspan="4"></td></tr>
<tr><td rowspan="6" colspan="2">组员</td><td colspan="2">姓名</td><td>学号</td><td>姓名</td><td>学号</td></tr>
<tr><td colspan="2"></td><td></td><td></td><td></td></tr>
<tr><td colspan="2"></td><td></td><td></td><td></td></tr>
<tr><td colspan="2"></td><td></td><td></td><td></td></tr>
<tr><td colspan="2"></td><td></td><td></td><td></td></tr>
<tr><td colspan="2"></td><td></td><td></td><td></td></tr>
<tr><td colspan="7">任务分工</td></tr>
<tr><td colspan="7"></td></tr>
</table>

● **获取信息**

引导问题 1：对照信号继电器实物，说明其结构特点。

引导问题 2：电流型和电压型信号继电器的运用有什么不同？

引导问题 3：说明信号继电器的文字及图形符号表达方式。

引导问题 4：实验为什么要用冲击法加入电压（电流）？

引导问题 5：为什么信号继电器不用测返回值？若动作值与额定值相差甚大时，如何调整？

● **工作计划**

1. 制定工作方案

表 2-4-2　　工 作 方 案

步骤	工作内容	负责人

2. 列出仪表、工具、设备及器具清单

表 2-4-3　　器 具 清 单

序号	名称	型号及规格	单位	数量	备注

3. 填写安全措施票

表 2-4-4 **二次安全措施票**

单位：________________ 编号________________

被试设备及保护名称		35kV 主变线路保护测控（　）号屏			
工作负责人		工作时间	年　月　日	签发人	
工作内容	35kV 主变线路保护测控（　）号屏信号继电器定检				
安全措施					
序号	执行	安全措施内容			恢复
1					
2					
3					
4					
5					
6					
⋮					

执行人： 监护人： 恢复人： 监护人：

● **进行决策**

（1）各组派代表阐述工作方案。

（2）各组对其他组的工作方案提出自己不同的看法。

（3）教师结合大家完成的情况进行点评，选出最佳方案。

● **工作实施**

按照工作方案的内容及步骤进行信号继电器调试，编写信号继电器检验报告表 2-4-5。

表 2-4-5　　　　　　　　　　**信号继电器检验报告**

<table>
<tr><td>设备运行单位</td><td colspan="2">广东水利电力职业技术学院</td><td>设备名称</td><td colspan="2">信号继电器</td></tr>
<tr><td>设备型号</td><td></td><td>额定电压</td><td></td><td>安装位置</td><td></td></tr>
<tr><td>制造厂</td><td colspan="2"></td><td>设备编号</td><td colspan="2"></td></tr>
<tr><td>检验日期</td><td>年　月　日</td><td>温度</td><td></td><td>湿度</td><td></td></tr>
<tr><td>检验人员</td><td colspan="5"></td></tr>
<tr><td rowspan="2">一、机械部分和触点可靠性检查</td><td colspan="2">检查项目</td><td colspan="3">检查结果</td></tr>
<tr><td colspan="2"></td><td colspan="3"></td></tr>
<tr><td colspan="2">测试项目/次数</td><td>1</td><td>2</td><td>3</td><td>平均</td></tr>
<tr><td rowspan="2">二、信号继电器的动作值检验</td><td>电流型信号继电器动作值/A</td><td></td><td></td><td></td><td></td></tr>
<tr><td>电压型信号继电器动作值/V</td><td></td><td></td><td></td><td></td></tr>
<tr><td rowspan="2">三、中间继电器的动作时间检验</td><td>电流型信号继电器动作时间/s</td><td></td><td></td><td></td><td></td></tr>
<tr><td>电压型信号继电器动作时间/s</td><td></td><td></td><td></td><td></td></tr>
</table>

1. 根据所选设备绘制原理接线图

2. 检验结果分析

评价反馈

1. 验收过程情况记录

完成验收过程问题记录表 2-4-6。

表 2-4-6 验收过程问题记录表

验收问题记录	整改措施	完成时间	备注

2. 各组代表展示作品，介绍任务的完成过程、实施过程存在的问题及解决方法，完成评价考核评分表 2-4-7。

表 2-4-7 评价考核评分表

项目名称	评价内容	分值	评价分数		
			自评	互评	师评
职业素养考核项目（40%）	安全意识、责任意识、服从意识	10			
	积极参加教学活动，按时完成工作活页内容	10			
	团结合作、与人交流能力	10			
	文明作业，清理现场	10			
专业能力考核项目（60%）	调试准备工作到位	10			
	操作步骤准确	20			
	操作过程熟练、规范	20			
	检验报告编写完整、正确	10			
总分					
总评	自评（20%）+互评（20%）+师评（60%）	综合等级	教师（签名）：		

● **任务相关知识点**

DX 系列信号继电器，适用于直流操作的继电保护和自动控制线路中远距离复归的动作指示。信号继电器由工作绕组、接触触点、机械自锁机构、指示红牌、手动复位按钮等组成。当继电器工作绕组加入电流时，簧片吸合，带动机械自锁机构动作，使告警指示作用的红牌翻落，同时触点锁紧闭合。只有在绕组释放电压后，人工手动按压复位按钮，触点才能够释放断开。

分别给电流型、电压型信号继电器加上冲击电流（或电压），使其动作掉牌的最小数值称为动作值。断开电源，继电器触点应保持在动作位置，用手按复位按钮，继电器触点断开，掉牌翻起复归。

电流信号继电器的动作电流不应大于铭牌上的额定电流，电压信号继电器的动作电压不应大于 70%的额定电压值。若动作值与额定值相差甚大时，可放松或拉紧弹簧，亦可调整衔铁与铁芯之间距离使其达到要求，但须注意，调整后应不致因振动而使信号掉牌。

其内部接线及试验接线图分别如图 2-4-1、图 2-4-2 所示。

2.5 电流型信号继电器试验接线

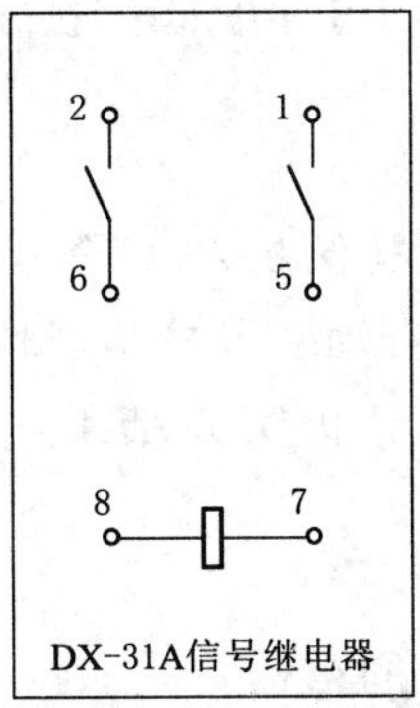

图 2-4-1 DX 系列信号继电器内部接线

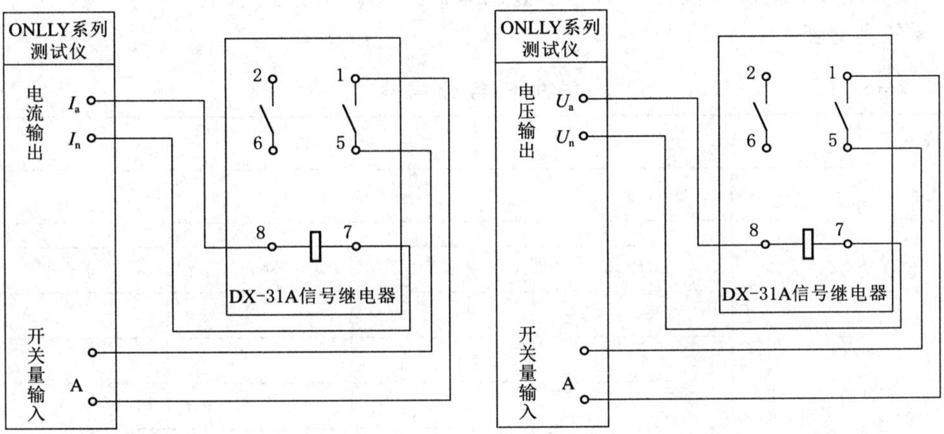

(a) 电流型信号继电器测试接线　　(b) 电压型信号继电器测试接线

图 2-4-2 DX 系列信号继电器试验接线图

测试时按照图 2-3-4 所示中间继电器测试项目菜单，选定“动作/返回值”以及“动作时间”，设置好各参数。

测试本元件时，测试仪设置说明、测试项目原理说明、变量设置说明同中间继电器。

任务五 时间继电器调试

● **任务描述**

按照 GB/T 7261—2016《继电保护和安全自动装置基本试验方法》、DL/T 995—2016《继电保护和电网安全自动装置检验规程》等相关规范文件，对 DS 系列时间继电器进行调试；对照规程分析实验结果，说明不满足规程时采取的应对措施。

● **学习目标**

（1）熟悉 DS 系列时间继电器的结构。

（2）掌握时间继电器的动作电压及返回电压的检验、调整方法。

（3）掌握时间继电器动作时间的检验、调整方法。

（4）熟悉测试仪的使用方法和参数设置。

● **任务分组**

表 2-5-1 学生任务分配表

<table>
<tr><td>班级</td><td></td><td>组号</td><td></td><td colspan="2">指导老师</td><td></td></tr>
<tr><td>组长</td><td></td><td>学号</td><td colspan="4"></td></tr>
<tr><td rowspan="5">组员</td><td>姓名</td><td>学号</td><td colspan="2">姓名</td><td colspan="2">学号</td></tr>
<tr><td></td><td></td><td colspan="2"></td><td colspan="2"></td></tr>
<tr><td></td><td></td><td colspan="2"></td><td colspan="2"></td></tr>
<tr><td></td><td></td><td colspan="2"></td><td colspan="2"></td></tr>
<tr><td></td><td></td><td colspan="2"></td><td colspan="2"></td></tr>
<tr><td colspan="7">任务分工</td></tr>
<tr><td colspan="7"></td></tr>
</table>

● **获取信息**

引导问题 1：对照时间继电器实物，说明其结构特点。

引导问题 2：说明时间继电器的文字及图形符号表达方式。

____

____

引导问题 3：为什么要用冲击法加入电压？为什么要求动作电压不大于 70%额定电压，返回电压不小于 5%额定电压？

____

____

引导问题 4：为什么要求时间机构的走动从开始至最终位置都是均匀的？如果出现忽快忽慢、跳动、停卡或滑行等情况，说明存在什么问题？应如何处理？

____

____

● 工作计划

1. 制定工作方案

表 2-5-2　　　　工　作　方　案

步骤	工　作　内　容	负责人

2. 列出仪表、工具、设备及器具清单

表 2-5-3　　　　器　具　清　单

序号	名　　称	型号及规格	单位	数量	备注

3. 填写安全措施票

表 2-5-4　　二次安全措施票

单位：________________　　编号________________

被试设备及保护名称		35kV 主变线路保护测控（　　）号屏				
工作负责人			工作时间	年　月　日	签发人	
工作内容		35kV 主变线路保护测控（　　）号屏时间继电器定检				
安全措施						
序号	执行	安全措施内容				恢复
1						
2						
3						
4						
5						
6						
⋮						

执行人：　　　　监护人：　　　　恢复人：　　　　监护人：

● **进行决策**

（1）各组派代表阐述工作方案。

（2）各组对其他组的工作方案提出自己不同的看法。

（3）教师结合大家完成的情况进行点评，选出最佳方案。

● **工作实施**

按照工作方案的内容及步骤进行时间继电器调试，编写时间继电器检验报告表 2-5-5。

表 2-5-5　　时间继电器检验报告

<table>
<tr><td>设备运行单位</td><td colspan="2">广东水利电力职业技术学院</td><td>设备名称</td><td colspan="2">时间继电器</td></tr>
<tr><td>设备型号</td><td></td><td>额定电压</td><td></td><td>安装位置</td><td></td></tr>
<tr><td>制造厂</td><td colspan="2"></td><td>设备编号</td><td colspan="2"></td></tr>
<tr><td>检验日期</td><td>年　月　日</td><td>温度</td><td></td><td>湿度</td><td></td></tr>
<tr><td>检验人员</td><td colspan="5"></td></tr>
<tr><td rowspan="2">一、机械部分和触点可靠性检查</td><td colspan="3">检查项目</td><td colspan="2">检查结果</td></tr>
<tr><td colspan="3"></td><td colspan="2"></td></tr>
<tr><td colspan="2">测试项目/次数</td><td>1</td><td>2</td><td>3</td><td>平均</td></tr>
<tr><td rowspan="2">二、时间继电器的动作值与返回值检验</td><td>动作值/V</td><td></td><td></td><td></td><td></td></tr>
<tr><td>返回值/V</td><td></td><td></td><td></td><td></td></tr>
<tr><td>三、动作时间检验</td><td>动作时间/s</td><td></td><td></td><td></td><td></td></tr>
</table>

1. 根据所选设备绘制原理接线图

2. 检验结果分析

____

____

● 评价反馈

1. 验收过程情况记录

完成验收过程问题记录表 2-5-6。

表 2-5-6　　验收过程问题记录表

验收问题记录	整　改　措　施	完成时间	备注

2. 各组代表展示作品，介绍任务的完成过程、实施过程存在的问题及解决方法，完成评价考核评分表 2-5-7。

表 2-5-7　　评价考核评分表

项目名称	评价内容	分值	评价分数		
			自评	互评	师评
职业素养考核项目（40%）	安全意识、责任意识、服从意识	10			
	积极参加教学活动，按时完成工作活页内容	10			
	团结合作、与人交流能力	10			
	文明作业，清理现场	10			
专业能力考核项目（60%）	调试准备工作到位	10			
	操作步骤准确	20			
	操作过程熟练、规范	20			
	检验报告编写完整、正确	10			
总分					
总评	自评（20%）+互评（20%）+师评（60%）	综合等级		教师（签名）：	

● **任务相关知识点**

1. DS 系列时间继电器结构及接线图

DS 系列时间继电器为带有延时机构的吸入式电磁继电器。当电压加在继电器线圈两端时，铁芯被吸入，瞬时动合触点闭合，瞬时动断触点断开，同时延时机构开始启动。在延时机构拉力弹簧作用下，经过整定时间后，滑动触点闭合。从电压加到线圈的瞬间起，到延时动合触点闭合止的这一段时间，可借移动静触点的位置以调整，并由指针直接在继电器的标度盘上指明。当线圈断电时，铁芯和延时机构在塔形反力弹簧的作用下，瞬时返回到原来的位置。DS-21 型时间继电器用于各种继电保护和自动控制线路中，使被控制元件按时限控制进行动作。

对继电器用冲击法加入电压，使衔铁完全被吸入的最低电压值为继电器的动作电压。缓慢地减小电压，使继电器衔铁返回原位的最高电压值为继电器的返回电压。要求动作电压 $<70\%U_N$、返回电压 $>5\%U_N$，若动作值太高或返回值太小应检查弹簧的软硬程度，或衔铁与钢套之间是否有摩擦。必要时进行适当地调整或更换。

2.6 时间继电器试验接线

其内部接线及试验接线图如图 2-5-1、图 2-5-2 所示。

测试时按照如图 2-5-3 所示时间继电器测试项目菜单，选定“动作/返回值”及“动作时间”，设置好各参数。

在额定电压下，对时间继电器的大、中、小三个时限值的动作时间进行检验。

当最小时限值刻度位置与测量定的时间不符时，可转动刻度盘位置进行校正，当最大时值刻度误差超过表 2-5-8 所示值时，应对钟表机构进行调整。

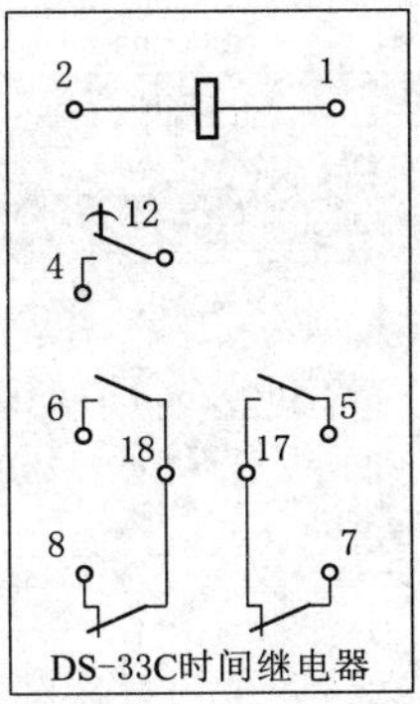

图 2-5-1 DS 系列时间继电器内部接线

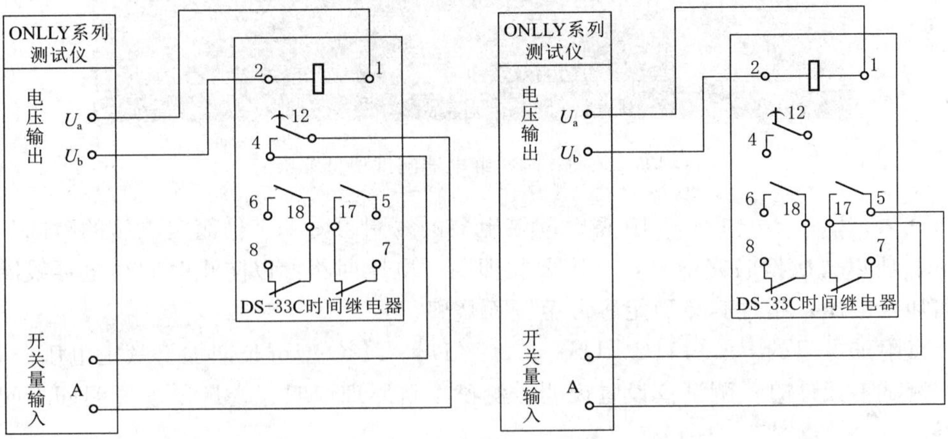

(a) 时间继电器线圈延时测试接线

(b) 时间继电器线圈瞬时测试接线

图 2-5-2 DS 系列时间继电器试验接线图

表 2-5-8 DS 系列时间继电器时限范围及误差

型号	时限范围/s	误差/s
DS-111	0.1～1.3	±0.05
DS-112	0.25～3.5	±0.2
DS-113	0.5～9	±0.4
DS-31	0.125～1.25	±0.125
DS-32	0.5～5	±0.25
DS-33	1～10	±0.5

调整钟表机构的方法如下：

(1) 调整钟摆偏心轴承，使钟摆与摆齿位置合适。

(2) 调整钟摆摆锤的远近，时间短，调远些；时间长，调近些。

(3) 调整钟表弹簧的拉力，时间短，放松些，时间长，拉紧些。

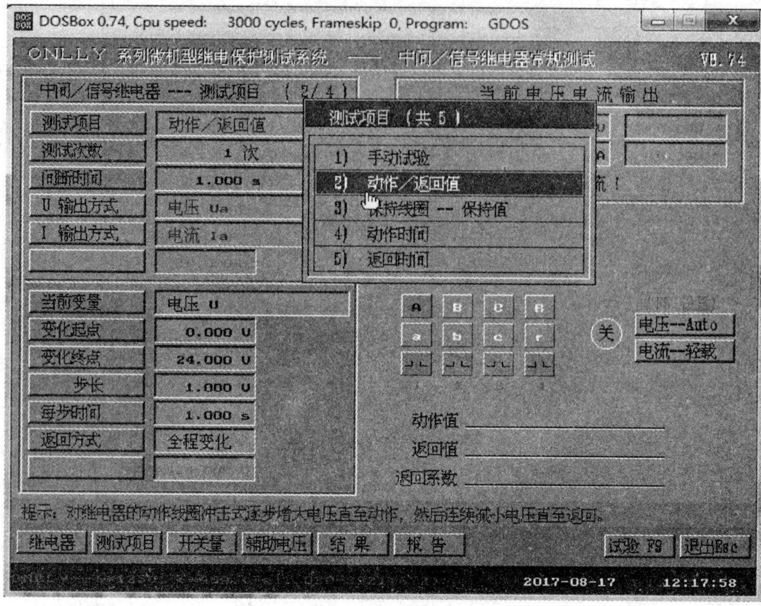

图 2-5-3 时间继电器测试项目菜单

注意： DS-30、DS-110 型时间继电器的线圈耐受 1.1 倍额定电压的时间只有 2min。所以每次检验完毕时，一定要立即断开电压回路，以防止时间继电器线圈长时间加入电压，超过其热稳定容许范围而烧毁。

有附加电阻的 DS-111C、DS-112C、DS-113C 型可长期加上额定电压。

测试本元件时，测试仪设置说明、测试项目原理说明、变量设置说明同中间继电器。

任务六　功率方向继电器调试

● **任务描述**

按照 GB/T 7261—2016《继电保护和安全自动装置基本试验方法》、DL/T 995—2016《继电保护和电网安全自动装置检验规程》等相关规范文件，对 LG－11 型功率方向继电器进行调试；对照规程分析试验结果，说明不满足规程时所采取的应对措施。

● **学习目标**

（1）熟悉 LG－11 型功率方向继电器的结构，加深了解整流型功率方向继电器的工作原理和动作特性的理解。

（2）掌握 LG－11 型功率方向继电器动作灵敏角、最小动作功率、动作时间的测试方法的检验方法。

（3）熟悉测试仪的使用方法和参数设置。

● **任务分组**

表 2－6－1　　学生任务分配表

<table>
<tr><td>班级</td><td></td><td>组号</td><td></td><td>指导老师</td><td></td></tr>
<tr><td>组长</td><td></td><td>学号</td><td colspan="3"></td></tr>
<tr><td colspan="2" rowspan="5">组员</td><td>姓名</td><td>学号</td><td>姓名</td><td>学号</td></tr>
<tr><td></td><td></td><td></td><td></td></tr>
<tr><td></td><td></td><td></td><td></td></tr>
<tr><td></td><td></td><td></td><td></td></tr>
<tr><td></td><td></td><td></td><td></td></tr>
<tr><td colspan="6">任务分工</td></tr>
<tr><td colspan="6"></td></tr>
</table>

● **获取信息**

引导问题 1：对照功率方向继电器实物，说明其结构特点。

引导问题 2：说明功率继电器的动作原理，以及文字及图形符号表达方式。

引导问题 3：说明功率继电器的灵敏角、内角、转移阻抗角的区别。三者之间的关系是什么？

引导问题 4：功率方向继电器电流电压的极性有何意义？如果接线时极性接反会出现什么现象？

引导问题 5：为什么要检验功率方向继电器的最小动作电压？

引导问题 6：如何整定改变继电器的灵敏角？测得的最大灵敏角有没有误差？如果有，是怎样产生的？

引导问题 7：功率方向继电器为什么会有死区？应如何消除死区？

引导问题 8：作出继电器的动作区并计算灵敏角（分别以电流、电压为基准向量）。

● **工作计划**

1. 制定工作方案

表 2-6-2 工 作 方 案

步骤	工 作 内 容	负责人

2. 列出仪表、工具、设备及器具清单

表 2-6-3　　器具清单

序号	名　称	型号及规格	单位	数量	备注

3. 填写安全措施票

表 2-6-4　　二次安全措施票

单位：________　编号________

被试设备及保护名称		35kV 主变线路保护测控（　）号屏			
工作负责人		工作时间	年　月　日	签发人	
工作内容	35kV 主变线路保护测控（　）号屏功率方向继电器定检				
安全措施					
序号	执行	安全措施内容			恢复
1					
2					
3					
4					
5					
6					
⋮					

执行人：　　监护人：　　恢复人：　　监护人：

- **进行决策**

（1）各组派代表阐述工作方案。

（2）各组对其他组的工作方案提出自己不同的看法。

（3）教师结合大家完成的情况进行点评，选出最佳方案。

- **工作实施**

按照工作方案内容及步骤进行功率方向继电器调试，编写功率方向继电器检验报告表 2-6-5。

表 2-6-5　　功率方向继电器检验报告

<table>
<tr><td>设备运行单位</td><td colspan="2">广东水利电力职业技术学院</td><td>设备名称</td><td colspan="2">功率方向继电器</td></tr>
<tr><td>设备型号</td><td></td><td>额定电压</td><td></td><td>安装位置</td><td></td></tr>
<tr><td>制造厂</td><td colspan="2"></td><td>设备编号</td><td colspan="2"></td></tr>
<tr><td>检验日期</td><td>年　月　日</td><td>温度</td><td></td><td>湿度</td><td></td></tr>
<tr><td>检验人员</td><td colspan="5"></td></tr>
<tr><td rowspan="2">一、机械部分和触点可靠性检查</td><td colspan="3">检查项目</td><td colspan="2">检查结果</td></tr>
<tr><td colspan="3"></td><td colspan="2"></td></tr>
<tr><td colspan="6">二、灵敏角的测试</td></tr>
<tr><td colspan="2">实测角 / 继电器灵敏角</td><td>Q_1</td><td>Q_2</td><td>动作区
$|Q_1|+|Q_2|$</td><td>最大灵敏角 φ_{sen}
$(Q_1+Q_2)/2$</td></tr>
<tr><td colspan="2">−30°</td><td></td><td></td><td></td><td></td></tr>
<tr><td colspan="2">−45°</td><td></td><td></td><td></td><td></td></tr>
<tr><td colspan="6">三、最小动作电压及最小动作功率测试</td></tr>
<tr><td colspan="3">最小动作电压/V</td><td colspan="3"></td></tr>
<tr><td colspan="3">最小动作功率/W</td><td colspan="3"></td></tr>
<tr><td colspan="6">四、最小动作电流及最小动作功率测试</td></tr>
<tr><td colspan="3">最小动作电流/A</td><td colspan="3"></td></tr>
<tr><td colspan="3">最小动作功率/W</td><td colspan="3"></td></tr>
<tr><td colspan="6">五、动作时间测试</td></tr>
<tr><td colspan="2">次数 / 动作时间/s</td><td>1</td><td>2</td><td>3</td><td>平均</td></tr>
<tr><td colspan="2"></td><td></td><td></td><td></td><td></td></tr>
</table>

1. 根据所选设备绘制原理接线图

2. 检验结果分析

____

____

● **评价反馈**

1. 验收过程情况记录

完成验收过程问题记录表 2-6-6。

表 2-6-6　　验收过程问题记录表

验收问题记录	整改措施	完成时间	备注

2. 各组代表展示作品，介绍任务的完成过程、实施过程存在的问题及解决方法，完成评价考核评分表 2-6-7。

表 2-6-7　　评价考核评分表

项目名称	评价内容	分值	评价分数		
			自评	互评	师评
职业素养考核项目（40%）	安全意识、责任意识、服从意识	10			
	积极参加教学活动，按时完成工作活页内容	10			
	团结合作、与人交流能力	10			
	文明作业，清理现场	10			
专业能力考核项目（60%）	调试准备工作到位	10			
	操作步骤准确	20			
	操作过程熟练、规范	20			
	检验报告编写完整、正确	10			
总分					
总评	自评（20%）+互评（20%）+师评（60%）	综合等级		教师（签名）：	

● **任务相关知识点**

1. LG-11 型功率方向继电器结构及接线图

LG-11 型功率方向继电器是目前广泛应用的整流型功率方向继电器，其比较幅值的两电气量动作方程为：$|\dot{K}_{\mathrm{I}}\dot{I}_{\mathrm{r}}+\dot{K}_{\mathrm{U}}\dot{U}_{\mathrm{r}}|\geqslant|\dot{K}_{\mathrm{I}}\dot{I}_{\mathrm{r}}-\dot{K}_{\mathrm{U}}\dot{U}_{\mathrm{r}}|$，它按循环电流式接线，执行元件采用极化继电器 JJ。继电器最大灵敏角调整是利用改变变压器 UX 第三个二次绕组 W4 所接的电阻值来实现的。继电器的内角 $\alpha=90°-\varphi_{\mathrm{k}}$，当接入电

阻 R_3 时，阻抗角 $\varphi_k=60^\circ$，$\alpha=30^\circ$；当接入电阻 R_4 时，$\varphi_k=45^\circ$，$\alpha=45^\circ$。因此，继电器的最大灵敏角 $\varphi_{sen}=-\alpha$，并可以调整为两个数值：-30°和-45°。

2.7 功率方向继电器试验接线

其内部接线及试验接线图如图 2-6-1、图 2-6-2 所示。

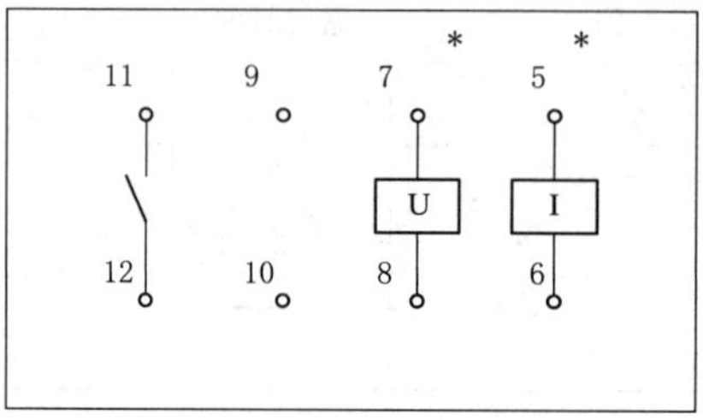

图 2-6-1 LG-11 型功率方向继电器内部接线

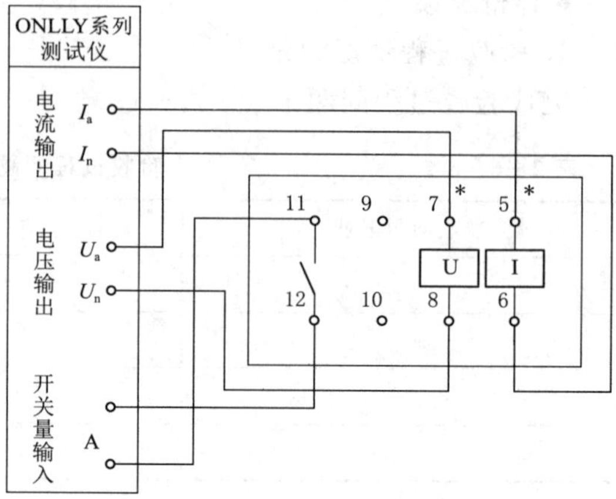

图 2-6-2 LG-11 型功率方向继电器试验接线图

2. 各参数测试方法及要求

（1）继电器的动作区与灵敏角测试。

按照图 2-6-3 功率方向继电器测试项目菜单，选定“最大灵敏角”，设置好各参数。

图 2-6-3 功率方向继电器测试项目菜单

参数设置时，输入电压回路电压100V，输入电流回路电流5A。而后改变电压的相位，读出继电器处于边界条件（动作与制动状态改变）时电压与电流之间的相位差 Q_1 和 Q_2，并以电流 I 为基准画出继电器的动作区并求出最大灵敏角（电流 $\dot{I}$ 与动作区二等分线 OA 之间的夹角），如图 2-6-4 所示。由于执行元件反作用力矩和整流二极管正向压降的影响，实际上的动作区比理论上的180°小。检验规程要求，动作区不少于155°，LG-11的最大灵敏角规定为-30°或-45°（以切换灵敏角电阻 R_1、R_2 来选择）。如果不符合，要检查电压谐振回路是否失调［加上100V电压时不能满足 $U_C-U_L=5\sim10(V)$］可改变 n_1 绕组的抽头使之达到谐振。

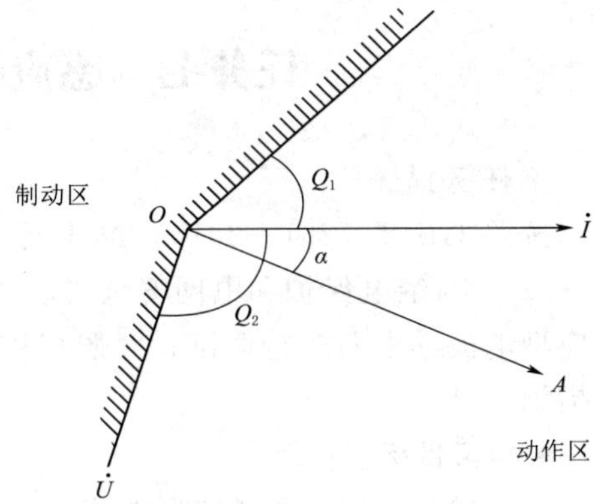

图 2-6-4 灵敏角和动作区相位图

（2）最小动作电压检查（最小动作功率检查）。

要求：在最大灵敏角（误差±10°）情况下，通入额定电流5A时，继电器动作所需的最低电压不应大于2V。

方法：照图 2-6-3 功率方向继电器测试项目菜单，选定“最小动作电压”，设置好各参数，设置继电器所测最大灵敏角，对电流回路端子5、端子6通入5A电流并保持不变，测出加在电压回路端子7、端子8上的电压，即为最小动作电压。

（3）最小动作电流检查（最小动作功率检查）。

要求：在最大灵敏角（误差±10°）情况下，通入额定电压100V，继电器动作所需的最小电流不应大于0.1A。

方法：照图 2-6-3 功率方向继电器测试项目菜单，选定“最小动作电流”，设置好各参数，设置继电器所测最大灵敏角，对电压回路端子7、端子8通入100V电压并保持不变，测出加在电流回路端子5、端子6上的电流，即为最小动作电流。

（4）动作时间测试。

照图 2-6-3 功率方向继电器测试项目菜单，选定“动作时间”，设置好各参数。

3. 变量说明

（1）测试项目：选择继电器的测试项目，程序提供了5种测试项目，包括：“手动试验”“最大灵敏角”“最小动作电压”“最小动作电流”“动作时间”。

（2）U，I 输出方式：试验过程中，选择电压 U、电流 I 的输出方式，程序提供了2种方式，包括：“$U_a\angle\varphi$，I_a”“$U_b\angle\varphi$，I_b”。

其他变量的设置可参考其他继电器的变量说明。

任务七　感应型电流继电器调试

● **任务描述**

按照 GB/T 7261—2016《继电保护和安全自动装置基本试验方法》、DL/T 995—2016《继电保护和电网安全自动装置检验规程》等相关规范文件，对 GL－10 感应型电流继电器进行调试；对照规程分析试验结果，说明不满足规程时采取的应对措施。

● **学习目标**

（1）熟悉 GL－10 感应型电流继电器的结构，明确 GL－10 感应型电流继电器是由感应型反时限元件和电磁型速断元件两部分组合而成。

（2）掌握反时限过流继电器的工作原理及动作电流、返回电流、反时限特性、速断特性试验整定方法。

（3）熟悉测试仪的使用方法和参数设置。

● **任务分组**

表 2－7－1　　学生任务分配表

<table>
<tr><td>班级</td><td></td><td>组号</td><td></td><td colspan="2">指导老师</td><td></td></tr>
<tr><td>组长</td><td></td><td>学号</td><td colspan="4"></td></tr>
<tr><td rowspan="6">组员</td><td rowspan="6"></td><td>姓名</td><td>学号</td><td>姓名</td><td colspan="2">学号</td></tr>
<tr><td></td><td></td><td></td><td colspan="2"></td></tr>
<tr><td></td><td></td><td></td><td colspan="2"></td></tr>
<tr><td></td><td></td><td></td><td colspan="2"></td></tr>
<tr><td></td><td></td><td></td><td colspan="2"></td></tr>
<tr><td></td><td></td><td></td><td colspan="2"></td></tr>
<tr><td colspan="7">任务分工</td></tr>
<tr><td colspan="7"></td></tr>
</table>

● **获取信息**

引导问题 1：对照 GL－10 感应型电流继电器实物，说明其结构特点及其应用。

____

____

引导问题 2：说明 GL－10 感应型电流继电器的动作原理，以及文字及图形符号表达方式。

引导问题3：说明GL-10感应型电流继电器的动作特性由哪几部分构成？各有何特点？

引导问题4：为什么要以扇形齿轮与蜗杆开始啮合时的电流值作为感应元件的动作电流，以扇形齿轮与蜗杆刚分开时的电流值作为返回电流？

引导问题5：GL-10感应型电流继电器的时限特性曲线应包含哪些阶段？分析所测定的时限特性曲线是否符合要求？

- **工作计划**

1. 制定工作方案

表2-7-2　　工作方案

步骤	工作内容	负责人

2. 列出仪表、工具、设备及器具清单

表2-7-3　　器具清单

序号	名称	型号及规格	单位	数量	备注

3. 填写安全措施票

表 2-7-4　　二次安全措施票

单位：＿＿＿＿＿＿＿＿　　编号＿＿＿＿＿＿＿＿

被试设备及保护名称		35kV 主变线路保护测控（　　）号屏				
工作负责人			工作时间	年　月　日	签发人	
工作内容		35kV 主变线路保护测控（　　）号屏感应型电流继电器定检				
安全措施						
序号	执行	安全措施内容				恢复
1						
2						
3						
4						
5						
6						
⋮						

执行人：　　　　监护人：　　　　恢复人：　　　　监护人：

● **进行决策**

1. 各组派代表阐述工作方案。
2. 各组对其他组的工作方案提出自己不同的看法。
3. 教师结合大家完成的情况进行点评，选出最佳方案。

● **工作实施**

按照工作方案内容及步骤进行感应型电流继电器调试，编写感应型电流继电器检验报告表 2-7-5。

表 2-7-5　　　　感应型电流继电器检验报告

<table>
<tr><td>设备运行单位</td><td colspan="2">广东水利电力职业技术学院</td><td>设备名称</td><td colspan="2">感应型电流继电器</td></tr>
<tr><td>设备型号</td><td></td><td>额定电压</td><td></td><td>安装位置</td><td></td></tr>
<tr><td>制造厂</td><td colspan="2"></td><td>设备编号</td><td colspan="2"></td></tr>
<tr><td>检验日期</td><td>年　月　日</td><td>温度</td><td></td><td>湿度</td><td></td></tr>
<tr><td>检验人员</td><td colspan="5"></td></tr>
<tr><td rowspan="2">一、机械部分和触点可靠性检查</td><td colspan="3">检查项目</td><td colspan="2">检查结果</td></tr>
<tr><td colspan="3"></td><td colspan="2"></td></tr>
</table>

<table>
<tr><td colspan="4">二、动作电流及返回电流校验</td></tr>
<tr><td>电流整定板插销位置</td><td>2A</td><td>2.5A</td><td>3A</td></tr>
<tr><td>动作电流/A</td><td></td><td></td><td></td></tr>
<tr><td>返回电流/A</td><td></td><td></td><td></td></tr>
</table>

<table>
<tr><td colspan="3">三、速断元件动作电流检验</td></tr>
<tr><td>速断整定旋扭位置</td><td>4</td><td>6</td></tr>
<tr><td>动作电流/A</td><td></td><td></td></tr>
<tr><td>误差/%</td><td></td><td></td></tr>
</table>

<table>
<tr><td colspan="6">四、时限特性曲线测试</td></tr>
<tr><td>动作电流倍数</td><td>1</td><td>2</td><td>3</td><td>4</td><td>4.4</td></tr>
<tr><td>选定电流值/A</td><td>2</td><td>4</td><td>6</td><td>8</td><td>8.8</td></tr>
<tr><td>动作时限/s</td><td></td><td></td><td></td><td></td><td></td></tr>
</table>

1. 根据所选设备绘制原理接线图

2. 检验结果分析

● **评价反馈**

1. 验收过程情况记录

完成验收过程问题记录表 2-7-6。

表 2-7-6 验收过程问题记录表

验收问题记录	整改措施	完成时间	备注

2. 各组代表展示作品，介绍任务的完成过程、实施过程存在的问题及解决方法，完成评价考核评分表 2-7-7。

表 2-7-7 评价考核评分表

项目名称	评价内容	分值	评价分数		
			自评	互评	师评
职业素养考核项目（40%）	安全意识、责任意识、服从意识	10			
	积极参加教学活动，按时完成工作活页内容	10			
	团结合作、与人交流能力	10			
	文明作业，清理现场	10			
专业能力考核项目（60%）	调试准备工作到位	10			
	操作步骤准确	20			
	操作过程熟练、规范	20			
	检验报告编写完整、正确	10			
总分					
总评	自评（20%）+互评（20%）+师评（60%）	综合等级		教师（签名）：	

● **任务相关知识点**

1. GL-10 感应型电流继电器结构及接线图

工厂供电系统常用的 GL-10、GL-20 感应型电流继电器。这种电流继电器有两组元件构成：一组为感应元件，另一组为电磁元件。感应元件主要包括线圈、带短路环的电磁铁及装在可偏转框架上的转动铝盘。电磁元件主要包括线圈、电磁铁和衔铁。线圈和电磁铁是两组元件共用的。

在工厂供电系统中，广泛采用感应型电流继电器来作为电流保护兼电流速断保护，因为感应型电流继电器兼有上述电磁型电流继电器、时间继电器、信号继电器和中间继电器的功能，从而可大大简化继电保护装置。

其内部端子图及试验接线图如图 2-7-1、图 2-7-2 所示。

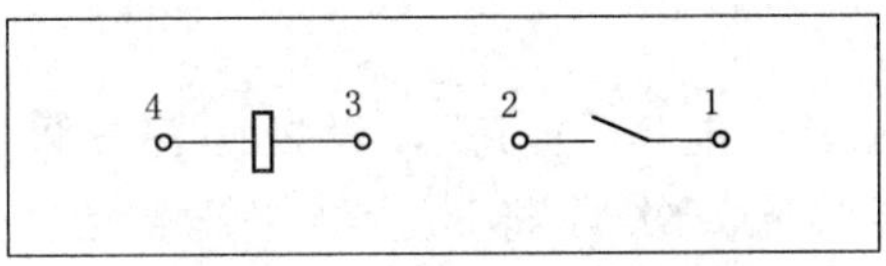

图 2-7-1 GL-10 感应型电流继电器内部端子图

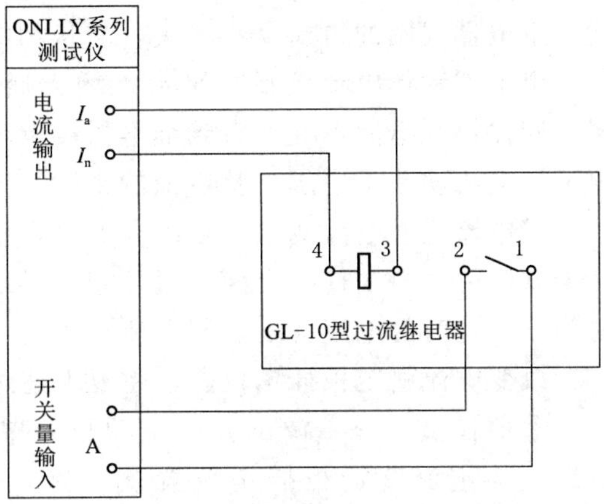

图 2-7-2 GL-10 感应型电流继电器试验接线图

2. 各参数检验方法及要求

(1) 感应元件动作电流和返回电流检验。

当继电器线圈电流增大到继电器的动作电流值 I_{op} 时，铝盘受到的力也增大到可克服弹簧的阻力，使铝盘带动框架前偏，使蜗杆与扇行齿轮啮合，使扇行齿轮沿着蜗杆上升，最后使触点切换，同时使信号牌掉下，使观察孔可看到红色或白色的信号指示，表示继电器已经动作。

继电器线圈中的电流越大，铝盘转得越快，扇行齿轮沿蜗杆上升的速度也越快，因此动作时间越短，这也就是感应式电流继电器的“反时限（即反比延时）特性”，如图 2-7-3 所示的曲线 abc，这一特性是其感应元件所产生的。

当继电器线圈电流进一步增大到整定的速断电流 I_{qb} 时，电磁铁瞬时将衔铁吸下，使触点 12 瞬时切换，同时也使信号牌掉下。电磁元件“电流速断特性”，如图 2-7-3 所示曲线 $bb'd$。因此该电磁元件又称电流速断元件。

速断电流 I_{qb} 与感应元件动作电流 I_{op} 的比值，称为速断电流倍数。

动作电流和时限的调节：继电器的动作电流（整定电流）I_{op}，可利用插销以改变线圈匝数来进行级进调节，也可利用调节弹簧的拉力来进行平滑的细调。

继电器的速断电流倍数 n_{qb}，可利用螺钉来改变衔铁与电磁铁之间的气隙来调节。气隙越大，n_{qb} 越大。

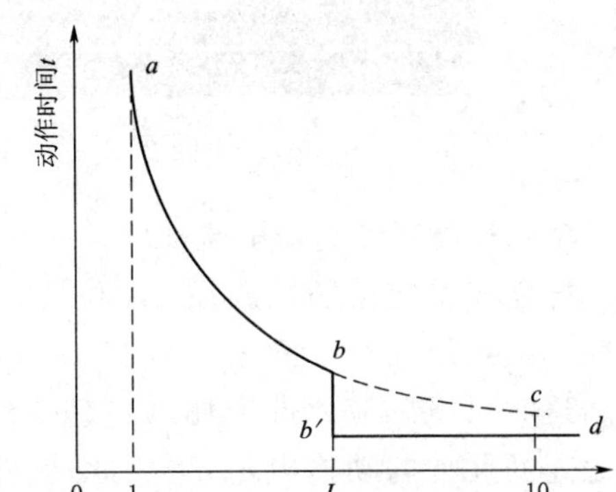

图 2-7-3 感应型电流继电器反时限特性曲线

继电器感应元件的动作时限，可利用时限调节螺杆来改变扇行齿轮顶杆行程的起点，以使动作的特性曲线上下移动。应注意，继电器的动作时限调节螺杆的标度尺，是以 10 倍动作电流的动作时间标度的。因此继电器实际的动作时间，与实际通过继电器线圈的电流大小有关，需从相应的动作特性曲线上查得。

继电器动作电流测试：平滑地增大通入继电器的电流，到扇形齿轮与蜗杆啮合，即保持此电流不变，直到继电器接点闭合，该电流就是继电器动作电流。动作电流的电流误差不应超过整定值的±5%，可调整拉力弹簧使之满足要求。

继电器返回电流测试：给继电器通入动作电流，在扇形齿轮顶杆上升至将碰到又未碰及可动衔铁杠杆之前，就开始平滑地减小电流，直到扇形齿轮与蜗杆刚分开时为止，这时的电流就是返回电流。

改变电流整定板插销位置，重复上述过程。

参照图 2-7-4 调试仪测试项目菜单，选定“电压/电流”，设置好各参数，将继电器电流整定板插销位置整定好，重复试验三次并将试验结果记录在表 2-7-5 内。

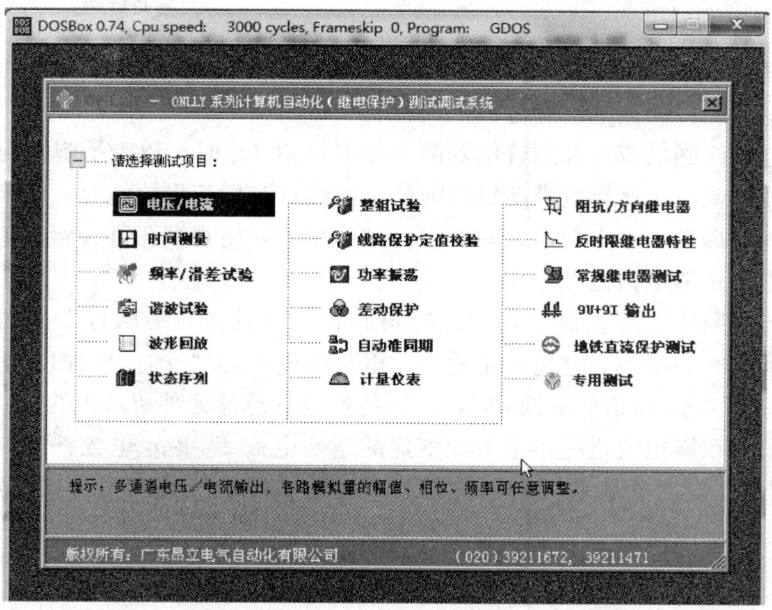

图 2-7-4 调试仪测试项目菜单

（2）速断元件动作电流检验。

把电流整定板插销放在 2A 位置，在表 2-7-5 所列两种速断整定旋钮位置情况下，对继电器线圈通入表 2-7-5 中速断整定旋钮位置情况下的各冲击电流值，这时可将感应元件卡住以免它受到多次冲击，能使接点闭合的最小冲击电流就是速断元件的动作电流 I_{op}。此动作电流的误差不应超过整定值的±10%。若误差超过范围可采用松开刻度的固定螺丝，改变速断整定旋钮位置的方法进行调整。

对速断元件的返回电流无严格要求。只要求当电流降至零时衔铁能返回原位即可。

上述测试同样照图 2-7-4 测试仪测试项目菜单，选定“电压/电流”，设置好各参数。

(3) 时限特性曲线检验。

把电流整定板插销放在 2A 位置，速断整定旋钮放在 8 位置，测定由感应元件动作电流（2A）至 1.1 倍速断元件动作电流（8.8A）的时限特性曲线。可通过调试仪“反时限继电器特性”菜单进行测试（图 2-7-5），或按记录表 2-7-5 中所列各点绘制“电压/电流”菜单测试曲线（图 2-7-6）。

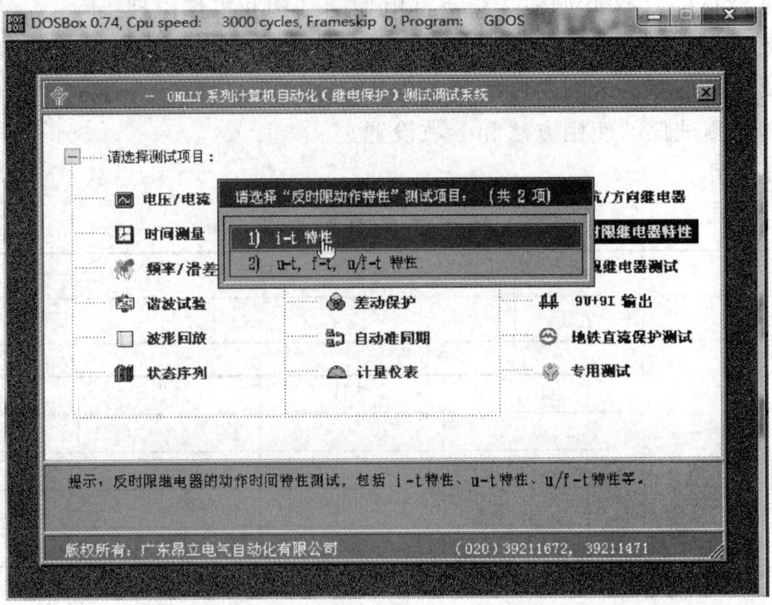

图 2-7-5 测试仪测试项目“反时限继电器特性”菜单

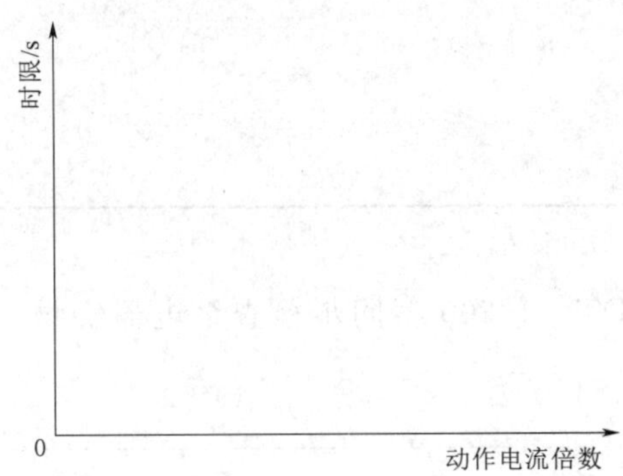

图 2-7-6 按所测定的参数绘出平滑的时限特性曲线

注意：在录取曲线某一点时，应保持电流值不变，否则测出的时间不准确。

如果动作时限的误差大于整定值的±5%时，可配合调整永久磁铁的位置和移动时间刻度盘使之满足要求。

任务八　同步检查继电器调试

● **任务描述**

按照 GB/T 7261—2016《继电保护和安全自动装置基本试验方法》、DL/T 995—2016《继电保护和电网安全自动装置检验规程》等相关规范文件，对 DT-1/200 型同步检查继电器进行调试；对照规程分析试验结果，说明不满足规程时采取的应对措施。

● **学习目标**

（1）熟悉 DT-1/200 型同步检查继电器的结构和工作原理。

（2）理解同步检查继电器功能和基本特性，掌握同步检查继电器两线圈同极性的检测以及动作角度、返回角度的校验方法。

（3）熟悉测试仪的使用方法和参数设置。

● **任务分组**

表 2-8-1　　学生任务分配表

<table>
<tr><td>班级</td><td></td><td>组号</td><td></td><td>指导老师</td><td></td></tr>
<tr><td>组长</td><td></td><td>学号</td><td colspan="3"></td></tr>
<tr><td>组员</td><td colspan="5"><table><tr><td>姓名</td><td>学号</td><td>姓名</td><td>学号</td></tr><tr><td></td><td></td><td></td><td></td></tr><tr><td></td><td></td><td></td><td></td></tr><tr><td></td><td></td><td></td><td></td></tr><tr><td></td><td></td><td></td><td></td></tr></table></td></tr>
<tr><td colspan="6">任务分工</td></tr>
<tr><td colspan="6"></td></tr>
</table>

● **获取信息**

引导问题 1：对照 DT-1/200 型同步检查继电器实物，说明其结构特点及其应用。

引导问题 2：说明 DT-1/200 型同步检查继电器的动作原理，以及文字及图形符号表达方式。

引导问题 3：说明脉动电压的特点及功能。

引导问题 4：同期检查继电器线圈极性反接会产生怎样的后果？如何判别线圈极性？

引导问题 5：同期检查继电器动作角度与整定值误差太大，应如何调整才能减小误差？

● **工作计划**

1. 制定工作方案

表 2-8-2　　工 作 方 案

步骤	工 作 内 容	负责人

2. 列出仪表、工具、设备及器具清单

表 2-8-3　　器 具 清 单

序号	名 称	型号及规格	单位	数量	备注

3. 填写安全措施票

表 2-8-4　　二次安全措施票

单位：________________　　编号________________

被试设备及保护名称		35kV 主变线路保护测控（　）号屏			
工作负责人		工作时间	年　月　日	签发人	
工作内容	35kV 主变线路保护测控（　）号屏同步检查继电器定检				
安全措施					
序号	执行	安全措施内容			恢复
1					
2					
3					
4					
5					
6					
⋮					

执行人：　　　　监护人：　　　　恢复人：　　　　监护人：

- **进行决策**

（1）各组派代表阐述工作方案。

（2）各组对其他组的工作方案提出自己不同的看法。

（3）教师结合大家完成的情况进行点评，选出最佳方案。

- **工作实施**

按照工作方案内容及步骤进行 DT-1/200 型同步检查继电器调试，编写 DT-1/200 型同步检查继电器检验报告表 2-8-5。

表 2-8-5　　　　同步检查继电器检验报告

<table>
<tr><td>设备运行单位</td><td colspan="2">广东水利电力职业技术学院</td><td>设备名称</td><td colspan="2">同步检查继电器</td></tr>
<tr><td>设备型号</td><td></td><td>额定电压</td><td></td><td>安装位置</td><td></td></tr>
<tr><td>制造厂</td><td colspan="2"></td><td>设备编号</td><td colspan="2"></td></tr>
<tr><td>检验日期</td><td>年　月　日</td><td>温度</td><td></td><td>湿度</td><td></td></tr>
<tr><td>检验人员</td><td colspan="5"></td></tr>
<tr><td rowspan="2">一、机械部分和触点可靠性检查</td><td colspan="2">检查项目</td><td colspan="3">检查结果</td></tr>
<tr><td colspan="2"></td><td colspan="3"></td></tr>
<tr><td colspan="6">二、两线圈相互极性关系检验</td></tr>
<tr><td colspan="6">检验结果：</td></tr>
<tr><td colspan="6">三、动作角度和返回角度检验</td></tr>
<tr><td rowspan="2">端子</td><td rowspan="2">整定角所对应的电压/V</td><td colspan="2">调试数据</td><td colspan="2">计算数据</td></tr>
<tr><td>U_{dz}/V</td><td>U_{fh}/V</td><td>δ_{dz}/(°)</td><td>δ_{fh}/(°)</td></tr>
<tr><td>2、4 通电
6、8 短接</td><td></td><td></td><td></td><td></td><td></td></tr>
<tr><td>6、8 通电
2、4 短接</td><td></td><td></td><td></td><td></td><td></td></tr>
</table>

1. 根据所选设备绘制原理接线图

2. 检验结果分析

● **评价反馈**

1. 验收过程情况记录

完成验收过程问题记录表 2-8-6。

表 2-8-6　　验收过程问题记录表

验收问题记录	整　改　措　施	完成时间	备注

2. 各组代表展示作品，介绍任务的完成过程、实施过程存在的问题及解决方法，完成评价表 2-8-7。

表 2-8-7　　评价考核评分表

项目名称	评　价　内　容	分值	评价分数		
			自评	互评	师评
职业素养考核项目（40%）	安全意识、责任意识、服从意识	10			
	积极参加教学活动，按时完成工作活页内容	10			
	团结合作、与人交流能力	10			
	文明作业，清理现场	10			
专业能力考核项目（60%）	调试准备工作到位	10			
	操作步骤准确	20			
	操作过程熟练、规范	20			
	检验报告编写完整、正确	10			
总分					
总评	自评（20%）+互评（20%）+师评（60%）	综合等级		教师（签名）：	

● 任务相关知识点

1. DT-1/200 型同步检查继电器结构及接线图

本装置采用的 DT-1/200 型同步检查继电器是电压型的。其线圈 1（端子 2、端子 4）和线圈 2（端子 6、端子 8）的额定电压均为 100V，动作角度的调整范围为 20°～40°，其内部端子图及试验接线图如图 2-8-1、图 2-8-2 所示。

2.8 同步检查继电器试验接线

2. 各参数检验方法及要求

（1）两线圈相互极性关系检验。

制造厂规定其端子 2 和端子 6 为同性极，但要对此进行检验以确定实际的连接是否和规定相符。

将线圈 1（端子 2、端子 4）和线圈 2（端子 6 和端子 8）反极性连接，逐渐增加线圈电压至额定电压 100V，因为两线圈的额定电压相同，继电器仍不动作（两线圈为异极性关联）。若断开其中任一线圈的端子时继电器即动作，则说明端子 2 和端子 6 是同性端子，否则，极性连接有误。

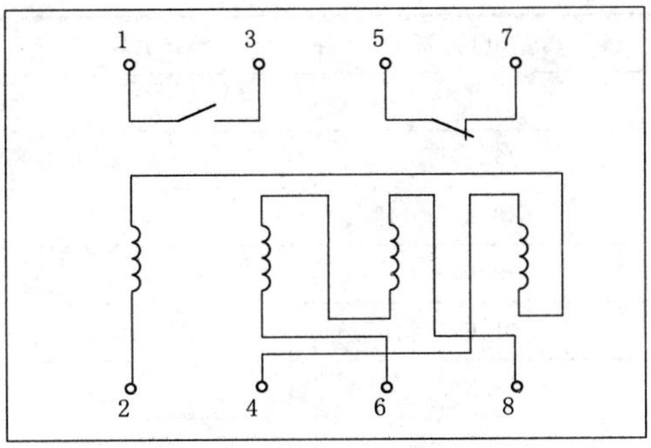

图 2-8-1　DT-1/200 型同步检查继电器内部端子图

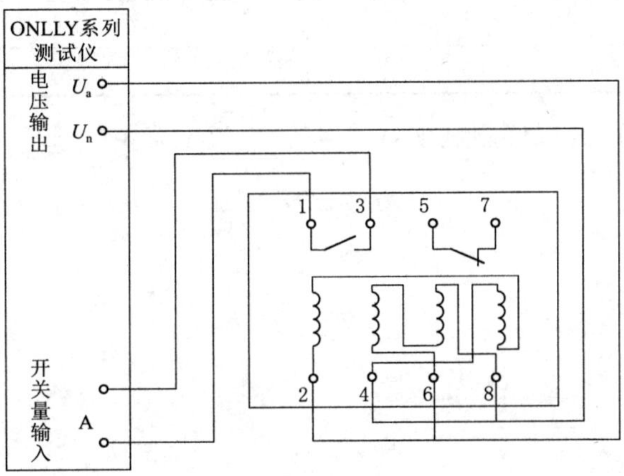

图 2-8-2　DT-1/200 型同步检查继电器试验接线图

(2) 动作角度和返回角度检验。

用测定动作电压和返回电压再经过计算得到相应的角度。

检验线圈 1（端子 2、端子 4）时，要将线圈 2 的端子 6 和端子 8 短路，并拆除端子 2 和端子 6 的接线；检验线圈 2（端子 6、端子 8）时，则要将线圈 1 的端子 2 和端子 4 短路，并拆除端子 4、端子 8 间的连线。

继电器动作时，其常闭接点（端子 5、端子 7）断开，返回时则闭合。

计算动作角度和返回角度的公式为

$$\delta=2\sin^{-1}U/2U_e$$

式中　δ——动作（或返回）角度；

U——动作（或返回）电压的平均值；

U_e——接入继电器线圈端子上的额定电压。

计算出的动作角度与整定值误差应不大于±5%，返回系数应不大于 0.8，否则可按 DY-10 型电压继电器改变弹簧拉力或舌片位置的方法进行调整。

整定角度和动作电压的对照可参见表 2-8-8。

表 2-8-8　同步检查继电器整定角度和动作电压的对照表（线圈的额定电压为 100V）

整定角度/°	动作电压/V	整定角度/°	动作电压/V
20	34.7	31	53.4
21	36.4	32	55.1
22	38.2	33	56.8
23	39.9	34	58.5
24	41.6	35	60.1
25	43.3	36	61.8
26	45	37	63.5
27	46.7	38	65.1
28	48.4	39	66.8
29	50	40	68.4
30	51.8		

以上试验需调用测试仪测试项目“电压/电流”菜单。

项目三

中低压输电线路保护测控装置调试

本项目要求按照 35kV 线路保护检验作业规范，对 EDCS－8110B3 中低压输电线路保护测控装置进行电流电压保护、重合闸、加速段保护、低周减载等功能检验，学生掌握装置各功能特性及原理，熟悉作业流程并掌握保护调试方法，深入了解调试仪的使用和参数设置，学会故障分析及编制作业指导书。

项目包括四个工作任务：保护装置结构及功能认知、电流电压保护调试、重合闸调试、低周减载调试；七个测试内容：装置通电检查、利用键盘操作熟悉装置菜单、修改固化定值、数据采集系统试验、过流保护调试试验、自动重合闸调试试验、低周减载调试试验。

该装置调试试验可采用调试仪的“脱机运行”方式进行，也可以选择控制方式“外接 PC 控制（单机）”，以实现联机运行。

任务一　保护装置结构及功能认知

● **任务描述**

了解 EDCS－8110B3 线路保护测控装置的结构及功能，按照 35kV 线路保护检验作业规范，完成对装置的通电检查，进行保护装置定值单的设置与更改；正确进行装置调试接线，并对装置各功能进行逻辑判断分析。

● **学习目标**

（1）了解 EDCS－8110B3 线路保护测控装置的主要技术参数、结构、功能配置、原理和定值单及符号表达。

（2）对 EDCS－8110B3 线路保护测控装置进行通电检查，并进行保护装置定值单的设置与更改。

（3）针对 EDCS－8110B3 线路保护测控装置各功能进行逻辑判断分析。

（4）正确进行装置调试接线。

● **任务分组**

表 3－1－1　　　　**学生任务分配表**

<table>
<tr><td>班级</td><td></td><td>组号</td><td></td><td>指导老师</td><td></td></tr>
<tr><td>组长</td><td></td><td>学号</td><td colspan="3"></td></tr>
<tr><td colspan="2" rowspan="5">组员</td><td>姓名</td><td>学号</td><td>姓名</td><td>学号</td></tr>
<tr><td></td><td></td><td></td><td></td></tr>
<tr><td></td><td></td><td></td><td></td></tr>
<tr><td></td><td></td><td></td><td></td></tr>
<tr><td></td><td></td><td></td><td></td></tr>
<tr><td colspan="6">任务分工</td></tr>
<tr><td colspan="6"></td></tr>
</table>

● **获取信息**

引导问题 1：对照 EDCS－8110B3 线路保护测控装置，说明装置插件名称及功能，以及装置电源指示灯名称及功能。

引导问题 2：EDCS－8110B3 线路保护测控装置的端子如何定义？说明其文字及图形符号表达方式。

引导问题 3：说明 EDCS－8110B3 线路保护测控装置的主要保护功能及其逻辑条件。

引导问题 4：比较三段式电流保护的电流定值及时间定值的特点。

引导问题 5：什么是负序电压？负序电压在什么情况下出现？调试仪如何设置负序电压的大小？

引导问题 6：用思维导图绘制 EDCS－8110B3 线路保护测控装置的菜单目录树。

引导问题 7：EDCS－8110B3 线路保护测控装置的定值菜单包含哪几个方面？分别能整定哪些参数？

- **工作计划**

1. 制定工作方案

表 3－1－2　　　　工　作　方　案

步骤	工　作　内　容	负责人

2. 列出仪表、工具、设备及器具清单

表 3-1-3　　器具清单

序号	名　称	型号及规格	单位	数量	备注

3. 填写安全措施票

表 3-1-4　　二次安全措施票

单位：________________　编号________________

<table>
<tr><td colspan="3">被试设备及保护名称</td><td colspan="4">35kV 主变线路保护测控（　　）号屏</td></tr>
<tr><td colspan="2">工作负责人</td><td></td><td>工作时间</td><td>年　月　日</td><td>签发人</td><td></td></tr>
<tr><td colspan="2">工作内容</td><td colspan="5">35kV 主变线路保护测控（　　）号屏线路保护定值设置及调试接线</td></tr>
<tr><td colspan="7">安全措施</td></tr>
<tr><td>序号</td><td>执行</td><td colspan="4">安全措施内容</td><td>恢复</td></tr>
<tr><td>1</td><td></td><td colspan="4"></td><td></td></tr>
<tr><td>2</td><td></td><td colspan="4"></td><td></td></tr>
<tr><td>3</td><td></td><td colspan="4"></td><td></td></tr>
<tr><td>4</td><td></td><td colspan="4"></td><td></td></tr>
<tr><td>5</td><td></td><td colspan="4"></td><td></td></tr>
<tr><td>6</td><td></td><td colspan="4"></td><td></td></tr>
<tr><td>⋮</td><td></td><td colspan="4"></td><td></td></tr>
<tr><td></td><td></td><td colspan="4"></td><td></td></tr>
<tr><td></td><td></td><td colspan="4"></td><td></td></tr>
<tr><td></td><td></td><td colspan="4"></td><td></td></tr>
<tr><td></td><td></td><td colspan="4"></td><td></td></tr>
<tr><td></td><td></td><td colspan="4"></td><td></td></tr>
<tr><td></td><td></td><td colspan="4"></td><td></td></tr>
<tr><td></td><td></td><td colspan="4"></td><td></td></tr>
<tr><td></td><td></td><td colspan="4"></td><td></td></tr>
<tr><td></td><td></td><td colspan="4"></td><td></td></tr>
<tr><td></td><td></td><td colspan="4"></td><td></td></tr>
</table>

执行人：　　　　监护人：　　　　恢复人：　　　　监护人：

● **进行决策**

(1) 各组派代表阐述工作方案。

(2) 各组对其他组的工作方案提出自己不同的看法。

(3) 教师结合大家完成的情况进行点评，选出最佳方案。

● **工作实施**

1. 按照工作方案内容及步骤进行装置定值设置及调试接线，编写记录表 3－1－5。

表 3－1－5　　EDCS－8110B3 线路保护测控装置记录表

<table>
<tr><td>设备运行单位</td><td colspan="2">广东水利电力职业技术学院</td><td colspan="2">设备名称</td><td colspan="2">EDCS－8110B3 保护测控装置</td></tr>
<tr><td>设备型号</td><td colspan="4"></td><td>安装位置</td><td></td></tr>
<tr><td>制造厂</td><td colspan="6"></td></tr>
<tr><td rowspan="11">保护装置及接线端子外观检查</td><td>序号</td><td colspan="4">检　查　内　容</td><td>检查结果（√/×）</td></tr>
<tr><td>1</td><td colspan="4">保护装置的硬件配置、标注及接线等应符合图纸要求</td><td></td></tr>
<tr><td>2</td><td colspan="4">保护装置各插件上的元器件的外观质量、焊接质量应良好，所有芯片应插紧，型号正确，芯片放置位置正确</td><td></td></tr>
<tr><td>3</td><td colspan="4">检查保护装置的背板接线有无断线、断路和焊接不良等现象</td><td rowspan="2"></td></tr>
<tr><td>4</td><td colspan="4">检查逆变电源插件的额定工作电压，并检查背板上抗干扰元件的焊接、连线和元器件外观是否良好</td></tr>
<tr><td>5</td><td colspan="4">电子元件、印刷线路、焊点等导电部分与金属框架间距应大于 3mm</td><td></td></tr>
<tr><td>6</td><td colspan="4">保护装置的各部件固定良好，无松动现象；装置外形应端正，无明显损坏及变形现象</td><td></td></tr>
<tr><td>7</td><td colspan="4">各插件应插、拔灵活，各插件和插座之间定位良好，插入深度合适</td><td></td></tr>
<tr><td>8</td><td colspan="4">保护装置的端子排连接应可靠，且标号应清晰正确</td><td></td></tr>
<tr><td>9</td><td colspan="4">切换开关、按钮、键盘等应操作灵活、手感良好</td><td></td></tr>
<tr><td>10</td><td colspan="4">各部件应清洁良好</td><td></td></tr>
<tr><td rowspan="4">通电初步检查</td><td>1</td><td colspan="4">保护装置通电自检</td><td></td></tr>
<tr><td>2</td><td colspan="4">检验键盘</td><td></td></tr>
<tr><td>3</td><td colspan="4">打印机与保护联机</td><td></td></tr>
<tr><td>4</td><td colspan="4">时钟的整定与校验</td><td></td></tr>
<tr><td rowspan="2">定值整定功能检查</td><td>1</td><td colspan="4">整定值的整定、切换功能检验</td><td></td></tr>
<tr><td>2</td><td colspan="4">整定值的失电保护功能检验</td><td></td></tr>
<tr><td rowspan="4">定值整定</td><td colspan="2">保护名称／定值</td><td colspan="2">Ⅰ段保护</td><td>Ⅱ段保护</td><td>Ⅲ段保护</td></tr>
<tr><td colspan="2">动作电流/A</td><td colspan="2"></td><td></td><td></td></tr>
<tr><td colspan="2">动作时间/s</td><td colspan="2"></td><td></td><td></td></tr>
<tr><td colspan="2">软压板</td><td colspan="2"></td><td></td><td></td></tr>
<tr><td colspan="4">责任人：</td><td colspan="3">日期：</td></tr>
</table>

注　保护装置动作行为正确打“√”，动作行为不正确打“×”。

2. 绘制 EDCS－8110B3 线路保护测控装置调试接线图

● 评价反馈

1. 验收过程情况记录

完成验收过程问题记录表 3－1－6。

表 3－1－6 验收过程问题记录表

验收问题记录	整 改 措 施	完成时间	备注

2. 各组代表展示作品，介绍任务的完成过程、实施过程存在的问题及解决方法，完成评价考核评分表 3－1－7。

表 3－1－7 评 价 考 核 评 分 表

<table>
<tr><td rowspan="2">项目名称</td><td rowspan="2">评 价 内 容</td><td rowspan="2">分值</td><td colspan="3">评价分数</td></tr>
<tr><td>自评</td><td>互评</td><td>师评</td></tr>
<tr><td rowspan="4">职业素养
考核项目
（40%）</td><td>安全意识、责任意识、服从意识</td><td>10</td><td></td><td></td><td></td></tr>
<tr><td>积极参加教学活动，按时完成工作活页内容</td><td>10</td><td></td><td></td><td></td></tr>
<tr><td>团结合作、与人交流能力</td><td>10</td><td></td><td></td><td></td></tr>
<tr><td>文明作业，清理现场</td><td>10</td><td></td><td></td><td></td></tr>
<tr><td rowspan="4">专业能力
考核项目
（60%）</td><td>调试准备工作到位</td><td>10</td><td></td><td></td><td></td></tr>
<tr><td>操作步骤准确</td><td>20</td><td></td><td></td><td></td></tr>
<tr><td>操作过程熟练、规范</td><td>20</td><td></td><td></td><td></td></tr>
<tr><td>检验报告编写完整、正确</td><td>10</td><td></td><td></td><td></td></tr>
<tr><td colspan="3">总分</td><td></td><td></td><td></td></tr>
<tr><td rowspan="2">总评</td><td rowspan="2">自评（20%）＋互评（20%）＋师评（60%）</td><td colspan="2">综合等级</td><td colspan="2" rowspan="2">教师（签名）：</td></tr>
<tr><td colspan="2"></td></tr>
</table>

● **任务相关知识点**

1. 装置主要技术参数

EDCS-8110B3 线路保护测控装置适用于 110kV 以下电压等级的非直接接地系统或小电阻接地系统中线路的保护及测控，可组屏安装，也可在开关柜就地安装。

（1）额定参数。

直流电源：220V 或 110V，允许偏差：－20%～＋20%。

交流电压：$100/\sqrt{3}$V（额定相电压 U_n）。

交流电流：5A 或 1A（额定电流 I_n）。

额定频率：50Hz。

过载能力：电流回路：2 倍额定电流，连续工作；10 倍额定电流，允许 10s；40 倍额定电流，允许 1s。电压回路：1.5 倍额定电压，连续工作。

功率消耗：电流回路：不大于 0.5VA/相（I_n＝5A 时）；不大于 0.5VA/相（I_n＝1A 时）。电压回路：不大于 0.5VA/相（额定值 100V 时）；不大于 0.5VA/相（额定值 $100/\sqrt{3}$V 时）。直流回路：正常时，不大于 10W；跳闸时，不大于 15W。

（2）性能指标。

1）保护指标。

电流定值误差：≤±3%或±0.03A。

电压定值误差：≤±3%或±0.1V。

频率定值误差：0.01Hz。

df/dt 闭锁定值误差：≤±3%。

时间定值误差：≤±1%或±45ms。

2）输出接点容量。

a. 信号接点容量：允许长期通过电流 5A。切断电流 0.3A（DC 220V，V/R 1ms），不带电流保持。

b. 保护出口继电器接点容量：允许长期通过电流 8A。切断电流 0.3A（DC 220V，V/R 1ms），不带电流保持。

2. 装置面板各元件说明

（1）按键说明。

EDCS-8110B3 装置面板的正面布置图及说明如图 3-1-1 所示。

（2）菜单说明

1）目录树操作原则。

在主画面，操作【确认】键，进入Ⅰ级菜单操作画面。每屏为四个菜单项，当前菜单项为白字黑底反显，按如下操作步骤进入要选择项：

操作【确认】键，菜单进入下级菜单或具体画面。

操作【<】键，菜单由具体画面返回主画面或回到上级菜单。

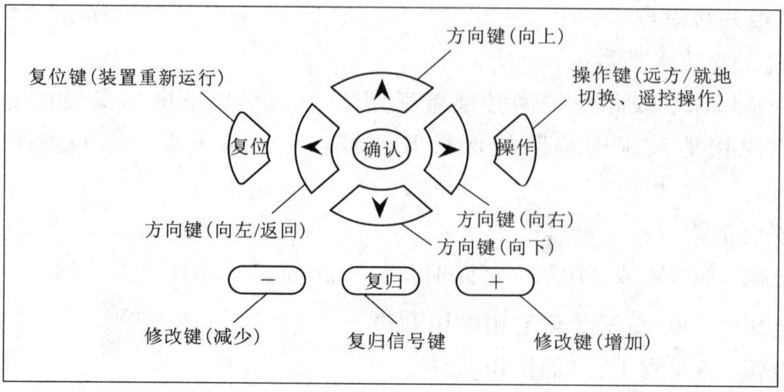

图 3-1-1 EDCS-8110B3 装置面板的正面布置图

操作【∧】或【∨】键选择上一行或下一行菜单项，在定值修改中可作为翻屏键使用。

2）操作权限及密码管理。

装置在进行定值整定、出口传动、通道校正、密码修改时，需要输入正确的密码，即操作它们时需要相应的操作权限。装置的权限管理采用三级密码方式，其对应的操作权限如下。

高级密码：用于修改密码设置，向下兼容调试密码和运行密码。出厂初始设置为 8888。

调试密码：供现场的技术管理人员使用，如继保人员、站长，用于整定运行定值、通信参数、变比、打印参数等。出厂初始设置为 8100。

运行密码：供现场运行值班人员使用，常用于定值区切换、软压板投退等。出厂初始设置为 0000。

（3）装置指示灯说明。

运行：为绿色，主板 CPU 及相关回路运行正常，此灯闪烁；运行不正常或主板插槽位置没有插上主板，该灯熄灭。

通信：为绿色，装置只要有一个通信口与外部智能设备通信正常，该灯闪烁；装置所有通信口都未与外部智能设备建立通信，该灯熄灭。

备用：为红色，此灯备用。

告警：为红色，满足一切内、外部故障告警条件（包含保护的告警条件），均点亮该灯，否则该灯熄灭。

跳闸：为红色，任一需动作于跳闸的保护动作，点亮该指示灯；上位机或单元复归后，该指示灯熄灭。

分位：为绿色，当断路器处在分闸状态时，该灯点亮。

合位：为红色，当断路器处在合闸状态时，该灯点亮。

3. 装置接线图

（1）装置端子定义图如图 3-1-2 所示。

B01 电源插件(X1) XSJ4100		
1A01	空	空
1A02	空	
1A03	空	
1A04	空	
1A05	空	
1A06	空	
1A07	空	
1A08	空	
1A09	空	
1A10	空	
1A11	空	
1A12	空	
1A13	空	
1A14	空	
1A15	空	
1A16	空	
1A17	装置失电信号	信号输出
1A18		
1A19	工作电源+/L	电源输入
1A20	工作电源−/N	
1A21	空	接地
1A22	GND	

B02 操作插件(X2) XSJ4200		
2A01	+KM	操作回路
2A02	外部禁止合闸	
2A03	外部禁止操作	
2A04	外部禁止跳闸	
2A05	手动合闸	
2A06	手动跳闸	
2A07	保护跳闸	
2A08	永跳	
2A09	TWJ−	
2A10	TBJV+	
2A11	HQ+	
2A12	HWJ−	
2A13	TQ+	
2A14	−KM	
2A15	公共端1	信号输出
2A16	合后位置	
2A17	跳闸位置	
2A18	合闸位置	
2A19	事故总信号	
2A20		
2A21	控制回路断线	
2A22		

B03 开出插件(X3) XSJ4300		
3A01	重合闸	触点输出
3A02		
3A03	保护跳闸	
3A04		
3A05	备用重合闸	
3A06		
3A07	备用跳闸	
3A08		
3A09	开出5	
3A10		
3A11	开出6	
3A12		
3A13	开出7	
3A14		
3A15	同期合闸	
3A16		
3A17	控制跳闸(备自投用)	
3A18		
3A19	遥控合闸	
3A20		
3A21	遥控分闸	
3A22		

B04 开入开出插件(X4) XSJ4400		
4A01	开入1	开入量
4A02	开入2	
4A03	开入3	
4A04	开入4	
4A05	开入5	
4A06	闭锁重合闸	
4A07	弹簧未储能	
4A08	远方操作信号	
4A09	手合位置信号	
4A10	手跳位置信号	
4A11	开入11	
4A12	开入12	
4A13	开入13	
4A14	开入14	
4A15	投低周减载	
4A16	投失压保护	
4A17	投检修状态	
4A18	信号复归	
4A19	开入公共负端	
4A20	预报警出口	信号输出
4A21	保护动作信号	
4A22	信号公共端	

B05 CPU插件(X5) XSJ4500		
A		以太网
B		
5B01	485-A	通信
5B02	485-B	
5B03	空	
5B04	空	
5B05	CANH	
5B06	CANL	
5B07	空	校时
5B08	空	
5B09	GPS-A	
5B10	GPS-B	
5B11	空	空
5B12	空	
5B13	空	
5B14	空	
5B15	空	
5B16	空	

B06 交流插件(X6) XSJ4600				
601	I_a*	保护电流	I_a	602
603	I_b*		I_b	604
605	I_c*		I_c	606
607	I_{ma}*	测量电流	I_{ma}	608
609	I_{mb}*		I_{mb}	610
611	I_{mc}*		I_{mc}	612
613	I_0*	零序电流	I_0	614
615	U_L	零序电压	U_n	616
617	U_x	系统电压	U_{xn}	618
619	U_a	母线电压	U_n	620
621	U_b		U_n	622
623	U_c		U_n	624

图 3-1-2　EDCS-8110B3 装置端子定义图

（2）装置接线示意图如图 3－1－3 所示。

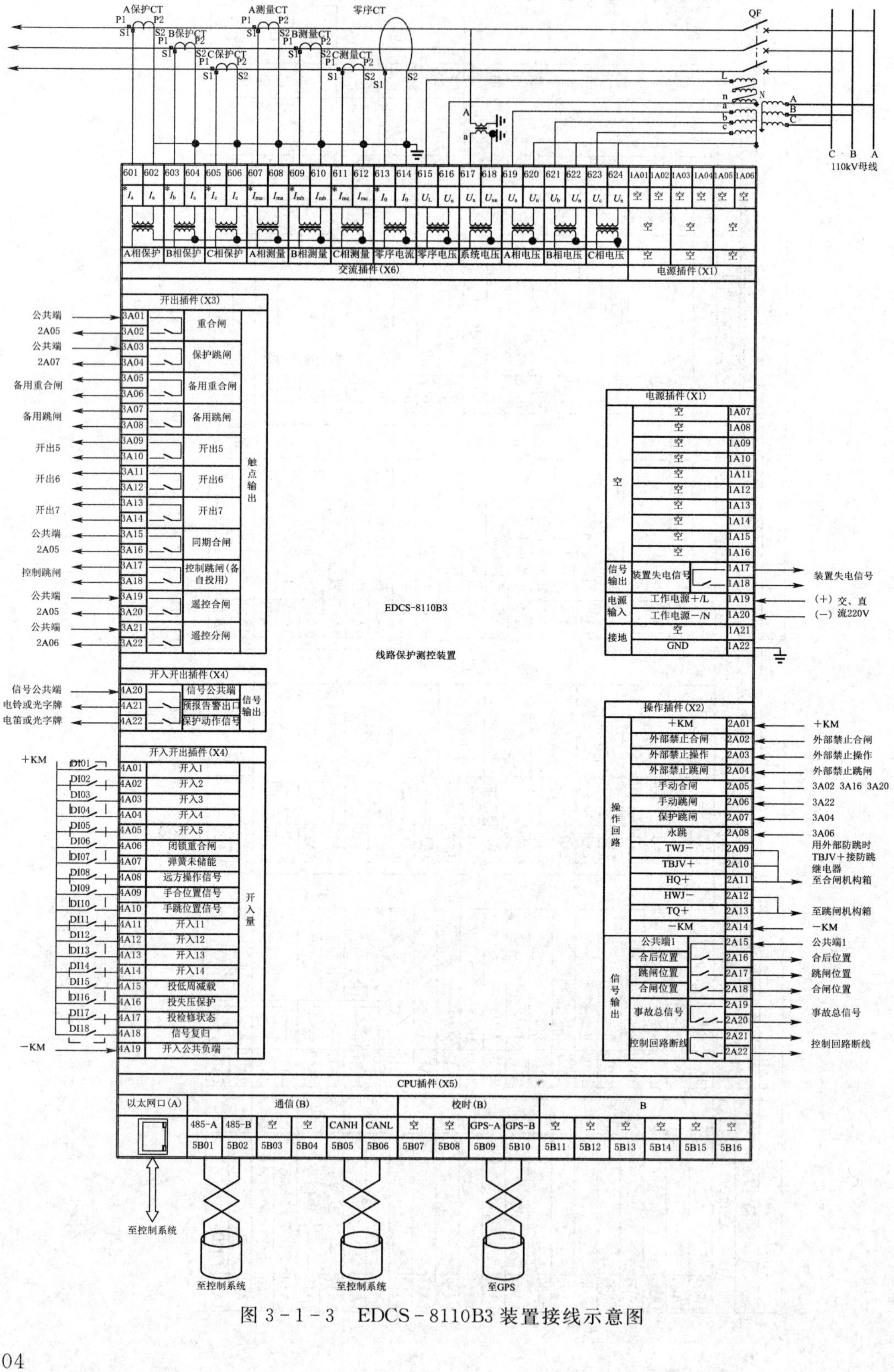

图 3－1－3　EDCS－8110B3 装置接线示意图

4．EDCS－8110B3 保护测控装置主要功能

EDCS－8110B3 保护测控装置主要功能配置见表 3－1－8。

表 3－1－8　　EDCS－8110B3 保护测控装置主要功能配置

类型	型　号	EDCS－8110B3	备注
	名　称	线路保护测控装置	
保护功能	过流Ⅰ段保护	√（可选择经复压闭锁、方向闭锁）	
	过流Ⅱ段保护	√（可选择经复压闭锁、方向闭锁）	
	过流Ⅲ段保护	√（可选择经复压闭锁、方向闭锁，可选择定、反时限方式）	
	过流加速	√（可选择前加速、后加速方式）	
	三相一次重合闸	√（检无压、检同期、不检定）	
	过负荷保护	√（可选择告警、跳闸）	
	零序过流Ⅰ段保护	√	
	零序过流Ⅱ段保护	√	
	零序过流Ⅲ段保护	√（可选择定、反时限方式）	
	零序过流加速保护	√（可选择前加速、后加速方式）	
	低周减载	√（具有低电压闭锁、可选择经滑差闭锁）	
	零序过压告警	√	
	小电流接地选线告警	（可选择不接地系统、经消弧线圈接地系统）	
	过电压保护	√	
	失压保护	（可选择经电流闭锁）	
同期合闸	同期合闸功能	√（检无压、检同期、不检定）	
测控功能	遥测量	电流、电压、频率、有功、无功、功率因素、相角测量等	
	电度计量	上、下网有功电度；上、下网无功电度	
	遥信监视	9 路自定义遥信开入	
	事件 SOE 记录	√	
	装置上电、停电、复位记录	√	
	事故、手动录波	√	
	断路器遥控分/合	一组	
	系统参数、定值设置	√	
	软压板投退	√	
	独立的操作回路	√	
	自恢复功能	√	

续表

类型	型　　号	EDCS-8110B3	备注
	名　　称	线路保护测控装置	
故障诊断	TV断线	√	
	TA断线	√	
	TWJ异常	√	
	控制回路断线	√	
	装置失电告警	√	
	弹簧未储能告警	√	
	通信异常告警	√	
通信功能	CAN通信接口	1路（自定义XSJ-7000DH规约）	
	以太网通信接口	1路（IEC60870-5-103规约）	
	RS-485通信接口	1路（IEC60870-5-103规约）	
装置调试	出口传动	√	
	装置检修状态	√	
	事件报告清除	√	
结构尺寸	机箱结构	4U 19″/2	
	机箱尺寸	260mm（宽）×177.5mm（高）×276mm（深）	

注　√为标配；○为选配；—为无。

5. 主要保护功能原理

(1) 三段式过流保护。

1) 保护逻辑图如图3-1-4所示。其中，U_{ab}、U_{bc}、U_{ca}为线电压，U_{1zd}为低电压定值，U_2为负序电压，U_{2zd}为负序电压定值，I_a、I_b、I_c为三相保护电流，I_{1zd}为过流Ⅰ段定值，T_1为过流Ⅰ段时间定值。

2) 方向元件动作判据。

本装置的相间方向元件采用90°接线方式，灵敏角为−45°或135°（电压超前电流），按相启动，电压、电流取自本侧的TV和TA。为了消除保护安装处附近三相短路的电压死区，方向元件带记忆。动作判据见表3-1-9。方向元件动作特性如图3-1-5所示。

表3-1-9　　方向元件动作判据

相间方向元件	相位关系	角度（正方向）	角度（反方向）
A	I_a超前U_{bc}	−30°～120°	150°～300°
B	I_b超前U_{ca}	−30°～120°	150°～300°
C	I_c超前U_{ab}	−30°～120°	150°～300°

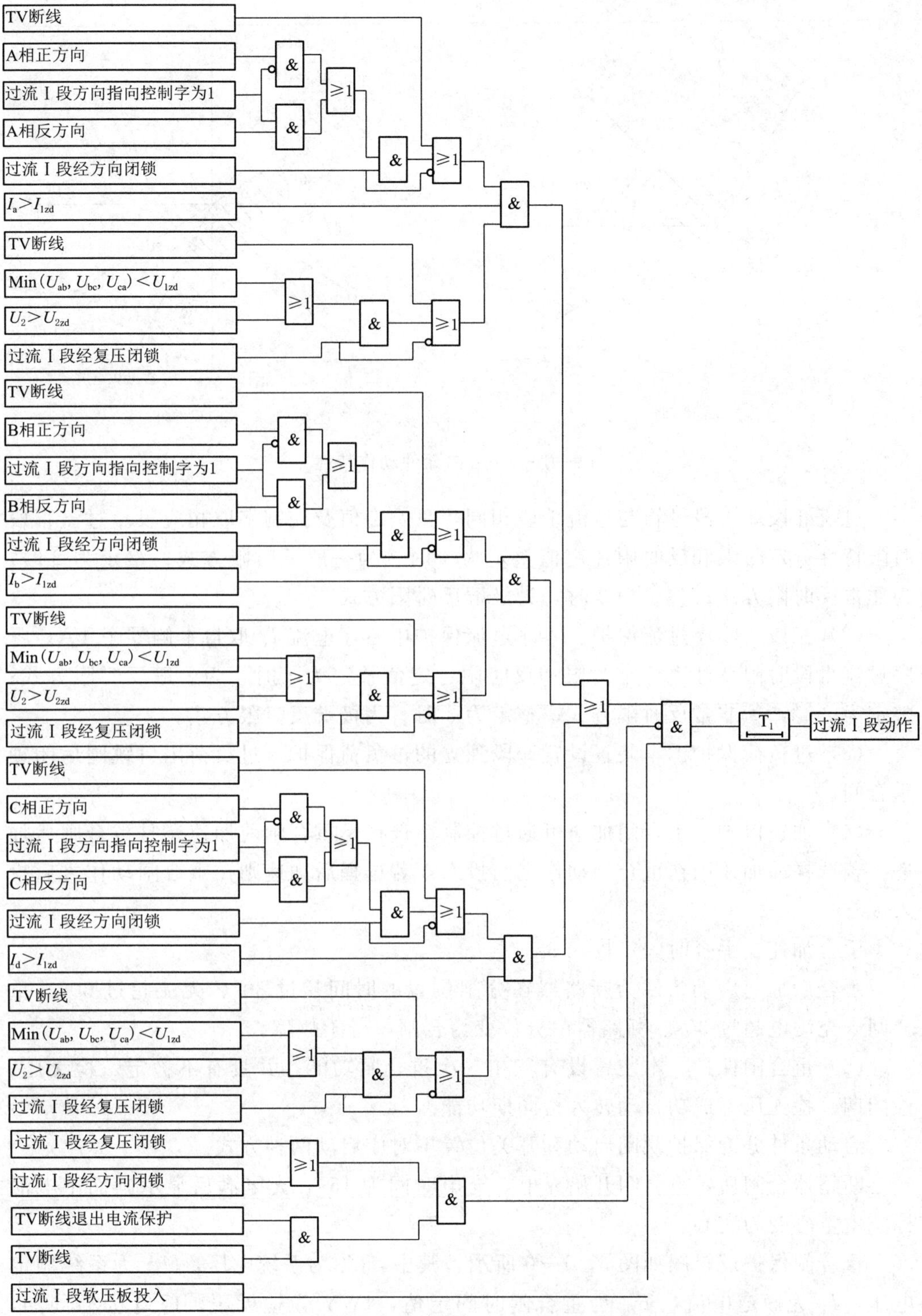

图 3-1-4 过流Ⅰ段保护逻辑图

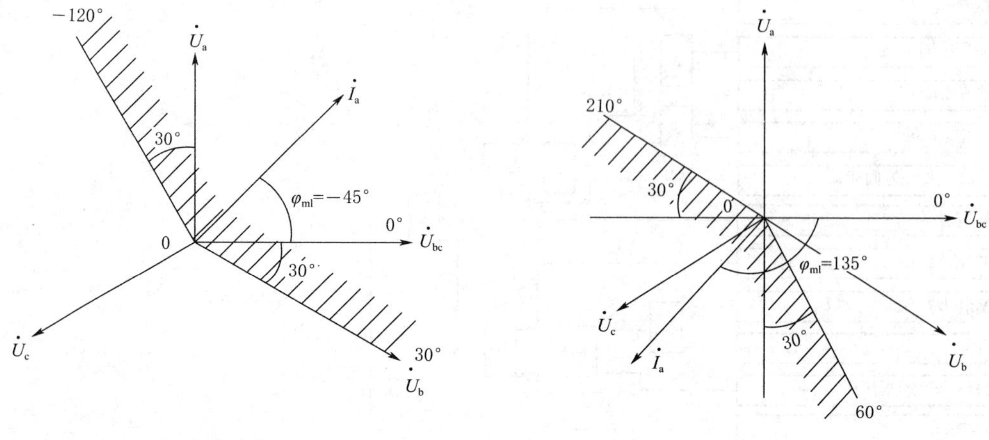

(a) 正方向　(b) 反方向

图 3-1-5　方向元件动作特性

过流Ⅱ段、Ⅲ段逻辑与过流Ⅰ段相同，只是定值及控制字取相应段。过流Ⅲ段时限特性分定时限和反时限：定值整定为 1 时，为一般反时限方式；整定为 2 时，为非常反时限方式；整定为 3 时，为极端反时限方式。

（2）三段式零序过流保护。零序过流保护中零序电流 I_0 取自本侧零序 TA。零序过流Ⅲ段时限特性也分定时限和反时限：定值整定为 1 时，为一般反时限方式；整定为 2 时，为非常反时限方式；整定为 3 时，为极端反时限方式。

（3）过负荷保护。本装置设置一段独立的过负荷保护，过负荷出口跳闸后闭锁重合闸。

（4）加速保护。重合闸加速可通过控制字选择是重合闸前加速还是重合闸后加速，若选择前加速则在重合闸动作之前投入，若选择后加速则在重合闸动作之后投入 3s。

手合加速在手合时固定投入 3s。

手合后加速启动条件为断路器在分闸位置的时间超过 30s、无流超过 30s、重合闸未充满电超过 30s、断路器由分位变为合闸，合于故障。

（5）重合闸保护。本装置设有三相一次重合闸功能，并具有不检定、检无压、检同期、检无压不成功自动转入检同期功能。

启动条件分为保护跳闸启动和开关位置不对应启动两种方式。

断路器合闸后，重合闸开始充电，充电时间为 15s，充电满后显示画面中电池标志由空心变为实心。

重合闸保护逻辑图如图 3-1-6 所示。其中，U_x 为系统电压，U_{xn} 为系统额定电压，I_n 为额定电流，T_{ch} 为重合闸时间定值，JWY 为检无压，JTQ 为检同期，CH 为重合闸软压板。

注意：当重合闸检同期控制字为 1 时，当同时满足 U_x、U_g 均有压（U_x>

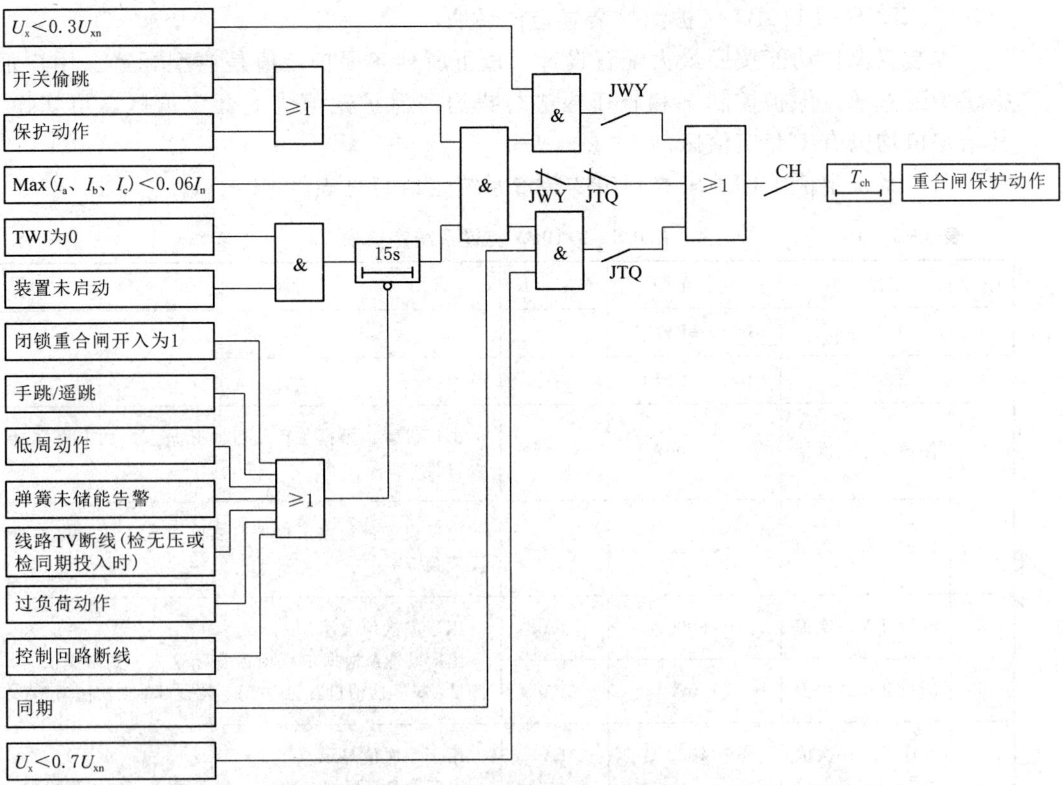

图 3-1-6　重合闸保护逻辑图

0.7U_n 且 U_g>0.7U_n)，且 $|\varphi_x-\varphi_g|<\varphi_{DGch}$ （φ_{DGch} 为保护定值中的重合闸同期角）三个条件时，经延时重合闸动作；当同期条件不满足，重合闸不动作。

(6) 低周减载逻辑图如图 3-1-7 所示。其中：f 为系统频率，f_{1zd} 为低周保护低频定值，U_{ab} 为线电压，U_{1f} 为低周保护低压闭锁定值，I_n 为额定电流，df/dt 为频率变化率，df_{zd} 为低周保护滑差闭锁定值，T_{1f} 为低周减载时间定值。

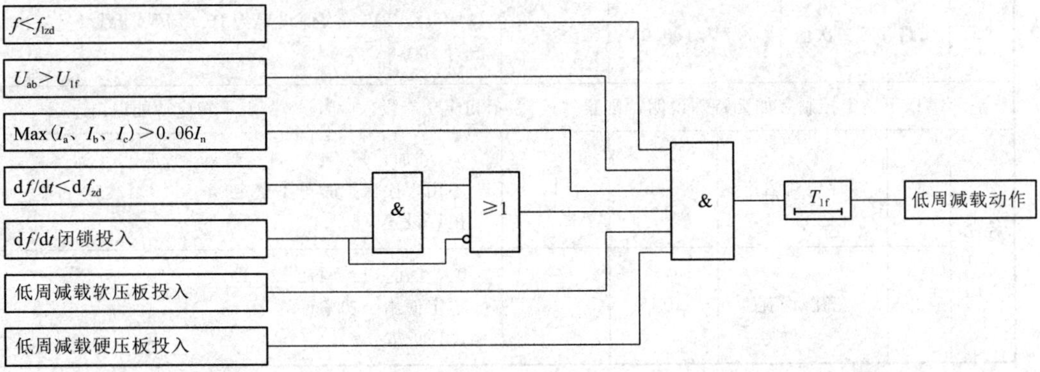

图 3-1-7　低周减载逻辑图

保护测控装置其他原理和功能略，可参见厂家说明书。

6. EDCS－8110B3 保护测控装置定值说明

本装置保护功能按照最大配置设计，以下所列各保护定值是典型配置。用户根据保护配置通过保护控制字和软压板进行投退。保护定值为 8 套定值区，可切换。其余定值均只有 1 套定值区。

（1）系统定值。EDCS－8110B3 装置系统定值表见表 3－1－10。

表 3－1－10　　EDCS－8110B3 装置系统定值表

<table>
<tr><th>序号</th><th colspan="2">定值名称</th><th>定值范围</th><th>整定步长</th><th>备　注</th></tr>
<tr><td>1</td><td colspan="2">控制字 1</td><td>0000－FFFF</td><td>—</td><td></td></tr>
<tr><td>2</td><td colspan="2">控制字 2</td><td>0000－FFFF</td><td>—</td><td></td></tr>
<tr><td>3</td><td colspan="2">保护 TA 一次值</td><td>0～8000A</td><td>1A</td><td>出厂设置：根据工程项目实际录入，如未提供时设置为 500A</td></tr>
<tr><td>4</td><td colspan="2">保护 TA 二次值</td><td>1/5A</td><td>1A</td><td>出厂设置：根据工程项目实际录入，如未提供时设置为 5A</td></tr>
<tr><td>5</td><td colspan="2">测量 TA 一次值</td><td>0～8000A</td><td>1A</td><td rowspan="2">用于一次值显示
出厂设置：根据工程项目实际录入。如未提供时，测量 TA 一次值设置为 500A，测量 TA 二次值为 5A</td></tr>
<tr><td>6</td><td colspan="2">测量 TA 二次值</td><td>1/5A</td><td>1A</td></tr>
<tr><td>7</td><td colspan="2">零序 TA 一次值</td><td>0～4000A</td><td>1A</td><td rowspan="2">用于一次值显示
出厂设置：根据工程项目实际录入，如未提供时，零序 TA 一次值设置为 500A，零序 TA 二次值为 5A</td></tr>
<tr><td>8</td><td colspan="2">零序 TA 二次值</td><td>1/5A</td><td>1A</td></tr>
<tr><td>9</td><td colspan="2">母线 TV 一次值</td><td>0.0～110.0kV</td><td>0.1kV</td><td rowspan="2">用于一次值显示
出厂设置：根据工程项目实际录入，如未提供时，母线 TV 一次值设置为 10.0kV，母线 TV 二次值为 100V</td></tr>
<tr><td>10</td><td colspan="2">母线 TV 二次值</td><td>100V</td><td>—</td></tr>
<tr><td>11</td><td colspan="2">线路 TV 一次值</td><td>0.0～110.0kV</td><td>0.1kV</td><td rowspan="2">用于一次值显示及重合闸检无压或检同期时相、线电压的选择
出厂设置：根据工程项目实际录入，如未提供时设置母线 TV 一次值设置为 10.0kV，母线 TV 二次值为 100.0V</td></tr>
<tr><td>12</td><td colspan="2">线路 TV 二次值</td><td>57.7V/100.0V</td><td>—</td></tr>
<tr><td colspan="6">以下整定控制字如无特殊说明，则置“1”表示相应功能投入，置“0”表示相应功能退出</td></tr>
<tr><td rowspan="2">控制字 1</td><td>1</td><td>零序电流自产</td><td>0/1</td><td>1</td><td>0：外加；1：自产
不用零序保护时可不整定
出厂设置：0</td></tr>
<tr><td>2</td><td>三瓦/两瓦</td><td>0/1</td><td>1</td><td>0：三瓦；1：两瓦
本定值用于功率计算
出厂设置：0</td></tr>
</table>

整定说明：

1）系统定值和保护行为相关，请务必根据实际情况整定。

2）零序电流自产：自产的零序电流仅用于跳闸和告警功能，不能用于小电流接地选线。该控制字设定为“1”，表示零序电流自产；设定为“0”，表示零序电流外加（由端子 411～412 引入）。出厂默认值为“0”。

3）线路 TV 二次值为 100V 时，如果检同期相别为相电压检同期，那么在同期时计算压差，将母线电压输入增大 1.732 倍后进行计算。如果线路 TV 二次值为 57.7 时，则按实际采样进行计算压差，检无压合闸时统一按实际采样电压进行判别无压门槛。

（2）保护定值。EDCS－8110B3 装置保护定值表见表 3－1－11。

表 3－1－11　　EDCS－8110B3 装置保护定值表

序号	所属组	定值名称	定值符号	定值范围	整定步长	备注
1	控制字	控制字 1		0000－FFFF	—	
2		控制字 2		0000－FFFF	—	
3		控制字 3		0000－FFFF	—	
4	过流保护	过流Ⅰ段定值	I_{1zd}	$0.10I_n \sim 20.00I_n$	0.01A	装置及后台根据实际值整定，并不是以倍数方式整定，定值范围以倍数表示，只为说明保护 TA 额定二次值为 1A 或 5A 时的有效范围，下同 出厂设置：100.00
5		过流Ⅰ段时间	T_1	0.00～100.00s	0.01s	出厂设置：100.00
6		过流Ⅱ段定值	I_{2zd}	$0.10I_n \sim 20.00I_n$	0.01A	出厂设置：100.00
7		过流Ⅱ段时间	T_2	0.00～100.00s	0.01s	出厂设置：100.00
8		过流Ⅲ段定值	I_{3zd}	$0.10I_n \sim 20.00I_n$	0.01A	出厂设置：100.00
9		过流Ⅲ段时间	T_3	0.00～100.00s	0.01s	出厂设置：100.00
10		过流低电压	U_{1zd}	2.00～100.00V	0.01V	按线电压整定 出厂设置：100.00
11		过流负序电压	U_{2zd}	2.00～57.00V	0.01V	按相电压整定 出厂设置：57.00
12	零序过流保护	零序Ⅰ段定值	I_{01}	0.10～20.00A	0.01A	出厂设置：1.00
13		零序Ⅰ段时间	T_{01}	0.00～100.00s	0.01s	出厂设置：100.00
14		零序Ⅱ段定值	I_{02}	0.10～20.00A	0.01A	出厂设置：1.00
15		零序Ⅱ段时间	T_{02}	0.00～100.00s	0.01s	出厂设置：100.00
16		零序Ⅲ段定值	I_{03}	0.10～20.00A	0.01A	出厂设置：1.00
17		零序Ⅲ段时间	T_{03}	0.00～100.00s	0.01s	出厂设置：100.00
18	过流加速保护	过流加速定值	I_{js}	$0.10I_n \sim 20.00I_n$	0.01A	出厂设置：20.00
19		过流加速时间	T_{js}	0.00～1.00s	0.01s	出厂设置：1.00

续表

序号	所属组	定值名称	定值符号	定值范围	整定步长	备　注
20	零序加速保护	零序加速定值	I_{0js}	0.10～100.00A	0.01A	出厂设置：1.00
21		零序加速时间	T_{0js}	0.00～1.00s	0.01s	出厂设置：1.00
22	过负荷	过负荷定值	I_{gfh}	$0.10I_n$～$3.00I_n$	0.01A	出厂设置：15.00
23		过负荷时间	T_{gfh}	0.00～100.00s	0.01s	出厂设置：100.00
24	低周减载	低周减载频率	F_{1zd}	45.00～50.00Hz	0.01Hz	出厂设置：50.00
25		低周减载时间	T_{1f}	0.10～100.00s	0.01s	出厂设置：100.00
26		低周减载低电压	U_{1f}	10.00～90.00V	0.01V	按线电压整定 出厂设置：90.00
27		df/dt 闭锁定值	DF_{zd}	0.30～10.00Hz/s	0.01Hz/s	出厂设置：10.00
28	重合闸	重合闸同期角	DG_{ch}	0.0～90.0°	0.1°	出厂设置：90.0
29		重合闸时间	T_{ch}	0.00～100.00s	0.01s	出厂设置：100.00
30	过流反时限选择	过流Ⅲ段反时限	FSXI	1～3	1	1：一般反时限 2：非常反时限 3：极端反时限 出厂设置：1
31	过流反时限选择	零序Ⅲ段反时限	FSXL	1～3	1	1：一般反时限 2：非常反时限 3：极端反时限 出厂设置：1
32	小电流接地选线	零序过压定值	U_{Lzd}	2.00～57.00V	0.01V	也作为小电流接地选线电压定值 出厂设置：57.00
33		接地选线定值	I_{0jd}	0.05～2.00A	0.01A	小电流接地选线定值 出厂设置：0.80
34	过电压保护	过电压定值	U_{gyz}	100.00～160.00V	0.01V	出厂设置：160.00
35		过电压时间	T_{gy}	0.00～100.00s	0.01s	出厂设置：100.00
36	失压保护	失压定值	U_{syz}	2.00～80.00V	0.01V	出厂设置：80.00
37		失压时间	T_{sy}	0.00～100.00s	0.01s	出厂设置：100.00
38		失压电流闭锁	I_{bsz}	$0.10I_n$～$2.00I_n$	0.01A	失压有流判据电流定值 出厂设置：10.00
39	小电流接地选线	接地选线时间	T_{jd}	2.00～100.00s	0.01s	出厂设置：100.00
			控制字			
1	过流Ⅲ反时限		FSX	0/1	1	0：过流Ⅲ段定时限 1：过流Ⅲ段反时限 出厂设置：0
2	I_1 复压闭锁		UBL_1	0/1	1	过流Ⅰ段经复压闭锁 出厂设置：0

续表

序号	所属组	定值名称	定值符号	定值范围	整定步长	备　注
3		I_2 复压闭锁	UBL_2	0/1	1	过流Ⅱ段经复压闭锁 出厂设置：0
4		I_3 复压闭锁	UBL_3	0/1	1	过流Ⅲ段经复压闭锁 出厂设置：0
5		I_1 方向闭锁	FBL_1	0/1	1	过流Ⅰ段经方向闭锁 出厂设置：0
6		I_2 方向闭锁	FBL_2	0/1	1	过流Ⅱ段经方向闭锁 出厂设置：0
7		I_3 方向闭锁	FBL_3	0/1	1	过流Ⅲ段经方向闭锁 出厂设置：0
8		零序Ⅲ反时限	L0FSX	0/1	1	0：零序过流Ⅲ段定时限 1：零序过流Ⅲ段反时限 出厂设置：0
9		投 TV 断线检测	TVDX	0/1	1	TV 断线告警投退 出厂设置：1
10		TV 断线退保护	TUL	0/1	1	0：退出方向、复压闭锁成为纯过流保护 1：退出过流保护 出厂设置：0
11		投前加速	QJS	0/1	1	0：后加速；1：前加速 出厂设置：0
12		投 df/dt 闭锁	DF	0/1	1	滑差闭锁投退 出厂设置：0
13		重合闸检同期	JTQ	0/1	1	两者均不投入时则重合闸为不检方式 出厂设置：0
14		重合闸检无压	JWY	0/1	1	
15		零序功率方向	FP0	0/1	1	0：用于不接地系统 1：用于经消弧线圈接地系统 出厂设置：0
16		I_1 方向指向	I_{1FXZX}	0/1	1	0：正方向 1：反方向 出厂设置：0
17		I_2 方向指向	I_{2FXZX}	0/1	1	0：正方向 1：反方向 出厂设置：0
18		I_3 方向指向	I_{3FXZX}	0/1	1	0：正方向 1：反方向 出厂设置：0
19		失压电流闭锁	SYBS	0/1	1	失压保护是否有流闭锁 出厂设置：0

整定说明：

1）在整定定值前先选择需要整定的定值区。

2）在某项定值不用时，如果是过量保护则整定为上限值；如果是欠量保护则整定为下限值；时间整定为100s，功能控制字退出，硬压板打开。

3）速断保护、加速保护时间一般需要整定几十到一百毫秒的延时。由于微机保护没有过去常规保护中一百毫秒的继电器动作延时，所以整定成0.00秒时可能躲不过合闸时的冲击电流，对于零序速断、零序加速保护还存在断路器三相不同期合闸产生的零序电流的冲击。

4）只有控制字、软压板状态（若未设置此功能则不判）、硬压板状态（若未设置此功能则不判）均有效时才投入相应保护元件，否则退出该保护元件。

（3）辅助定值。EDCS－8110B3装置辅助定值表见表3－1－12。

表3－1－12　　EDCS－8110B3装置辅助定值表

序号	定值名称	定值范围	整定步长	备　注
1	控制字1	—	0000－FFFF	1
2	弹簧未储能告警	0.00～30.00s	0.01s	出厂设置：15.00s
3	遥控分闸1脉宽	0.00～99.00s	0.01s	出厂设置：：0.20s
4	遥控合闸1脉宽	0.00～99.00s	0.01s	出厂设置：0.20s
5	遥控分闸2脉宽	0.00～99.00s	0.01s	出厂设置：0.20s
6	遥控合闸2脉宽	0.00～99.00s	0.01s	出厂设置：0.20s
7	同期操作有效时间	2～9999s	1s	出厂设置：999s
8	相差修正值	0.0～359.9	0.1	出厂设置：0
9	无压门槛	1.00～50.00V	1.0V	出厂设置：20.00
10	同期频差	0.05～0.50Hz	0.01Hz	出厂设置：0.05
11	同期压差	1.50～20.00V	0.1V	出厂设置：10.00
12	断路器合闸时间	20～999ms	1ms	出厂设置：100
13	环网压差	2.0～30.00V	0.1V	出厂设置：10.00
14	环网角差	1.0～60.00	0.1	出厂设置：30.00
15	同期选择相别	1～6	1	1：UA；2：UB；3：UC；4：UAB；5：UBC；6：UCA 出厂设置：1
以下整定控制字如无特殊说明，则置“1”表示相应功能投入，置“0”表示相应功能退出				

续表

序号	定值名称		定值范围	整定步长	备注
控制字1	1	控制回路断线	0/1	1	控制回路断线告警投退 出厂设置：1
	2	开入1为TWJ	0/1	1	是否启用外部接点 出厂设置：0
	3	开入2为HWJ	0/1	1	是否启用外部接点 出厂设置：0
	4	备用	0/1	1	出厂设置：0
	5	检同期合闸	0/1	1	两者均不投入时则合闸为不检方式 出厂设置：0
	6	检无压合闸	0/1	0	

整定说明：

1）本装置配有操作回路。若现场只需提供保护跳闸出口、保护合闸出口、遥控跳闸出口、遥控合闸出口，而不将本操作回路的“至跳闸线圈”“HWJ -”“至合闸线圈”“TWJ -”端子与操作机构的端子箱连接，KM－端子亦悬空，这种情况装置无法由内部采集到位置信号。

2）若装置无法由内部采集到位置信号，则根据需要将开入1和开入2定义成这些信号的引入端（开入1和开入2若未被定义成断路器位置或者遥控投入信号，即相应控制字为0，其作普通遥信用）。以下是这些信号的引入原则。

a. TWJ引入原则：若装置使用重合闸功能、过流加速功能、零序加速功能或者希望装置提供事故总信号，则需将外部TWJ引至开入1端子，同时将“开入1为TWJ”控制字整定成1。若现场使用断路器操作分合闸（对应本开关），宜将外部TWJ引至开入1端子，同时将“开入1为TWJ”控制字整定成1，装置指示灯通过开入1来显示断路器分闸位置。其他情况不需外引TWJ，可将“开入1为TWJ”控制字整定成0，开入1作为普通开关量使用。

b. HWJ引入原则：若现场使用断路器操作分合闸（对应本开关），宜将外部HWJ引至开入2端子，同时将“开入2为HWJ”控制字整定成1，装置指示灯通过开入2来显示断路器合闸位置。其他情况不需外引HWJ，可将“开入2为HWJ”控制字整定成0，开入2作为普通开关量使用。

3）若装置不能采集到TWJ或者HWJ信号（包括内部采集和外引），应将“检测控制回路断线”控制字整成0，以避免程序发“控制回路断线”信号。其他情况下整定成1。

4）遥控分闸和遥控合闸固定对应本开关。标准配置仅提供一组遥控，第二组遥控（遥控1分闸、遥控1合闸）和第三组遥控（遥控2分闸、遥控2合闸）仅当选用I_0选配插件时才提供。

5）相差修正值：用于调整母线电压与线路电压之间由于采样和接线方式等引起的角度差进行补偿的值。

6）断路器合闸时间：从发合闸脉冲到断路器闭合的时间。

7）同期操作有效时间：同期最长复归时间。

（4）软压板设置。EDCS－8110B3 装置软压板设置表见表 3－1－13。

表 3－1－13　　EDCS－8110B3 装置软压板设置表

序号	定值名称	定值符号	定值范围	整定步长	备　注
以下整定控制字如无特殊说明，则置“1”表示相应功能投入，置“0”表示相应功能退出					
1	过流Ⅰ段	GL1	0/1	1	出厂设置：0
2	过流Ⅱ段	GL2	0/1	1	出厂设置：0
3	过流Ⅲ段	GL3	0/1	1	出厂设置：0
4	零序Ⅰ段	L01	0/1	1	出厂设置：0
5	零序Ⅱ段	L02	0/1	1	出厂设置：0
6	零序Ⅲ段	L03	0/1	1	出厂设置：0
7	过流加速段	GLJS	0/1	1	出厂设置：0
8	零序加速段	L0JSX	0/1	1	出厂设置：0
9	过负荷	GFH	0/1	1	过负荷跳闸，出厂设置：0
10	低周减载	LF	0/1	1	出厂设置：0
11	重合闸	CH	0/1	1	出厂设置：0
12	零序过压告警	L0GY	0/1	1	出厂设置：0
13	接地选线告警	JDXXGJ	0/1	1	小电流接地选线告警，出厂设置：0
14	过负荷告警	GHGJ	0/1	1	出厂设置：0
15	过电压告警	GYGJ	0/1	1	出厂设置：0
16	过电压保护	GY	0/1	1	出厂设置：0
17	失压保护	SY	0/1	1	出厂设置：0
18	接地选线保护	JDXXBH	0/1	1	出厂设置：0

7．EDCS－8110B3 保护装置调试试验接线

EDCS－8110B3 保护装置调试试验接线如图 3－1－8 所示，将测试仪的电压输出端 U_a、U_b、U_c、U_n 分别与保护装置的交流电压 3UD1、3UD3、3UD5、3UD7 端子相连。

测试仪的电流输出端 I_a、I_b、I_c 分别与保护装置的交流电流 3ID1、3ID3、3ID5（极性端）端子相连；保护装置的交流电流（非极性端）端子短接后接回测试仪的电流输出端“I_n”。

测试仪的开入接点“A”与保护装置的保护跳闸出口接点相连。

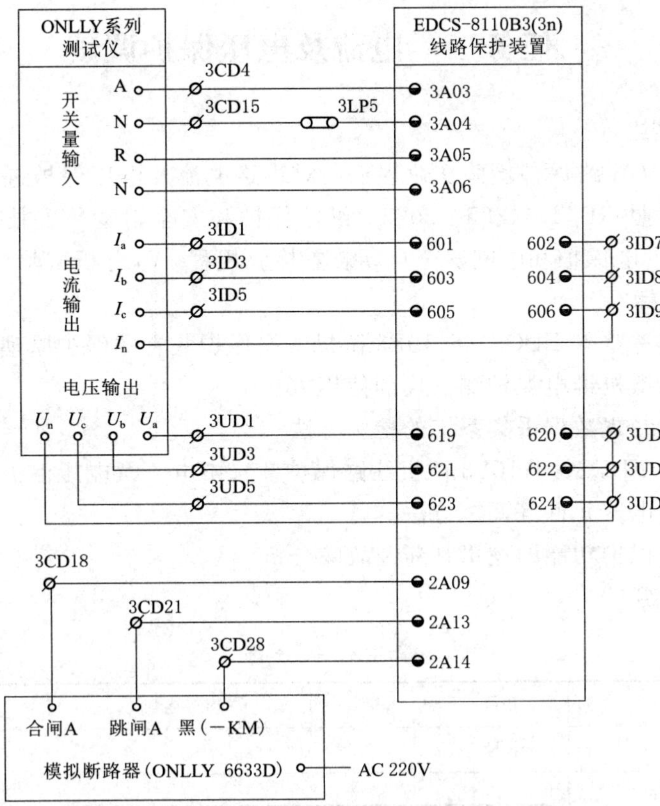

图 3-1-8 EDCS-8110B3 保护装置调试试验接线图

任务二 电流及电压保护调试

● **任务描述**

按照35kV线路保护检验作业规范，对线路电流及电压保护进行测试，并进行定值校验；对照GB/T 14285—2023《继电保护和安全自动装置技术规程》、DL/T 995—2016《继电保护和电网安全自动装置检验规程》等分析试验结果。

● **学习目标**

（1）理解并掌握EDCS-8110B3微机线路保护装置的保护原理。

（2）熟悉微机继电保护测试仪的使用方法。

（3）掌握装置数据采集系统的检验方法。

（4）掌握EDCS-8110B3微机线路保护装置中电流及电压保护的电流元件、方向元件、复合电压元件等调试方法。

（5）学会保护功能的逻辑判断及故障分析。

● **任务分组**

表3-2-1　　学生任务分配表

<table>
<tr><td>班级</td><td></td><td>组号</td><td></td><td colspan="2">指导老师</td><td></td></tr>
<tr><td>组长</td><td></td><td>学号</td><td colspan="4"></td></tr>
<tr><td rowspan="5">组员</td><td colspan="2">姓名</td><td>学号</td><td>姓名</td><td colspan="2">学号</td></tr>
<tr><td colspan="2"></td><td></td><td></td><td colspan="2"></td></tr>
<tr><td colspan="2"></td><td></td><td></td><td colspan="2"></td></tr>
<tr><td colspan="2"></td><td></td><td></td><td colspan="2"></td></tr>
<tr><td colspan="2"></td><td></td><td></td><td colspan="2"></td></tr>
<tr><td colspan="7">任务分工</td></tr>
<tr><td colspan="7"></td></tr>
</table>

● **获取信息**

引导问题1：对照EDCS-8110B3线路保护测控装置原理图，说明装置交流输入量及开关输入、输出量各有哪些？

____

____

引导问题2：EDCS-8110B3线路保护测控装置方向元件的动作特性是什么？相关的控制字有几个？分别是什么功能？

____

____

引导问题 3：复合电压包含哪些电压？在保护中的功能有什么不同？

引导问题 4：说明 EDCS－8110B3 保护测控装置数据采集系统的功能及接线。

引导问题 5：如何根据方向元件的动作边界计算灵敏角？

引导问题 6：根据方向元件测试数据绘制三相方向元件的特性曲线图。

引导问题 7：根据方向元件测试数据绘制三相方向元件的特性曲线图。

引导问题 8：阅读 EDCS－8110B3 保护测控装置过流保护逻辑图，说明图中有哪些控制字和软压板？分别是什么功能？

● **工作计划**

1. 制定工作方案

表 3－2－2　　工作方案

步骤	工作内容	负责人

2. 列出仪表、工具、设备及器具清单

表 3－2－3　　器具清单

序号	名称	型号及规格	单位	数量	备注

续表

序号	名　　称	型号及规格	单位	数量	备注

3. 填写安全措施票

表 3-2-4　　二次安全措施票

单位：________　　编号________

被试设备及保护名称		35kV 主变线路保护测控（　）号屏			
工作负责人		工作时间	年　月　日	签发人	
工作内容	35kV 主变线路保护测控（　）号屏线路电流及电压保护调试				
安全措施					
序号	执行	安全措施内容			恢复
1					
2					
3					
4					
5					
6					
⋮					

执行人：　　监护人：　　恢复人：　　监护人：

● **进行决策**

（1）各组派代表阐述工作方案。

（2）各组对其他组的工作方案提出自己不同的看法。

（3）教师结合大家完成的情况进行点评，选出最佳方案。

● **工作实施**

按照工作方案内容及步骤进行装置电流及电压保护调试，编写记录表 3－2－5。

表 3－2－5　EDCS－8110B3 线路保护测控装置电流及电压保护调试记录表

设备运行单位	广东水利电力职业技术学院	设备名称	EDCS－8110B3 保护测控装置
设备型号		安装位置	
制造厂			

零漂检查数据记录									
序号	测试内容	测试标准及结果							
		$-0.01I_e<I<0.01I_e$				$-0.05V<U<0.05V$			
		I_A	I_B	I_C	I_0	U_A	U_B	U_C	U_X
1	CPU								

模拟量输入的幅值特性检验记录									
序号	测试内容		测试标准及结果						
			误差小于 5%						
			80V	30V	5V		$1I_N$	$0.5I_N$	$0.2I_N$
1	CPU	U_A				I_A			
		U_B				I_B			
		U_C				I_C			
		U_X				I_0			

模拟量输入的相位特性检验记录					
序号	测试内容		测试标准及结果		
			误差小于 3°		
			0°	45°	90°
1	CPU	U_A-I_A			
		U_B-I_B			
		U_C-I_C			
		U_A-U_B			
		U_B-U_C			
		U_C-U_A			
		U_X-U_A			

续表

开关量输入回路检验记录			
序号	开关量名称	保护装置端子	开关量状态变位（√）
1	投入线路保护检修状态		
2	投入线路失压保护		
3	投入低周减载保护		
4	投入线路遥控分合闸		
5	投入线路保护重合闸		
6	对时		
7	打印		
8	信号复归		

三段电流保护的定值结果记录					
序号	保护名称	整定值	动作值	整定时间	动作时间
1	过流Ⅰ段				
2	过流Ⅱ段				
3	过流Ⅲ段				

三段电流保护的方向校验结果记录				
试验内容 \ 故障相别		AG	BG	CG
$1.2I_1$	动作范围			
$1.2I_1$	灵敏角			
$1.2I_2$	动作范围			
$1.2I_2$	灵敏角			
$1.2I_3$	动作范围			
$1.2I_3$	灵敏角			

三段电流保护的复合电压闭锁值校验结果记录					
试验内容 \ 故障相别		AG	BG	CG	ABC
$1.2I_1$	正序开放电压	—	—	—	
$1.2I_1$	负序开放电压				—
$1.2I_2$	正序开放电压	—	—	—	
$1.2I_2$	负序开放电压				—
$1.2I_3$	正序开放电压	—	—	—	
$1.2I_3$	负序开放电压				—

续表

三段电流保护的定值校验结果记录								
序号	测试内容		测试结果（动作值及动作时间）					
	模拟故障相别		AN	BN	CN	AB	BC	CA
1	过流Ⅰ段	1.05 倍整定值下动作行为						
		0.95 倍整定值下动作行为						
		1.2 倍整定值下动作时间/s						
2	过流Ⅱ段	1.05 倍整定值下动作行为						
		0.95 倍整定值下动作行为						
		1.2 倍整定值下动作时间/s						
3	过流Ⅲ段	1.05 倍整定值下动作行为						
		0.95 倍整定值下动作行为						
		1.2 倍整定值下动作时间/s						
4	过流Ⅰ段复压闭锁（低电压）	1.05 倍整定值下动作行为						
		0.95 倍整定值下动作时间/s						
5	过流Ⅰ段复压闭锁（负序电压）	1.05 倍整定值下动作行为						
		0.95 倍整定值下动作时间/s						
6	保护反方向出口故障检验		参数设置： 动作结果：					

● 评价反馈

1. 验收过程情况记录

完成验收过程问题记录表 3-2-6。

表 3-2-6　　验收过程问题记录表

验收问题记录	整　改　措　施	完成时间	备注

2. 各组代表展示作品，介绍任务的完成过程、实施过程存在的问题及解决方法，完成评价考核评分表 3-2-7。

表 3-2-7　　　　评价考核评分表

项目名称	评价内容	分值	评价分数		
			自评	互评	师评
职业素养考核项目（40%）	安全意识、责任意识、服从意识	10			
	积极参加教学活动，按时完成工作活页内容	10			
	团结合作、与人交流能力	10			
	文明作业，清理现场	10			
专业能力考核项目（60%）	调试准备工作到位	10			
	操作步骤准确	20			
	操作过程熟练、规范	20			
	检验报告编写完整、正确	10			
总分					
总评	自评（20%）+互评（20%）+师评（60%）	综合等级		教师（签名）：	

● **任务相关知识点**

1. 装置调试前的准备

（1）装置通电检查。检查全部插件插接完好后，合上直流电源，装置的“运行监视”绿灯应闪烁；若装置一个通信口与外部智能设备通信正常，则装置的“通信”绿灯闪烁。

（2）利用键盘操作熟悉装置菜单。利用键盘操作熟悉装置菜单，查看装置树形目录结构，了解菜单各项功能。

（3）修改固化定值。利用键盘操作分别进入“定值操作”菜单和“运行设置”菜单，按照表 3-1-11～表 3-1-13 修改固化“保护定值”和相关“辅助定值”，以及进行“定值切换”和“压板设置”。定值单全部修改完毕后，利用监控后台逐项查看，并打印定值单，核对各项定值是否修改正确。

2. 数据采集系统试验调试方法及步骤

（1）零漂检查。将各交流回路开路，且不连接测试仪器的情况下，记录各个模拟量通道的数值，并且与装置的额定电流 I_n、额定电压 U_n 进行比对，一般要求电流量零漂数值不大于 $1\%I_n$、电压量零漂数值不大于 $5\%U_n$。对零漂数值有特定要求的参照装置说明书进行检查。保证装置采样精度，也可以检查装置的抗干扰能力。检验零漂时，要求在一段时间（几分钟）内零漂值稳定在规定范围内。

3.1 电流电压采样值校验

（2）电压电流采样检验。打开继电保护调试仪的“电压电流”菜单，在“变量选择”中选择“手控”方式，如图 3-2-1 所示，给各相电流和电压以及其相位通入表中所示数据，检查模拟量输入的幅值特性和相位特性，从装置实时查看的数值应与调试仪输出的数值误差应小于 5%，角度误差小于 3°。结果记录在表 3 - 2 - 5 中。

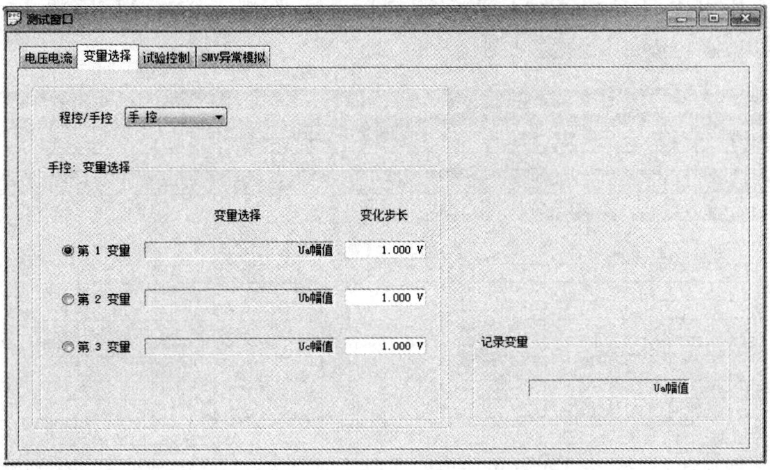

图 3 - 2 - 1　电压电流采样检验设置

（3）开关量输入回路检验。依次投入和退出屏上相应压板以及相应开入接点，查看液晶显示“运行工况”子菜单中“开入状态”是否正确，将结果记录于表 3 - 2 - 5 中。

3. 过流保护电流定值测试方法及步骤

在 35kV 及以下中性点不接地电网中的馈线，常采用阶段式电流保护作为本线路相间故障的保护。

电流保护多采用三段式，第Ⅰ段为无时限电流速断保护或无时限电流闭锁电压速断保护，第Ⅱ段为带时限电流速断保护或带时限电流闭锁电压速断保护，Ⅰ段和Ⅱ段保护作为本线路相间短路的主保护；第Ⅲ段为过电流保护或低电压闭锁的过电流保护，Ⅲ段作为本线路相间故障的近后备保护及相邻线路的远后备保护。三段相比较而言，Ⅰ段动作电流整定值最大，动作时间最短；Ⅲ段动作电流整定值最小，动作时间最长。三段电流保护的定值呈阶梯特性，故称为阶段式电流保护。当电流超过定值且时间大于整定延时后，装置即出口跳闸，同时发出动作信号。

3.2 过流保护电流定值校验

本任务以过流Ⅰ段为例，介绍过流保护电流定值的测试方法。

（1）保护定值设置：保护定值设置见表 3 - 2 - 8。

表 3 - 2 - 8　　过流Ⅰ段保护定值表

序号	定值名称	数值	序号	定值名称	数值
1	过流Ⅰ段定值	8A	2	过流Ⅰ段时间	0s

（2）保护压板设置：在“软压板”里，把“过流Ⅰ段投入”置为“1”，其他控制字均置为“0”，即退出过流方向和低电压闭锁控制字，把电压闭锁的方向电流保护转为阶段式过流保护。

（3）“电压电流”选项卡设置：在“电压电流（手动试验）”菜单里，可以用手控和程控两种方式分别对过流保护Ⅰ段、Ⅱ段、Ⅲ段的电流定值进行测试。在测试的过程中，为了保证结果的正确性，建议把非测试段退出。

用“电压电流（手动试验）”中的程控方式来测试过流保护电流Ⅰ段定值。

“电压电流”选项卡设置见图 3-2-2。

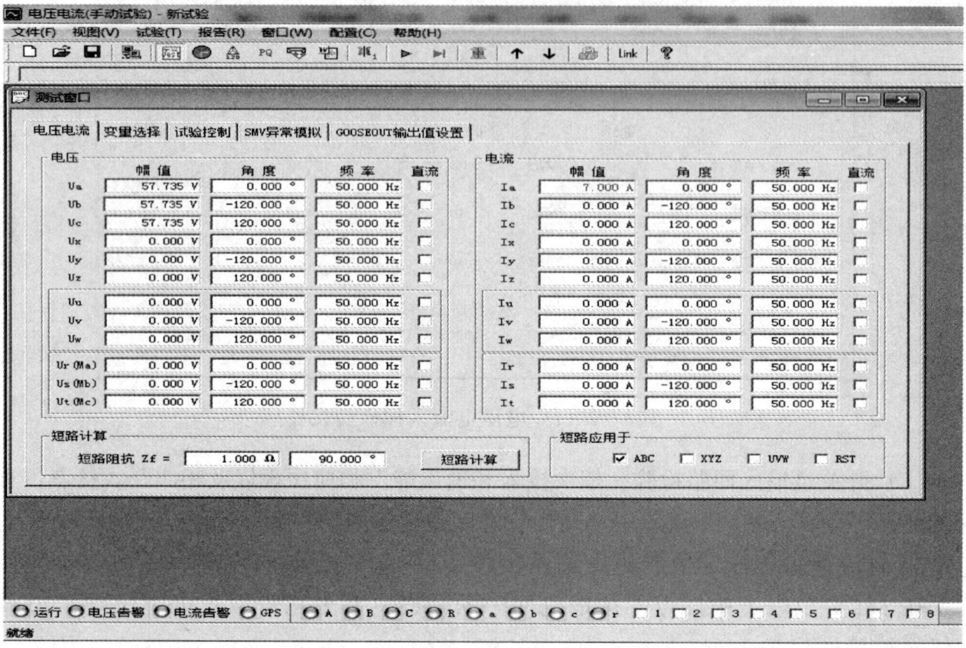

图 3-2-2　过流Ⅰ段保护定值测试“电压电流”选项卡设置

电压值：由于本次试验已退出低电压闭锁，故电压可设为任意值。如果投入了低电压闭锁，则应把三相电压幅值设为低于低电压定值。

电流值：在程控方式下，其值无需手动输入，自动设为变量变化范围中的起点值。

在手控方式下，手动输入一个低于保护定值的电流值。

（4）“变量选择”选项卡设置，如图 3-2-3 所示。

程控/手控：设为程控方式。

当前变量：设为 I_a 幅值，变化步长设为 0.1A。一般地，根据测试要求选择合适的步长，步长越小，测试精度越高。

记录变量：试验过程中动作或返回时需要记录的变量，设置和当前变量相同，设为 I_a 幅值。也可另行选择。

变化范围：设置当前变量变化的起点和终点，应保证能覆盖保护的动作范围。设为 7.5A（变化起点）⟶8.5A（变化终点）。

变化方式：设为始⟶终。需要测试动作值和返回值时，则设为始⟶终⟶始。

每步时间：大于保护的动作出口时间（0s），设为 0.1s。

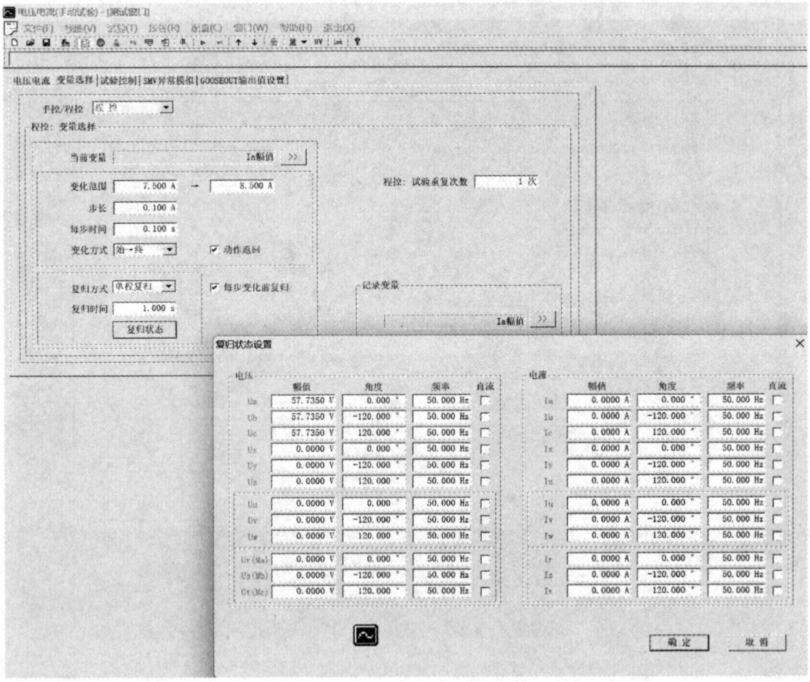

图 3-2-3　过流Ⅰ段保护定值测试“变量选择”选项卡设置

返回方式：设为动作返回。

每步前复归：每步变化前是否需要输出一个复归状态（模拟故障前，以使保护复归）。

1）常规继电器一般不需要每步前复归，试验过程中，第 1 变量连续变化。

2）某些微机型保护可能需要每步前复归，试验过程中，第 1 变量脉冲式变化，即每步变化输出前先输出一复归状态。

EDCS-8110B3 保护装置需要“每步变化前复归”，“复归时间”设置 1s。

（5）“试验控制”选项卡设置如下。

试验前复归：试验前输出一个复归状态（比如消除保护 TV 断线复归），则选中该项，见图 3-2-4。

U_x 设置：设为任意方式。

I_x 设置：设为任意方式。

动作接点：根据实际的试验接线，设为 A 接点。

确认时间：默认值为 15ms。

开出接点：此处暂不考虑设置。

运行方式：设为单机运行。

（6）试验过程及结果记录。参数设置完毕后，按页面工具栏上的“▶”开始试验；在动作值测试过程中，采用脉冲式变化按步长增大电流输出值，直到保护动作出口，开入接点 A 闭合，记录动作值，然后自动结束试验。

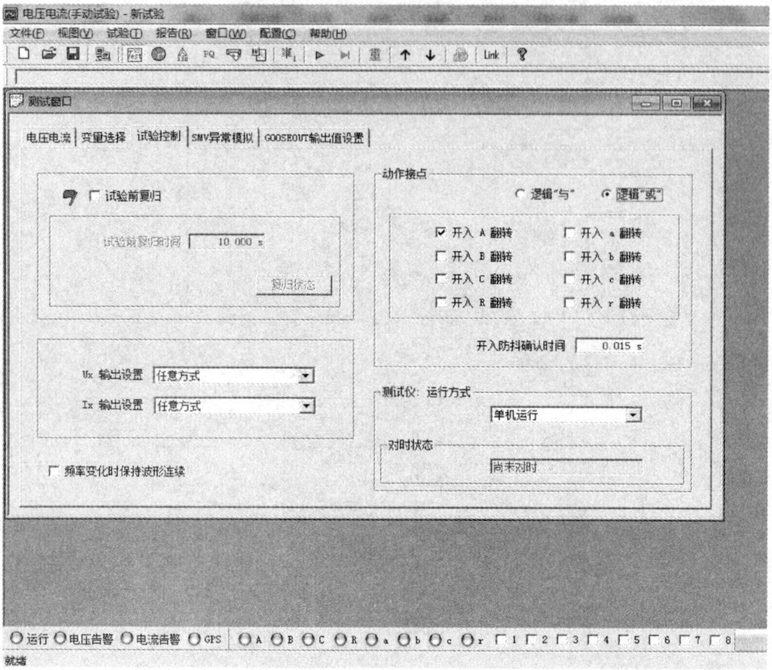

图 3-2-4　过流Ⅰ段保护定值测试“试验控制”选项卡设置

试验结束后，按页面工具栏的“ ”可以分别查看试验结果和试验报告，其他两段过流保护定值可参照此调试方法。将三段电流保护的定值结果记录在表 3-2-5 中。

4. 过流保护方向元件灵敏角测试方法及步骤

在双侧电源线路上，电流保护应增设方向元件以构成方向电流保护，增设方向元件后，只反映正向短路故障。对电流保护Ⅱ段，装设方向元件后，可不与反方向上的保护配合，有时可以提高灵敏度。同时，将低电压元件引入方向电流保护，可提高方向电流保护的工作可靠性，有时也可提高过电流保护的灵敏度，低电压闭锁元件的动作电压一般取 60%～70%的额定电压。

该装置方向元件的动作判据见表 3-1-9，方向元件动作特性如图 3-1-5 所示。

在“电压电力（手动试验）”菜单里，可以用手控和程控两种方式分别对过流保护Ⅰ段、Ⅱ段、Ⅲ段的方向元件进行测试。在测试的过程中，为了保证结果的正确性，建议把非测试段退出。

3.3 过流保护方向元件测试

下面仍以“过流Ⅰ段”为例，来介绍用“电压电流（手动试验）”中的程控方式来测试 A 相功率方向元件（$\dot{I}_k=\dot{I}_A$，$\dot{U}_k=\dot{U}_{BC}$，动作区域为 $-120°\sim30°$）的方法。

（1）保护定值设置与前相同。

（2）保护压板设置：在“软压板”里，只把“过流Ⅰ段投入”“过流Ⅰ段经方向闭锁”均置为“1”，其他控制字均置为“0”，即过流Ⅰ段保护经方向闭锁，但不经电压闭锁。

（3）“电压电流”选项卡设置，如图 3-2-5 所示。

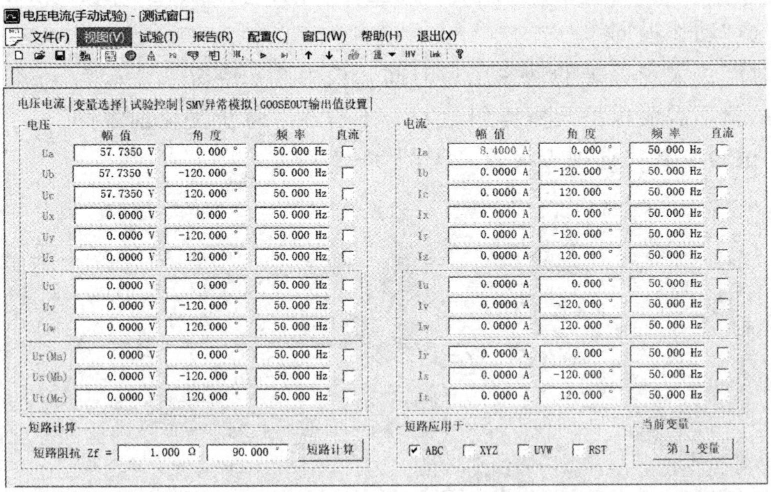

图 3-2-5　过流Ⅰ段保护方向元件测试“电压电流”选项卡设置

电压设置：由于此次试验退出了低电压闭锁，故可将三相电压幅值设为额定电压 57.7350V。如果投入了低电压闭锁，则应把三相电压幅值设为低于低电压定值。

电流设置：因进行 A 相功率方向元件动作区测试，故只设置 $I_a=1.05I_{op}=8.4000\text{A}$，且 I_a 的相角固定为 0°，其他两相电流均为 0。

（4）“变量选择”选项卡设置见图 3-2-6。

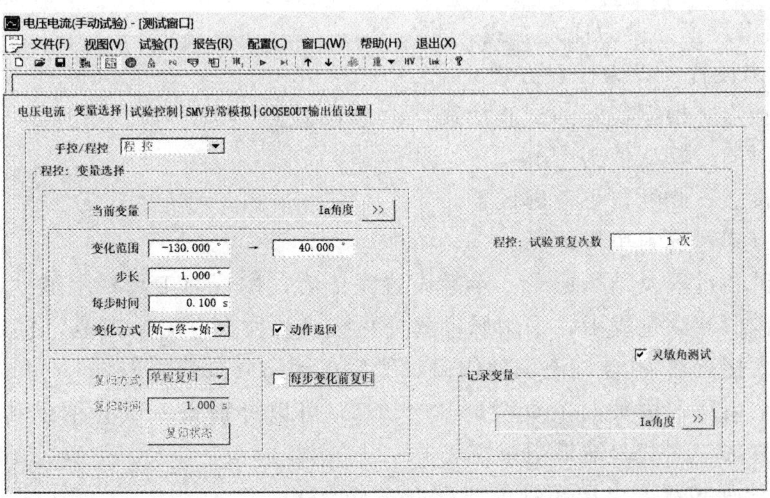

图 3-2-6　过流Ⅰ段保护方向元件测试“变量选择”选项卡设置

手控/程控：设为程控方式。

第 1 变量：设为 I_a 角度，变化步长设为 1.000°。

记录变量：设为 I_a 相角。

变化范围：设为−130.000°（变化起点）⟶40.000°（变化终点）。

变化方式：由于需要扫描两个动作边界，并计算灵敏角，故设为始⟶终⟶始；不勾选“动作返回”。

每步时间：大于保护的动作出口时间，设为 0.1000s。

由于试验不需要保护装置整组复归，不勾选“每步变化前复归”。

（5）“试验控制”选项卡设置，见图 3－2－7。

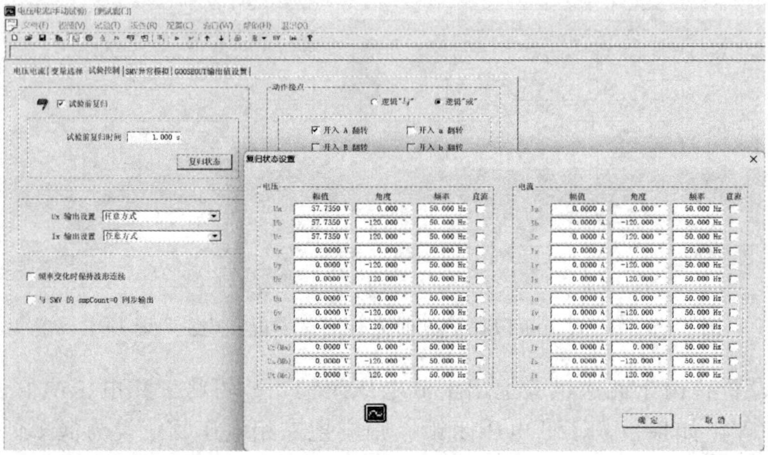

图 3－2－7 过流Ⅰ段保护方向元件测试“试验控制”选项卡设置

试验前复归：试验前输出一个复归状态（保护 TV 断线复归），复归到空载状态。

U_x 输出设置：设为任意方式。

I_x 输出设置：设为任意方式。

动作接点：根据实际的试验接线，设为 A 接点。

确认时间：默认值为 15ms。

开出接点：此处暂不考虑设置。

运行方式：设为单机运行。

（6）试验过程及结果记录：参数设置完毕后，按页面工具栏上的“▶”开始试验；在动作值测试过程中，采用脉冲式变化按步长增大电流输出值，直到保护动作出口，开入接点 A 闭合，记录动作值，然后自动结束试验。

试验结束后，按页面工具栏的“ ”可以分别查看试验结果和试验报告；根据上述方法，将试验结果记录在表 3－2－5 中。

5. 过流保护复合电压闭锁值测试方法及步骤

在“电压电流（手动试验）”菜单里，可以用手控和程控两种方式分别对过流保护Ⅰ段、Ⅱ段、Ⅲ段的复合电压闭锁定值进行测试。在测试的过程中，为了保证结果的正确性，建议把非测试段退出。

下面以“过流Ⅱ段”为例，来介绍用“电压电流（手动试验）”中的程控方式来测试过流保护复合电压闭锁值的方法。

3.4 过流保护低电压闭锁值测试

（1）保护定值设置见表 3-2-9。

表 3-2-9　　过流Ⅱ段保护定值表

序号	定值名称	数值	序号	定值名称	数值
01	过流Ⅱ段定值	6.0A	02	过流Ⅱ段时间	0.5s
03	过流保护低压闭锁定值	65V	04	过流保护复复序电压闭锁值	5V

（2）保护压板设置：在“软压板”里，把“过流Ⅱ段投入”“过流Ⅱ段经复压闭锁”均置为“1”，其他控制字均置为“0”。

（3）“电压电流”选项卡设置，如图 3-2-8 所示。

电压设置：三相电压 U_a、U_b、U_c 的角度依次设为 0°、−120°、120°。在程控方式下，三相电压幅值不需要手动输入，自动设为变量变化范围中的起点值。

电流设置：设 $I_a \geqslant 1.05 I_{op} = 6.3$A 即可，其他两相电流均为 0。

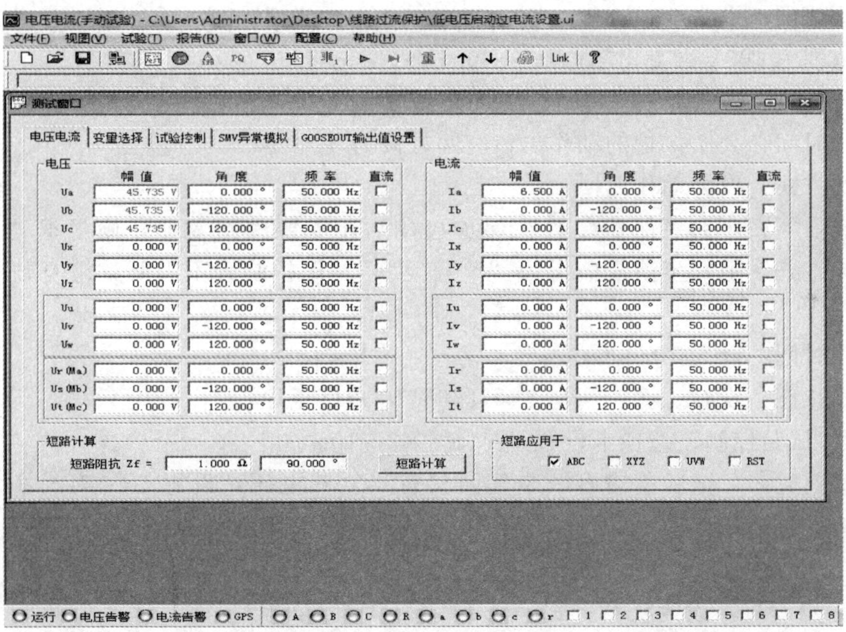

图 3-2-8　过流Ⅱ段保护低电压闭锁值测试“电压电流”选项卡设置

（4）“变量选择”选项卡设置，见图 3-2-9。

当前变量：设为 U_{abc} 幅值，变化步长设为 0.577V，即线电压的变化步长为 1.0V。

记录变量：设为 U_{ab} 幅值，以保证记录的结果（U_{ab} 幅值）与整定值（线电压）一致。也可设为其他两个线电压幅值。

手控/程控：设为程控方式。

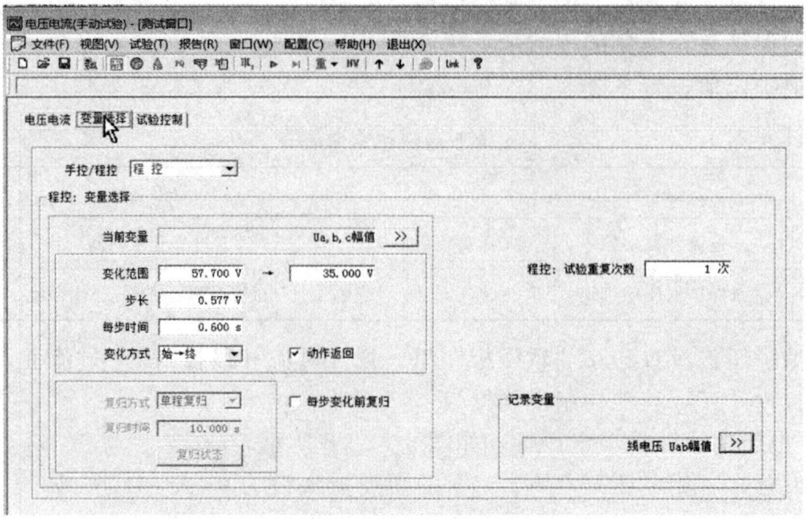

图 3-2-9　过流Ⅱ段保护低电压闭锁值测试“变量选择”选项卡设置

变化范围：设为 57.700V（变化起点）⟶35.000V（变化终点），对应的线电压变化范围为 100V（变化起点）⟶60.6V（变化终点）。

变化方式：设为始⟶终。

每步时间：大于保护的动作出口时间，设为 0.600s。

返回方式：设为动作返回。

每步前复归：如果保护装置在保护启动后，需要整组复归，则根据“始⟶终”变化方式，把每步前复归设为“单程复归”。保护装置不需要整组复归则可以不勾选。

复归时间：设为 10.000s。

复归状态：设 U_A、U_B、U_C 为 57.735V，角度正序。

(5)“试验控制”选项卡设置，见图 3-2-10。

试验前复归：试验前输出一个复归状态（复归电压：设置 U_A、U_B、U_C 值为 57.735V，角度正序）。

U_x 输出设置：设为任意方式。

I_x 输出设置：设为任意方式。

动作接点：根据实际的试验接线，设为 A 接点。

确认时间：默认值为 15ms。

开出接点：此处暂不考虑设置。

运行方式：设为单机运行。

(6) 试验过程及结果记录：参数设置完毕后，按页面工具栏上的“▶”开始试验；在低电压闭锁值测试过程中，采用脉冲式变化按步长减小电压输出值，直到保护动作出口，开入接点 A 闭合，记录动作值，然后自动结束试验。

试验结束后，按页面工具栏的“ ”可以分别查看试验结果和试验报告。

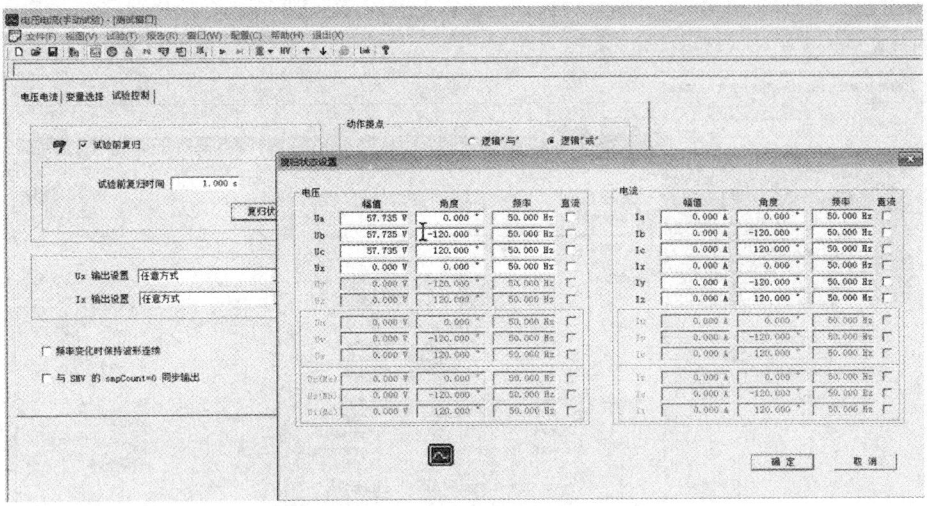

图 3-2-10 过流Ⅱ段保护低电压闭锁值测试“试验控制”选项卡设置

1）注意事项。

a. SMV 异常模拟、GOOSEOUT 输出值设置这两个页面是设置数字量的功能菜单，与本次试验无关，可忽略。

b. 此例中的低电压闭锁定值为线电压，故在设置电压的变化范围和变化步长时应考虑相电压与线电压之间的换算关系，且为了保证记录结果和整定值相对应，应把记录变量设为线电压。如果低电压闭锁定值为相电压，则应把电压变化范围、变化步长和记录变量相应的设为相电压。

2）在做“过流保护负序电压闭锁值”，需要把变量改成 U_a，记录变量改成“负序 U_{a2}”，其他设置不变。做该项目时注意要保持低电压闭锁不开放，否则可能会影响试验结果。

3.5 过流保护负序电压闭锁值测试

根据上述方法，将试验结果记录在表 3-2-5 中。

6. 过流保护定值校验方法及步骤

过流保护定值校验，可以定性分析过流保护各段动作的灵敏性和可靠性。

打开线路“过流保护定值校验菜单”对话框，如图 3-2-11 所示。输入各段保护动作电流和动作时间定值，根据需要选择各段过流定值的测试倍数，倍数可以改变，打“√”者表示选中测试。再根据需要选择需要进行测试的故障类型，本页参数针对所有进行测试的故障类型进行设置，包括：故障的触发方式，是否为永久性故障、短路合闸角的大小等；故障触发的方式，包括自启动和按键启动两种方式。自启动是指本次子试验结束后，程序自动进入下一个子试验项目；按键启动是指本次子试验结束后，程序自动提醒，等待用户按键，控制是否进入下一个子试验项目。

3.6 过流三段保护定值校验

注意：每一个子试验项目的结束由“试验限时”参数决定。

根据表 3-2-5 的要求进行设置并将试验结果记录于表中。

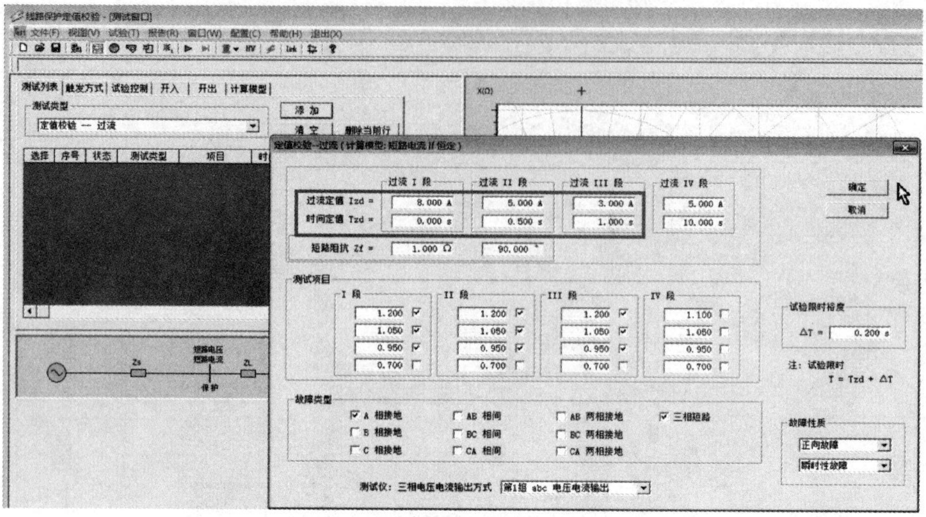

图 3-2-11 过流保护定值校验选项卡设置

任务三　自动重合闸及加速保护调试

● 任务描述

按照 35kV 线路保护检验作业规范，对线路重合闸功能进行测试，并进行定值校验；对照 GB/T 14285—2023《继电保护和安全自动装置技术规程》、DL/T 995—2016《继电保护和电网安全自动装置检验规程》等分析试验结果。

● 学习目标

（1）理解并掌握 EDCS－8110B3 微机线路保护装置的自动重合闸原理。

（2）理解并掌握保护加速段的方式及工作原理。

（3）熟悉微机继电保护测试仪的使用方法。

（4）熟悉 EDCS－8110B3 微机线路保护装置单侧电源重合闸定值校验、双侧电源（检无压和检同期）重合闸定值校验、过流加速段定值的调试过程。

（5）学会重合闸及保护加速段功能的逻辑判断及故障分析。

● 任务分组

表 3－3－1　　学生任务分配表

<table>
<tr><td>班级</td><td></td><td>组号</td><td></td><td>指导老师</td><td></td></tr>
<tr><td>组长</td><td></td><td>学号</td><td colspan="3"></td></tr>
<tr><td colspan="2">组员</td><td colspan="4"><table><tr><td>姓名</td><td>学号</td><td>姓名</td><td>学号</td></tr><tr><td></td><td></td><td></td><td></td></tr><tr><td></td><td></td><td></td><td></td></tr><tr><td></td><td></td><td></td><td></td></tr><tr><td></td><td></td><td></td><td></td></tr></table></td></tr>
<tr><td colspan="6">任务分工</td></tr>
<tr><td colspan="6"></td></tr>
</table>

● 获取信息

引导问题 1：对照 EDCS－8110B3 装置重合闸保护逻辑图，说明图中各控制字的功能。

____

____

引导问题 2：EDCS－8110B3 装置重合闸充电条件有哪些？闭锁条件有哪些？

____

____

引导问题 3：EDCS－8110B3 线路保护测控装置加速保护的方式有哪几种？

引导问题 4：说明重合闸调试时为什么要进行充电？如何充电？充电时间需要多长？

引导问题 5：检无压重合闸调试试验时，保护定值如何设置？调试仪对参数如何设置？

引导问题 6：检同期重合闸调试试验时，保护定值如何设置？调试仪对参数如何设置？

引导问题 7：重合闸前加速和后加速保护调试试验时，保护定值的设置、调试仪对参数的设置和步骤有何不同？

● **工作计划**

1. 制定工作方案

表 3－3－2　　工作方案

步骤	工作内容	负责人

2. 列出仪表、工具、设备及器具清单

表 3－3－3　　器具清单

序号	名称	型号及规格	单位	数量	备注

续表

序号	名　称	型号及规格	单位	数量	备注

3. 填写安全措施票

表3-3-4　　**二次安全措施票**

单位：________　编号________

被试设备及保护名称		35kV主变线路保护测控（　）号屏			
工作负责人		工作时间	年　月　日	签发人	
工作内容	35kV主变线路保护测控（　）号屏线路重合闸及加速保护调试				
安全措施					
序号	执行	安全措施内容			恢复
1					
2					
3					
4					
5					
6					
⋮					

执行人：　　监护人：　　恢复人：　　监护人：

- **进行决策**

(1) 各组派代表阐述工作方案。

（2）各组对其他组的工作方案提出自己不同的看法。

（3）教师结合大家完成的情况进行点评，选出最佳方案。

- **工作实施**

按照工作方案内容及步骤进行装置重合闸及加速保护调试，编写记录表 3-3-5。

表 3-3-5 EDCS-8110B3 线路保护测控装置重合闸及加速保护调试记录表

设备运行单位	广东水利电力职业技术学院	设备名称	EDCS-8110B3 保护测控装置
设备型号		安装位置	
制造厂			
重合闸定值校验记录			
序号	测试内容		测试结果（动作值及动作时间）
1	重合闸	重合闸动作时间 $T=$________（s）	
		重合闸无压定值 $U=$________（V）	
		重合闸同期定值 $\varphi=$________（°）	
2	重合闸后加速保护	过流加速段定值	
		过流加速段时间	

- **评价反馈**

1. 验收过程情况记录

完成验收过程问题记录表 3-3-6。

表 3-3-6 验收过程问题记录表

验收问题记录	整 改 措 施	完成时间	备注

2. 各组代表展示作品，介绍任务的完成过程、实施过程存在的问题及解决方法，完成评价考核评分表 3-3-7。

表 3-3-7 评价考核评分表

项目名称	评 价 内 容	分值	评价分数		
			自评	互评	师评
职业素养考核项目（40%）	安全意识、责任意识、服从意识	10			
	积极参加教学活动，按时完成工作活页内容	10			
	团结合作、与人交流能力	10			
	文明作业，清理现场	10			

续表

项目名称	评价内容	分值	评价分数		
			自评	互评	师评
专业能力考核项目（60%）	调试准备工作到位	10			
	操作步骤准确	20			
	操作过程熟练、规范	20			
	检验报告编写完整、正确	10			
总分					
总评	自评（20%）+互评（20%）+师评（60%）	综合等级		教师（签名）：	

● **任务相关知识点**

1. 重合闸（不检同期无压）定值校验

3.7 重合闸定值校验

（1）保护定值设置，见表 3-3-8。

表 3-3-8　重合闸试验定值表

序号	定值名称	数值	序号	定值名称	数值
1	过流Ⅱ段定值	6.5A	2	过流Ⅱ段时间	0.5s
3	重合闸时间	1s			

（2）保护压板设置。在“软压板”里，把“过流Ⅱ段投入”“投重合闸”“重合闸不检”均置“1”，其他置 0。

（3）“故障设置”选项卡设置。在“整组试验”菜单里，试验过程由保护的接点动作情况控制，此次试验包括以下几个过程：故障前⟶故障，跳闸⟶重合闸。

“故障设置”选项卡设置如图 3-3-1 所示。

故障类型：设为 A 相接地，也可根据需要修改。

故障方向：设为正向故障。

短路电流：取“过流Ⅱ段定值”，设为 6.500A。

短路阻抗 Z_L：设置短路时的阻抗，一般取默认值 $1.0\angle 90°$，也可修改，但要保证计算出的短路电压不越限。

永久故障：由于只测试自动重合闸，所以选择“瞬时性故障”。

试验限时：故障开始到试验结束之间的时间限制，一般情况，应保证保护在该时间内可以完成整个“跳闸⟶重合”的过程。根据该保护装置，设为 5.000s。

发生故障转换：由于此次试验，暂不考虑进行故障转换，故该选项卡设置暂不考虑。

（4）“触发方式”选项卡设置，如图 3-3-2 所示。

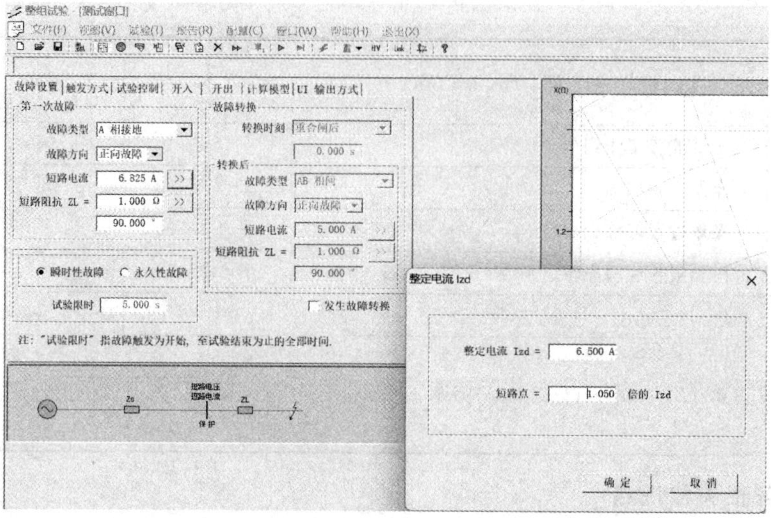

图 3-3-1　重合闸定值校验“故障设置”选项卡设置

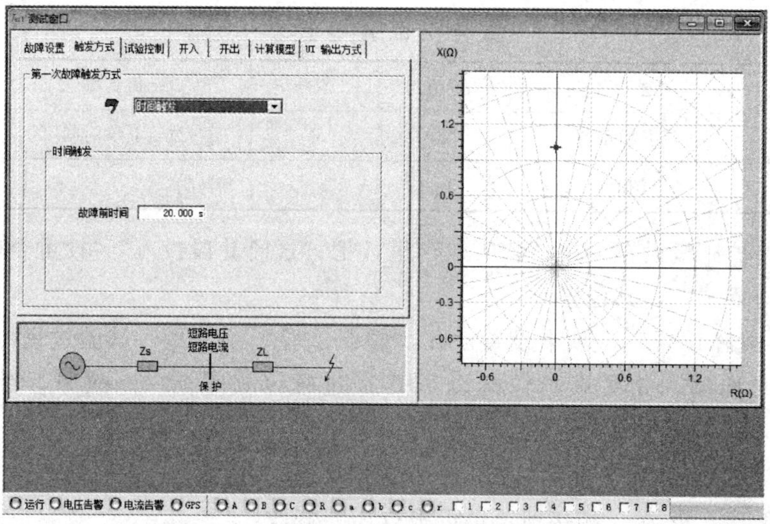

图 3-3-2　重合闸定值校验“触发方式”选项卡设置

故障触发：为方便试验，一般设为“时间触发”。

故障前时间：该时间的设置一般大于保护的复归时间（含重合闸充电时间）。根据该保护装置，设为 15～20s。

(5)“试验控制”选项卡设置，如图 3-3-3 所示。

合闸角：此试验不考虑合闸角，选随机。

叠加非周期（直流）分量：不勾选。

模拟断路器跳合闸延时：根据实际情况勾选，带断路器试验时，建议合闸延时至少为 0.020s，可躲开三相重合时间不一致。

(6)“开出”选项卡设置，如图 3-3-4 所示。

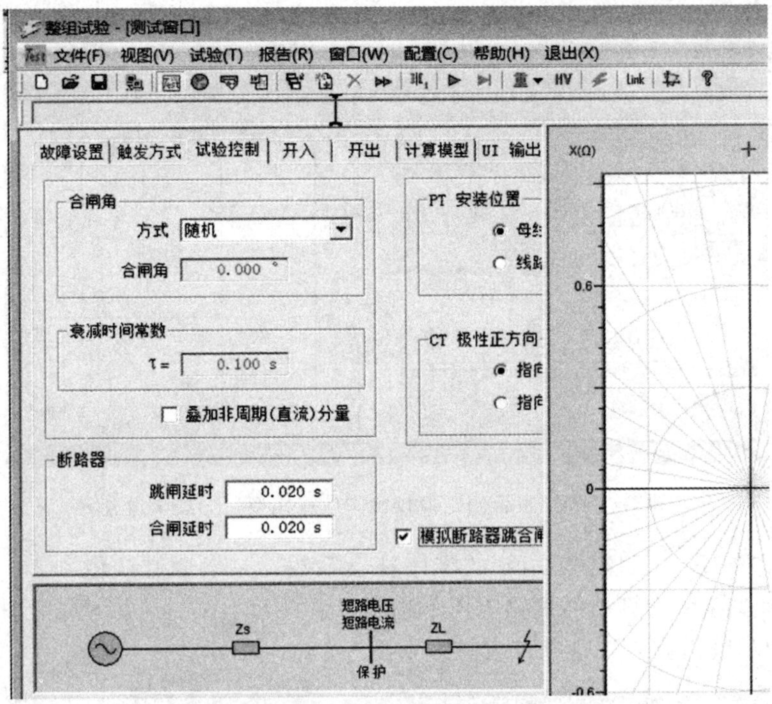

图 3-3-3 重合闸定值校验“试验控制”选项卡设置

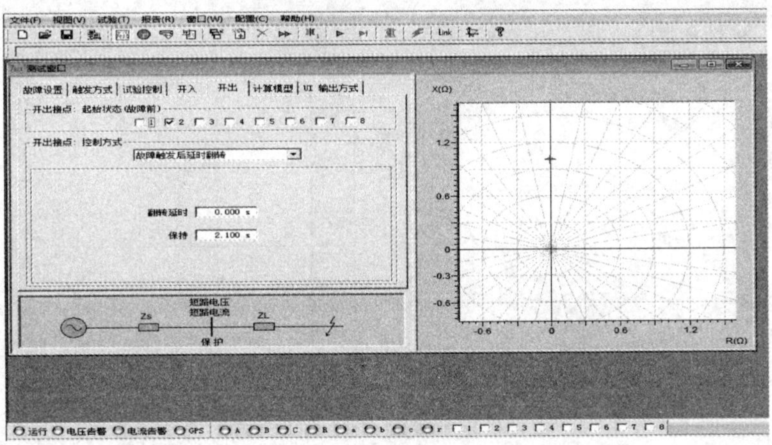

图 3-3-4 重合闸定值校验“开出”选项卡设置

开出接点：在无外接模拟断路器，合闸位置信号没有接入装置时，起始状态（故障前）只勾选“2”，是配合之前外部接线，使 HWJ 置 1；如果有外接模拟断路器位置信号接点，则不需设置。翻转延时 0.000s，保持 2.100s。

（7）“计算模型”选项卡设置，如图 3-3-5 所示。

计算模型：一般取“电流恒定”，即定电流（短路电流）方式。

额定电压：保护 TV 二次侧的额定相电压，一般为 57.735V。

频率：电压、电流的输出频率，中国大陆地区为 50.000Hz。

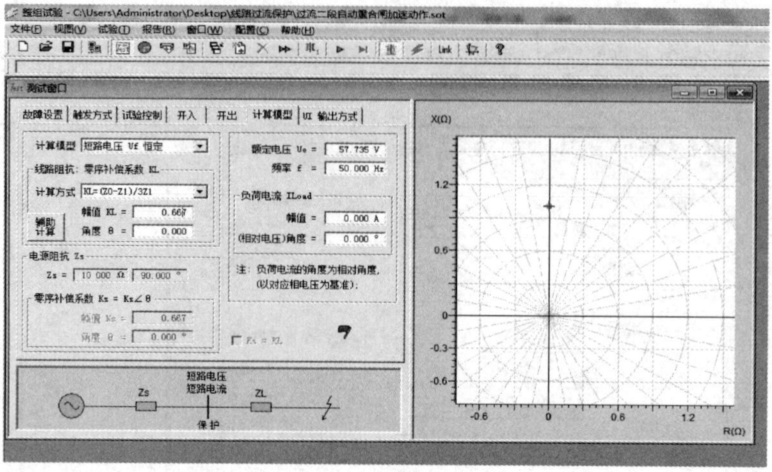

图 3-3-5 重合闸定值校验“计算模型”选项卡设置

补偿系数 K_L：短路阻抗 Z_L 的零序补偿系数，一般取默认值 0.667$\angle 0°$，也可修改，但要保证计算出的短路电压不越限。

(8)“U_I 输出方式”选项卡设置，如图 3-3-6 所示。

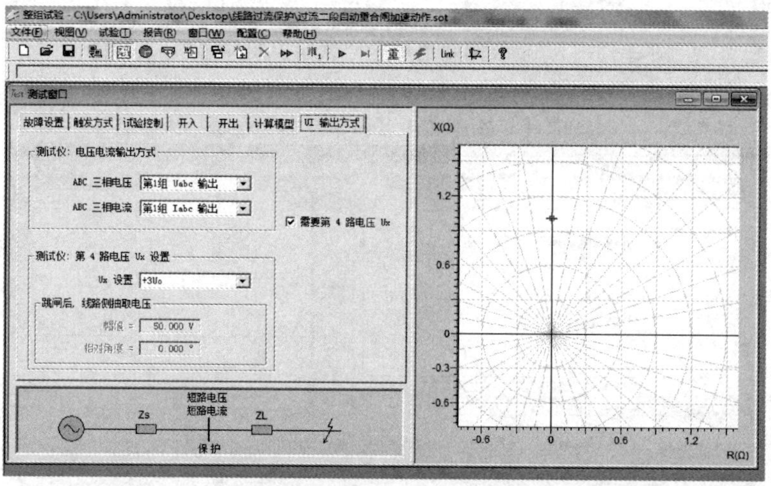

图 3-3-6 重合闸定值校验“U_I 输出方式”选项卡设置

ABC 三相电压：根据实际接线，设为第 1 组 U_{abc} 输出。

ABC 三相电流：根据实际接线，设为第 1 组 I_{abc} 输出。

(9) 试验过程及结果记录：参数设置完毕后，按页面工具栏上的“▶”开始试验。在试验过程中，测试仪先输出空载状态（输出时间为故障前时间 20.0s，等待保护复归，重合闸充电完成），然后再完成整个“跳闸——→重合闸”的过程，最后自动结束试验。

试验结束后，按页面工具栏的“”可以分别查看试验结果和试验报告，并记录在表 3-3-5 中。

注意：检无压和检同期重合闸调试实验参数设置特点如下：

1）检无压方式：无压小于 30%U_x。

U_1 输出方式——测试仪：第 4 路电压 U_x 设置为：检同期 A，电压幅值设置为 31V，重合闸应不成功；电压幅值设置为 29V，重合闸应成功。（U_{xn} 为线电压）。

2）检同期方式：同期合闸角小于定值。

抽取电压 U_{xn}：抽取电压的幅值只要设置为大于 40V 即可，设为 57.735V；抽取电压的相角要保证线路和母线电压间的相位差小于同期合闸角定值，确保重合闸成功。

2. 重合闸后过流加速段保护测试

目前在电力系统中，自动重合闸与继电保护配合的方式有重合闸前加速保护和重合闸后加速保护两种。

当线路上（包括相邻线路及以后的线路）发生故障时，靠近电源侧的保护首先无选择性地瞬时动作于跳闸，而后再靠重合闸来纠正这种非选择性动作，这种方式称为重合闸前加速。如遇永久性故障，则速断保护被重合闸闭锁，不再瞬时跳闸，而通过过流保护按时限配合，有选择性地将故障切除。

当线路发生故障后，保护有选择性地动作切除故障，重合闸进行一次重合以恢复供电。若重合于永久性故障时，保护装置即不带时限无选择性地动作断开断路器，这种方式称为重合闸后加速。

3.8 重合闸过流后加速保护定值测试

（1）保护定值设置，见表 3-3-9。

表 3-3-9　　重合闸后过流加速段保护试验定值表

序号	定值名称	数值	序号	定值名称	数值
01	过流Ⅱ段定值	6.0A	02	过流Ⅱ段时间	0.5s
03	过流加速段定值	8.5A	04	过流加速段时间	0.0s
05	重合闸时间	1s			

（2）保护压板设置。在“软压板”里，把“过流Ⅱ段投入”“过流加速段投入”“投重合闸”均置“1”，其他控制字均置为“0”。

注意：在开始试验前，请把模拟断路器的合闸线圈置于合位，以满足重合闸的充电条件。

如果试验中不用模拟断路器，可以采用继电保护调试仪开出接点来模拟断路器的位置信号。更改外部接线，测试仪开出 1 接 3QD1、3QD11；开出 2 接 3QD1、3QD12。即测试仪的开出 1 对应保护装置的 TWJ、开出 2 对应 HWJ。

（3）“故障设置”选项卡设置。在“整组试验”菜单里，试验过程由保护的接点动作情况控制，本次试验包括以下几个过程：故障前⟶故障，跳闸⟶重合闸⟶再跳闸（永跳）。

下面将试验中与前面“重合闸（不检同期无压）定值校验”选项卡设置不同的地方加以说明。“故障设置”选项卡设置如图 3-3-7 所示。

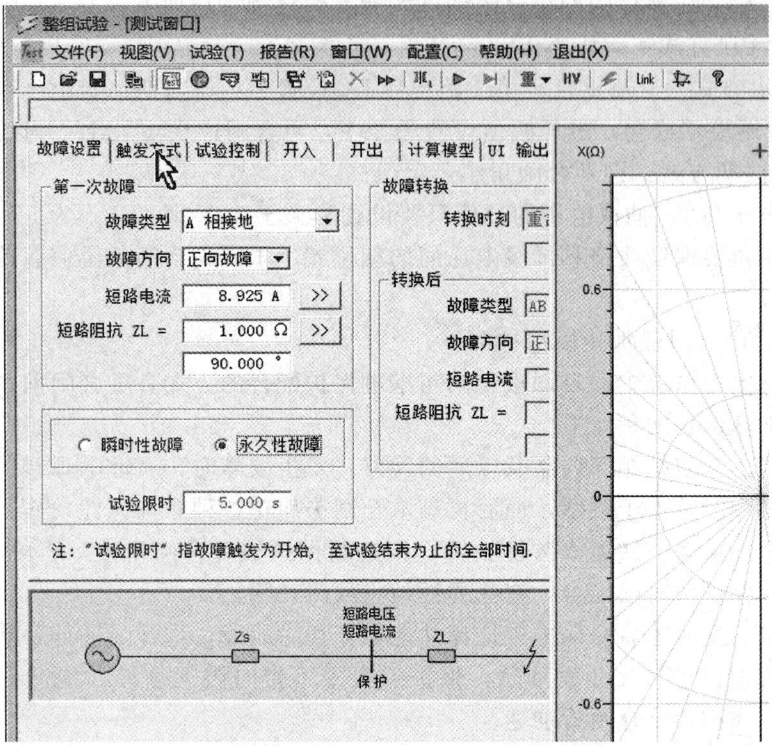

图 3-3-7 重合闸后过流加速段保护测试“故障设置”选项卡设置

短路电流：按“过流Ⅱ段定值”和“过流加速段定值”中的最大值，设为 8.5×1.05=8.925（A）。

永久性故障：由于要测试重合闸后过流加速段保护，故设为“永久性故障”，即第一次故障参数（重合闸前故障）和第二次故障参数（重合闸后故障）相同。

试验限时：故障开始到试验结束之间的时间限制，一般情况，应保证保护在该时间内可以完成整个“跳闸⟶重合⟶再跳闸”的过程。根据该保护装置，设为 5.000s。

（4）其他设置。其他参数设置与前面试验相同，参数设置完毕后，按页面工具栏上的“ ”开始试验。

在试验过程中，测试仪先输出空载状态（输出时间为故障前时间 20.0s，等待保护复归，重合闸充电完成），然后再完成整个“跳闸⟶重合⟶再跳闸”的过程，最后自动结束试验。

试验结束后，按页面工具栏的“ ”可以分别查看试验结果和试验报告，并记录在表 3-3-5 中。

任务四　低周减载调试

● **任务描述**

按照 35kV 线路保护检验作业规范，对线路低周减载功能进行测试，并进行定值校验；对照 GB/T 14285—2023《继电保护和安全自动装置技术规程》、DL/T 995—2016《继电保护和电网安全自动装置检验规程》等分析试验结果。

● **学习目标**

(1) 理解并掌握 EDCS-8110B3 微机线路保护装置的低周减载原理。

(2) 熟悉微机继电保护测试仪的使用方法。

(3) 熟悉 EDCS-8110B3 微机线路保护装置低周减载的动作值、时间定值、低周减载滑差闭锁值、电压闭锁值等调试过程。

(4) 学会低周减载的逻辑判断及故障分析。

● **任务分组**

表 3-4-1　　学生任务分配表

<table>
<tr><td>班级</td><td></td><td>组号</td><td></td><td colspan="2">指导老师</td><td colspan="2"></td></tr>
<tr><td>组长</td><td></td><td>学号</td><td colspan="5"></td></tr>
<tr><td rowspan="5">组员</td><td colspan="2">姓名</td><td colspan="2">学号</td><td>姓名</td><td colspan="2">学号</td></tr>
<tr><td colspan="2"></td><td colspan="2"></td><td></td><td colspan="2"></td></tr>
<tr><td colspan="2"></td><td colspan="2"></td><td></td><td colspan="2"></td></tr>
<tr><td colspan="2"></td><td colspan="2"></td><td></td><td colspan="2"></td></tr>
<tr><td colspan="2"></td><td colspan="2"></td><td></td><td colspan="2"></td></tr>
<tr><td colspan="8">任务分工</td></tr>
<tr><td colspan="8"></td></tr>
</table>

● **获取信息**

引导问题 1：试说明低频减载的功能。简述基本级、特殊级、附加级有什么不同？

____

____

引导问题 2：对照 EDCS-8110B3 装置低周减载逻辑图，说明低周减载动作的条件有哪些？

____

____

引导问题 3：低周减载的闭锁条件有哪些？

引导问题 4：低频减载逻辑图中定值（数值型及开关型）有哪些？

引导问题 5：低频减载装置为什么要设置滑差闭锁和低电流闭锁？

引导问题 6：在进行低周减载滑差闭锁调试试验时，调试仪如何对参数进行相应设置？

- **工作计划**

1. 制定工作方案

表 3-4-2 工 作 方 案

步骤	工 作 内 容	负责人

2. 列出仪表、工具、设备及器具清单

表 3-4-3 器 具 清 单

序号	名 称	型号及规格	单位	数量	备注

3. 填写安全措施票

表 3-4-4　　二次安全措施票

单位：＿＿＿＿＿＿＿＿　　编号＿＿＿＿＿＿＿＿

被试设备及保护名称		35kV 主变线路保护测控（　　）号屏			
工作负责人		工作时间	年　月　日	签发人	
工作内容	35kV 主变线路保护测控（　　）号屏线路低周减载调试试验				
安全措施					
序号	执行	安全措施内容			恢复
1					
2					
3					
4					
5					
6					
⋮					

执行人：　　　　监护人：　　　　恢复人：　　　　监护人：

- **进行决策**

（1）各组派代表阐述工作方案。

（2）各组对其他组的工作方案提出自己不同的看法。

（3）教师结合大家完成的情况进行点评，选出最佳方案。

- **工作实施**

按照工作方案内容及步骤进行装置低周减载调试，编写记录表 3-4-5。

表 3-4-5　　EDCS-8110B3 线路保护测控装置低周减载调试记录表

<table>
<tr><td colspan="2">设备运行单位</td><td>广东水利电力职业技术学院</td><td>设备名称</td><td colspan="2">EDCS-8110B3 保护测控装置</td></tr>
<tr><td colspan="2">设备型号</td><td colspan="2"></td><td>安装位置</td><td></td></tr>
<tr><td colspan="2">制造厂</td><td colspan="4"></td></tr>
<tr><td rowspan="2">序号</td><td colspan="2">测试内容</td><td colspan="3" rowspan="2">测试结果（动作值及动作时间）</td></tr>
<tr><td colspan="2">模拟故障相别</td></tr>
<tr><td rowspan="4">1</td><td rowspan="4">低周减载
频率保护</td><td>频率整定值=________（Hz）</td><td colspan="3"></td></tr>
<tr><td>低周动作时间
T=________（s）</td><td colspan="3"></td></tr>
<tr><td>电压闭锁值
U=________（V）</td><td colspan="3"></td></tr>
<tr><td>滑差闭锁值
$\mathrm{d}f/\mathrm{d}t$=________（Hz/s）</td><td colspan="3"></td></tr>
</table>

● **评价反馈**

1. 验收过程情况记录

完成验收过程问题记录表 3-4-6。

表 3-4-6　　验收过程问题记录表

验收问题记录	整　改　措　施	完成时间	备注

2. 各组代表展示作品，介绍任务的完成过程、实施过程存在的问题及解决方法，完成评价考核评分表 3-4-7。

表 3-4-7　　评价考核评分表

<table>
<tr><td rowspan="2">项目名称</td><td rowspan="2">评　价　内　容</td><td rowspan="2">分值</td><td colspan="3">评价分数</td></tr>
<tr><td>自评</td><td>互评</td><td>师评</td></tr>
<tr><td rowspan="4">职业素养
考核项目
（40%）</td><td>安全意识、责任意识、服从意识</td><td>10</td><td></td><td></td><td></td></tr>
<tr><td>积极参加教学活动，按时完成工作活页内容</td><td>10</td><td></td><td></td><td></td></tr>
<tr><td>团结合作、与人交流能力</td><td>10</td><td></td><td></td><td></td></tr>
<tr><td>文明作业，清理现场</td><td>10</td><td></td><td></td><td></td></tr>
<tr><td rowspan="4">专业能力
考核项目
（60%）</td><td>调试准备工作到位</td><td>10</td><td></td><td></td><td></td></tr>
<tr><td>操作步骤准确</td><td>20</td><td></td><td></td><td></td></tr>
<tr><td>操作过程熟练、规范</td><td>20</td><td></td><td></td><td></td></tr>
<tr><td>检验报告编写完整、正确</td><td>10</td><td></td><td></td><td></td></tr>
<tr><td colspan="3">总分</td><td></td><td></td><td></td></tr>
<tr><td rowspan="2">总评</td><td rowspan="2">自评（20%）+互评（20%）+师评（60%）</td><td colspan="2">综合等级</td><td colspan="2" rowspan="2">教师（签名）：</td></tr>
<tr><td colspan="2"></td></tr>
</table>

● **任务相关知识点**

1. 低周减载频率动作值测试

3.9 低周减载频率动作值测试

低周减载又称自动按频率减负荷，是保证系统稳定的重要措施之一。当电力系统出现严重的有功功率缺额时，通过切除一定的非重要负荷来减轻有功缺额的程度，使系统的频率保持在事故允许限额之内，保证重要负荷的可靠供电。

（1）保护定值设置。EDCS－8110B3 低周保护逻辑图如图 3－1－7 所示，其保护定值设置见表 3－4－8。

表 3－4－8　　低周减载试验定值表

序号	定值名称	数值	序号	定值名称	数值
1	低周保护低频整定	48Hz	2	低频保护时间	0.5s
3	低周保护低压闭锁	80.0V	4	df/dt 闭锁整定	8Hz/s

（2）保护压板设置。在“保护定值”里，把“低周保护投入”“df/dt 闭锁投入”均置为“1”，其他控制字均置为“0”。

（3）“变量选择”选项卡设置，如图 3－4－1 所示。

用“递变/滑差”菜单来测试低周减载频率动作值。

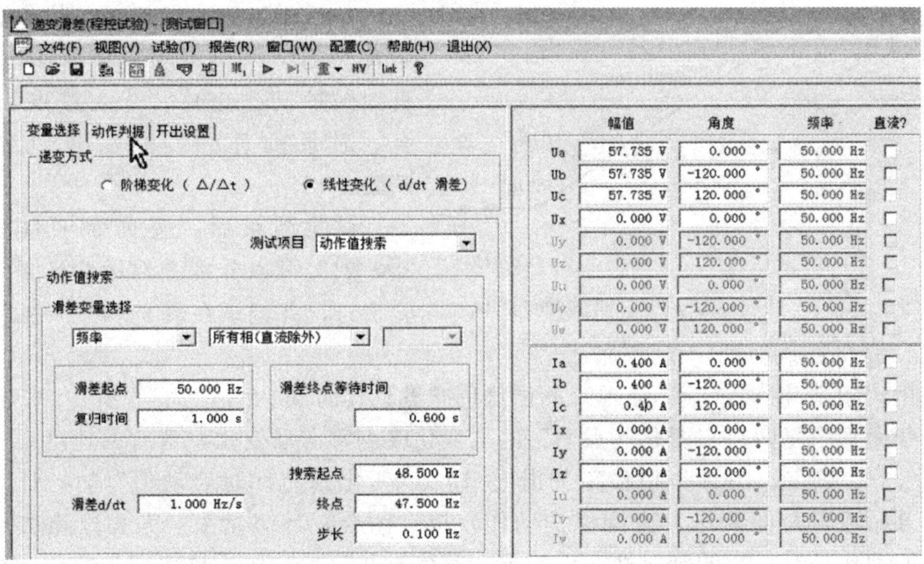

图 3－4－1　低周减载频率动作值测试“变量选择”选项卡设置

递变方式：线性变化（d/dt）。

滑差变量：频率。

测试项目：动作值。

滑差起点：设 50.000Hz，以保证低周保护可靠复归。

复归时间：1.000s。

滑差终点等待时间：设 0.600s。必须大于动作延时，从而保证动作值记录的正确性。

滑差 d/dt：设为 1.000Hz/s，应低于 df/dt 闭锁整定值。

搜索起点、搜索终点：两者所构成的搜索范围应能覆盖保护的动作值 48Hz，为缩短测试时间，搜索起点设为 48.500Hz，搜索终点设为 47.500Hz。

步长：0.100Hz。

(4) 选项卡右侧电压、电流的设置。

电压值：应保证线电压>低周保护低压闭锁值 80V，设为三相正序对称的额定电压。

电流值：应保证相电流>$0.06I_n$（$I_n=5A$），设为三相正序对称的电流，幅值为 0.4A。

频率：其默认值和复归点频率值相同，一般为 50Hz。

(5)“动作判据”选项卡设置。动作接点根据实际的试验接线，设为 A 接点。确认时间：默认值为 15ms。

(6)“开出设置”选项卡：暂时不需要设置参数。

参数设置完毕后，按测试仪面板上的“Start”快捷键开始试验，或按“试验 F2”按钮开始试验。

在动作值测试过程中，根据保护装置的测试逻辑，改变频率输出值，直到保护动作出口，开入接点 A 闭合，记录动作值，然后自动结束试验。

试验结束后，按页面工具栏的“ ”可以分别查看试验结果和试验报告，并记录在表 3-4-5 中。

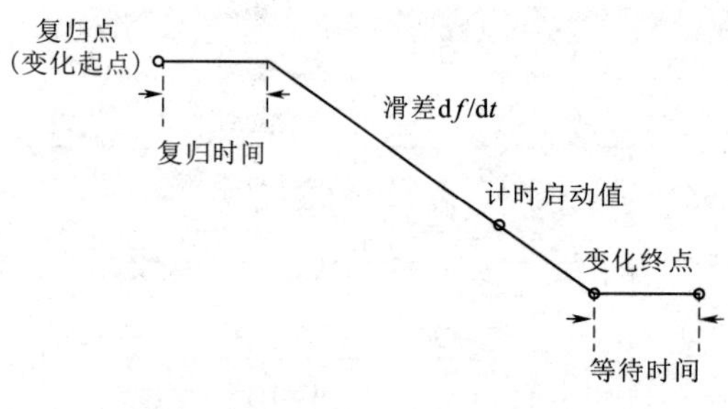

图 3-4-2 低周减载动作时间的测试逻辑

2. 低周减载时间定值测试

3.10 低周减载频率动作时间测试

用“频率/滑差试验”菜单来测试低周减载动作时间。

频率从“复归点（变化起点）”向“变化终点”滑动变化，滑行的速度由“滑差 df/dt”确定。当频率按设定的滑差 df/dt 变化到“计时启动值”时，计时启动，开始进行时间测量，直到保护动作，接点闭合，计时结束。考虑继电器（保护）的动作具有一定的延时性，设置了“等待时间”参数作为频率滑到变化终点后保持输出的时间。低周减载动作时间的测试逻辑如图 3-4-2 所示。

注：保护相关设置、试验接线以及“电压电流”、“开关量”选项卡设置同“1. 低周减载频率动作值测试”。只需修改“变量选择”选项卡设置中的“测试项目”相关参数，具体如图 3-4-3 所示。

(1)“变量选择”选项卡设置，如图 3-4-3 所示。

测试项目：设为动作时间。

变量选择：设为频率。

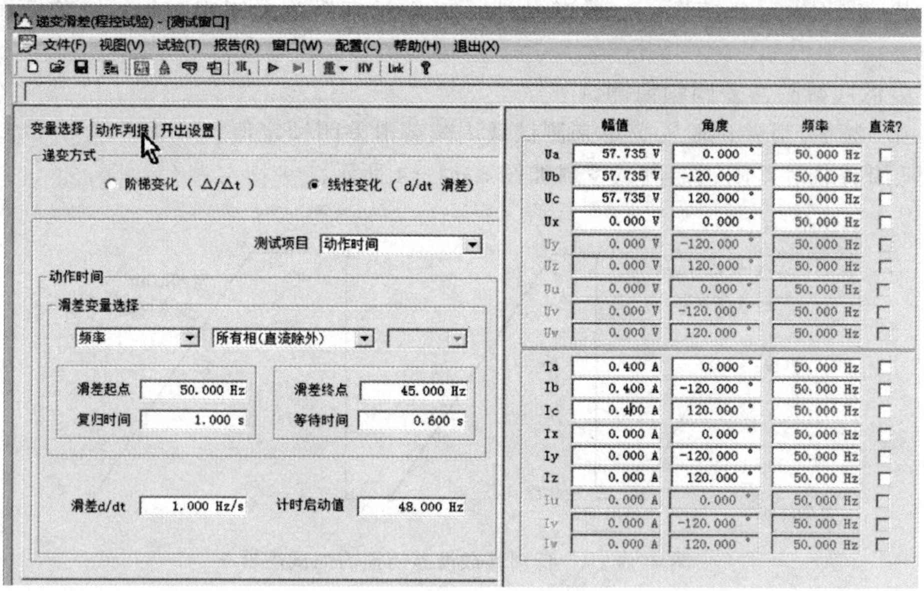

图 3-4-3 低周减载动作时间测试“变量选择”选项卡设置

复归点：设为 50Hz，以保证低周保护可靠复归。

复归时间：设为 1.0s。

滑差 d/dt：设为 1.000Hz/s，应低于 df/dt 闭锁整定值。

变化终点：设为 45.000Hz，应保证不小于保护自定的低频率闭锁值（一般为 45Hz）。

等待时间：设为 0.5s，因为根据所设的滑差 d/dt 值和动作时间定值，频率在从变化起点滑到变化终点的过程中，保护就会可靠动作。也可设为其他值。

计时启动值：应以动作值测试中所测的实际动作频率作为计时启动值，本次试验暂设为低周减载频率定值 48.000Hz。

（2）试验过程及结果记录。

参数设置完毕后，按测试仪面板上的“Start”快捷键开始试验，或按“试验 F2”按钮开始试验。

在动作时间测试过程中，根据图 3-4-4 测试逻辑图，频率按设定的滑差 df/dt，从“复归点（变化起点）”向“变化终点”滑动变化，直到保护动作出口，开入接点 A 闭合，记录动作时间，然后自动结束试验。

试验结束后，按页面工具栏的“ ”可以分别查看试验结果和试验报告，并记录在表 3-4-5 中。

（3）注意事项。

1）动作时间的测试结果是否准确，关键在于计时起点的设置是否合理，故应以动作值测试中所测的实际动作频率作为计时启动值。

2）由上述可知，动作时间的测试一般应在动作值的测试之后。

3）合理设置滑差 df/dt 和等待时间，保证频率在从变化起点滑到变化终点的过程中，保护能可靠动作。一般滑差 df/dt 尽量远离滑差闭锁定值，等待时间设为 0s。

3.11 低周减载频率滑差闭锁值测试

3. 低周减载滑差闭锁值测试

用“频率/滑差试验”菜单来测试低周减载滑差闭锁定值。

低周减载滑差闭锁的测试逻辑如图 3-4-4 所示。

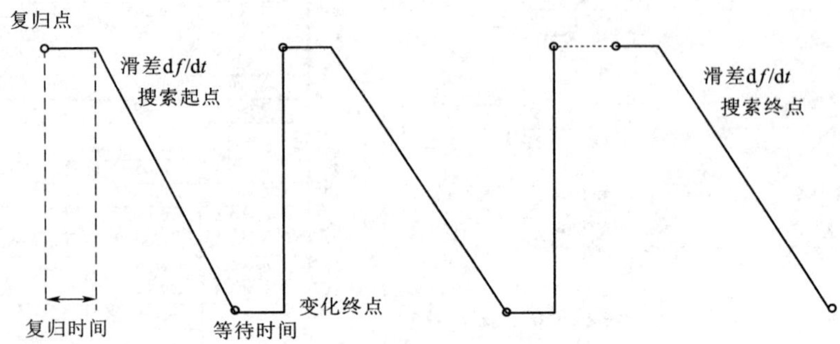

图 3-4-4 低周减载滑差闭锁的测试逻辑

注：保护相关设置、试验接线以及“电压电流”“开关量”选项卡设置同“1. 低周减载频率动作值测试”。只需修改“变量选择”选项卡设置中的“测试项目”相关参数。

（1）“变量选择”选项卡设置，如图 3-4-5 所示。

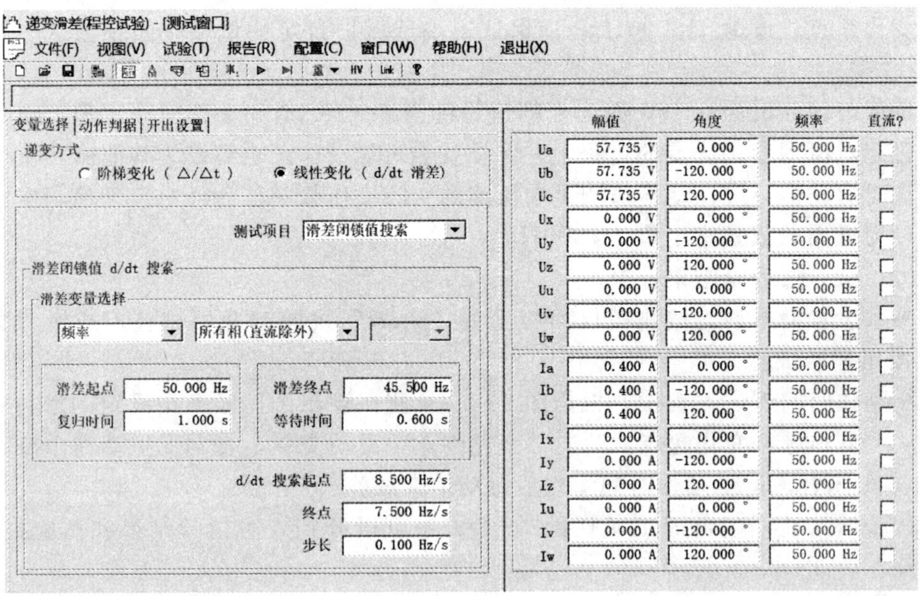

图 3-4-5 低周减载滑差闭锁值测试“变量选择”选项卡设置一

测试项目：设为滑差闭锁值搜索。

滑差变量选择：设为频率。

滑差起点：设为 50.000Hz，以保证低周保护可靠复归。

复归时间：设为 1.000s。

滑差终点：设为 45.500Hz，应保证不小于保护自定的低频率闭锁值 45Hz。

搜索起点、搜索终点：两者所构成的搜索范围应能覆盖滑差闭锁定值，为缩短测试时间，搜索起点设为 8.500Hz/s，搜索终点设为 7.500Hz/s。

步长：设为 0.100Hz/s。

等待时间：一般设为 0.6s。

（2）试验过程及结果记录。

参数设置完毕后，按测试仪面板上的“Start”快捷键开始试验，或按“试验 F2”按钮开始试验。

在滑差闭锁测试过程中，根据图 3-4-2 测试逻辑图，改变频率变化率（滑差），直到保护动作出口，开入接点 A 闭合，记录滑差闭锁值，然后自动结束试验。

试验结束后，按页面工具栏的“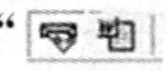”可以分别查看试验结果和试验报告，并记录在表 3-4-5 中。

4. 低周减载电压闭锁值测试

（1）用“频率/滑差”菜单来测试低周减载电压闭锁值可靠动作的方法。

注意：保护相关设置、试验接线同“1. 低周减载频率动作值测试”。

1）“变量选择”选项卡设置，如图 3-4-5 所示。

电压值：应保证线电压＞低周保护低压闭锁值 80V，设为三相正序对称的电压，幅值为 48.5V［对应的线电压为 80×1.05＝84（V）］。

电流值：应保证相电流＞$0.06I_n$（I_n＝5A），设为三相正序对称的电流，幅值为 0.4A。

频率：其默认值和复归点频率值相同，一般为 50Hz。

测试项目：设为动作时间。

2）其他参数设置如图 3-4-5 所示，具体解析见“2. 低周减载时间定值测试”。

参数设置完毕后，按测试仪面板上的“Start”快捷键开始试验，或按“试验 F2”按钮开始试验。

频率按设定的滑差 df/dt，从“复归点（变化起点）”向“变化终点”滑动变化的过程中，保护可靠动作，测试仪自动结束试验。

（2）用“频率/滑差试验”菜单来测试低周减载电压闭锁值可靠不动作的方法。

注意：与测试低周减载电压闭锁值可靠动作试验相比，本试验只需修改“电压电流”选项卡设置中的三相电压值。

1）“电压电流”选项卡设置，如图 3-4-6 所示。

电压值：应保证线电压＜低周保护低压闭锁值 70V，设为三相正序对称的电压，幅值为 43.88V［对应的线电压为 80×0.95＝76(V)］。

2）试验过程及结果记录：参数设置完毕后，按测试仪面板上的“Start”快捷键开始试验，或按“试验 F9”按钮开始试验。

频率按设定的滑差 df/dt，从“复归点（变化起点）”向“变化终点”滑动变化，当频率滑到变化终点，保护都可靠不动作，测试仪自动结束试验。

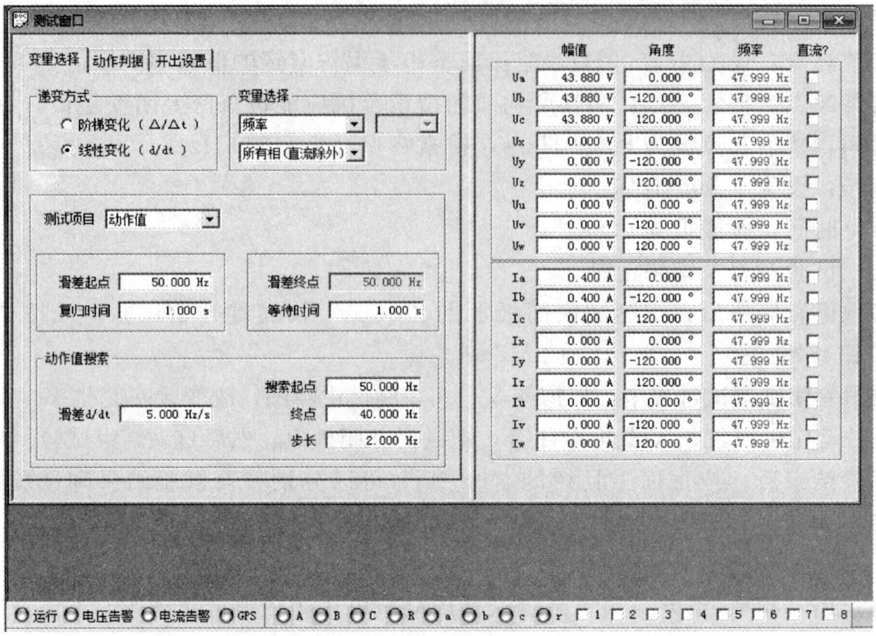

3.12 低周减载电压闭锁值测试

图 3-4-6 低周减载电压闭锁值测试“变量选择”选项卡设置二

（3）也可以直接用“频率/滑差试验”菜单来测试低周减载电压闭锁值。具体设置如图 3-4-7 所示。

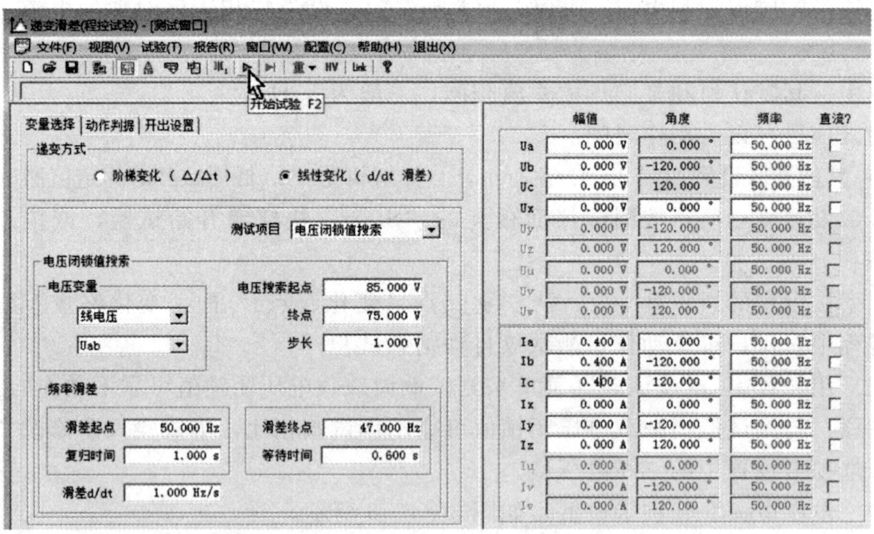

图 3-4-7 低周减载电压闭锁值测试“变量选择”选项卡设置三

测试项目：设为电压闭锁值。

变量选择：设为线电压。

其他参数设置参考上述项目。

任务五　35kV 线路保护检验作业规范

● **任务描述**

按照 35kV 线路保护检验作业规范，完成 EDCS－8110B3 微机线路保护装置现场验收及定期检验的基本项目及内容要求。对照 GB/T 14285—2023《继电保护和安全自动装置技术规程》、DL/T 995—2016《继电保护和电网安全自动装置检验规程》等分析试验结果。

● **学习目标**

（1）按照规范完成 EDCS－8110B3 微机线路保护装置的现场验收及定期检验流程。

（2）熟悉微机继电保护测试仪的使用方法。

（3）熟悉作业标准及相关规程规范。

（4）学会逻辑判断及故障分析。

（5）结合现场装置及回路实际制定作业表单。

● **任务分组**

表 3－5－1　　学生任务分配表

<table>
<tr><td>班级</td><td></td><td>组号</td><td></td><td>指导老师</td><td></td></tr>
<tr><td>组长</td><td></td><td>学号</td><td colspan="3"></td></tr>
<tr><td rowspan="5">组员</td><td>姓名</td><td>学号</td><td>姓名</td><td colspan="2">学号</td></tr>
<tr><td></td><td></td><td></td><td colspan="2"></td></tr>
<tr><td></td><td></td><td></td><td colspan="2"></td></tr>
<tr><td></td><td></td><td></td><td colspan="2"></td></tr>
<tr><td></td><td></td><td></td><td colspan="2"></td></tr>
<tr><td colspan="6">任务分工</td></tr>
<tr><td colspan="6"></td></tr>
</table>

● **获取信息**

引导问题 1：说明 35kV 线路保护定检作业流程。

____

____

引导问题 2：EDCS－8110B3 微机线路保护装置现场验收及定期检验的基本项目有哪些？

____

____

● 工作计划

1. 制定工作方案

表 3-5-2　　　　　　　　　　　　　　　工　作　方　案

步骤	工　作　内　容	负责人

2. 列出仪表、工具、设备及器具清单

表 3-5-3　　　　　　　　　　　　　　　器　具　清　单

序号	名　　称	型号及规格	单位	数量	备注

3. 填写安全措施票

表 3-5-4　　　　　　　　　　　　　二 次 安 全 措 施 票

单位：________________　　编号________________

<table>
<tr><td colspan="3">被试设备及保护名称</td><td colspan="4">35kV 主变线路保护测控（　　）号屏</td></tr>
<tr><td colspan="2">工作负责人</td><td></td><td>工作时间</td><td>年　月　日</td><td>签发人</td><td></td></tr>
<tr><td colspan="2">工作内容</td><td colspan="5">35kV 主变线路保护测控（　　）号屏线路保护定检</td></tr>
<tr><td colspan="7">安全措施</td></tr>
<tr><td>序号</td><td>执行</td><td colspan="4">安全措施内容</td><td>恢复</td></tr>
<tr><td>1</td><td></td><td colspan="4"></td><td></td></tr>
<tr><td>2</td><td></td><td colspan="4"></td><td></td></tr>
<tr><td>3</td><td></td><td colspan="4"></td><td></td></tr>
<tr><td>4</td><td></td><td colspan="4"></td><td></td></tr>
<tr><td>5</td><td></td><td colspan="4"></td><td></td></tr>
</table>

续表

序号	执行	安全措施内容	恢复
6			
⋮			

执行人：　　　　监护人：　　　　恢复人：　　　　监护人：

- **进行决策**

1. 各组派代表阐述工作方案。
2. 各组对其他组的工作方案提出自己不同的看法。
3. 教师结合大家完成的情况进行点评，选出最佳方案。

- **工作实施**

按照工作方案内容及步骤进行 EDCS－8110B3 线路保护测控装置保护定检，编写记录表 3－5－5。

表 3－5－5　　EDCS－8110B3 线路保护测控装置保护定检记录表

1. 软件版本号及 CRC 检验码检验

软件版本号	
CRC 检验码	
时钟检验	
定值核对	

2. 开关量输入回路检验

序号	开关量名称	保护装置端子	开关量状态变位（√）
1	开入 1		
2	开入 2		
3	开入 3		
4	开入 4		
5	开入 5		
6	闭锁重合闸		

续表

序号	开关量名称	保护装置端子	开关量状态变位（√）
7	弹簧未储能		
8	远方操作信号		
9	手合位置信号		
10	手跳位置信号		
11	开入 11		
12	开入 12		
13	开入 13		
14	开入 14		
15	投入低周减载保护		
16	投入线路失压保护		
17	投入线路保护检修状态		
18	信号复归		
责任人：		日期：	

3. 零漂检验

序号	测试内容	测试标准及结果							
		$-0.01I_e<I<0.01I_e$				$-0.05V<U<0.05V$			
1	CPU	I_A	I_B	I_C	I_0	U_A	U_B	U_C	U_X
责任人：				日期：					

4. 模拟量输入的幅值特性检验

序号	测试内容	测试标准及结果						
		误差小于 5%						
	电压	80V	30V	5V	电流	$1I_N$	$0.5I_N$	$0.2I_N$
1	U_A				I_A			
	U_B				I_B			
	U_C				I_C			
	U_X				I_0			
责任人：				日期：				

5. 模拟量输入的相位特性检验

序号	测试内容		测试标准及结果		
			误差小于 3°		
			0°	45°	90°
1	CPU	U_A-I_A			
		U_B-I_B			
		U_C-I_C			

续表

序号	测试内容		测试标准及结果 误差小于 3°		
			0°	45°	90°
1	CPU	$U_A - U_B$			
		$U_B - U_C$			
		$U_C - U_A$			
		$U_X - U_A$			
		$U_A - I_0$			
		$I_A - U_{jbc}$			
		$I_B - U_{jca}$			
		$I_C - U_{jab}$			
责任人：			日期：		

6. 定值检验

(1) 线路过流定值检验。

序号	测试内容 模拟故障相别		测试结果（动作值及动作时间） AN	BN	CN	AB	BC	CA
1	过流Ⅰ段	过流Ⅰ段定值 $I=$________A（动作边界）						
		1.05 倍整定值下动作行为						
		0.95 倍整定值下动作行为						
		1.2 倍整定值下动作时间/s						
2	过流Ⅱ段	过流Ⅱ段定值 $I=$________A（动作边界）						
		1.05 倍整定值下动作行为						
		0.95 倍整定值下动作行为						
		1.2 倍整定值下动作时间/s						
3	过流Ⅲ段	过流Ⅲ段定值 $I=$________A（动作边界）						
		1.05 倍整定值下动作行为						
		0.95 倍整定值下动作行为						
		1.2 倍整定值下动作时间/s						
责任人：			日期：					

（2）线路过流方向闭锁元件定值检验。

试验内容 \ 故障相别		AN	BN	CN
$1.2I_1$	动作范围			
	灵敏角			
$1.2I_2$	动作范围			
	灵敏角			
$1.2I_3$	动作范围			
	灵敏角			
过流Ⅰ段方向元件	正方向			
	反方向			

（3）线路过流复压闭锁元件定值检验。

试 验 内 容		测试结果
$1.2I_1$		正序开放电压 （低电压闭锁值） $U=$______V
		负序开放电压 （负序电压闭锁值） $U=$______V
$1.2I_2$		正序开放电压 （低电压闭锁值） $U=$______V
		负序开放电压 （负序电压闭锁值） $U=$______V
$1.2I_3$		正序开放电压 （低电压闭锁值） $U=$______V
		负序开放电压 （负序电压闭锁值） $U=$______V
过流Ⅰ段复压闭锁 （低电压）	1.05倍整定值下动作行为	
	0.95倍整定值下动作行为	
	1.2倍整定值下动作时间/s	
过流Ⅰ段复压闭锁 （负序电压）	1.05倍整定值下动作行为	
	0.95倍整定值下动作行为	
	1.2倍整定值下动作时间/s	

（4）线路零序过流定值校验。

<table>
<tr><td rowspan="2">序号</td><td colspan="2">测　试　内　容</td><td colspan="3">测试结果（动作值及动作时间）</td></tr>
<tr><td colspan="2">模拟故障相别</td><td>AN</td><td>BN</td><td>CN</td></tr>
<tr><td rowspan="4">1</td><td rowspan="4">零序Ⅰ段</td><td>零序Ⅰ段定值
$I=$______A（动作边界）</td><td></td><td></td><td></td></tr>
<tr><td>1.05 倍整定值下动作行为</td><td></td><td></td><td></td></tr>
<tr><td>0.95 倍整定值下动作行为</td><td></td><td></td><td></td></tr>
<tr><td>1.2 倍整定值下动作时间/s</td><td></td><td></td><td></td></tr>
<tr><td rowspan="4">2</td><td rowspan="4">零序Ⅱ段</td><td>零序Ⅱ段定值
$I=$______A（动作边界）</td><td></td><td></td><td></td></tr>
<tr><td>1.05 倍整定值下动作行为</td><td></td><td></td><td></td></tr>
<tr><td>0.95 倍整定值下动作行为</td><td></td><td></td><td></td></tr>
<tr><td>1.2 倍整定值下动作时间/s</td><td></td><td></td><td></td></tr>
<tr><td rowspan="4">3</td><td rowspan="4">零序Ⅲ段</td><td>零序Ⅲ段定值
$I=$______A（动作边界）</td><td></td><td></td><td></td></tr>
<tr><td>1.05 倍整定值下动作行为</td><td></td><td></td><td></td></tr>
<tr><td>0.95 倍整定值下动作行为</td><td></td><td></td><td></td></tr>
<tr><td>1.2 倍整定值下动作时间/s</td><td></td><td></td><td></td></tr>
</table>

（5）线路过流加速定值校验。

<table>
<tr><td rowspan="2">序号</td><td colspan="2">测　试　内　容</td><td colspan="6">测试结果（动作值及动作时间）</td></tr>
<tr><td colspan="2">模拟故障相别</td><td>AN</td><td>BN</td><td>CN</td><td>AB</td><td>BC</td><td>CA</td></tr>
<tr><td rowspan="3">1</td><td rowspan="3">过流加速保护</td><td>1.05 倍整定值下动作行为</td><td></td><td></td><td></td><td></td><td></td><td></td></tr>
<tr><td>0.95 倍整定值下动作行为</td><td></td><td></td><td></td><td></td><td></td><td></td></tr>
<tr><td>1.2 倍整定值下动作时间/s</td><td></td><td></td><td></td><td></td><td></td><td></td></tr>
</table>

（6）线路过负荷定值校验。

<table>
<tr><td rowspan="2">序号</td><td colspan="2">测　试　内　容</td><td colspan="4">测试结果（动作值及动作时间）</td></tr>
<tr><td colspan="2">模拟故障相别</td><td>AN</td><td>BN</td><td>CN</td><td>ABC</td></tr>
<tr><td rowspan="4">1</td><td rowspan="4">过负荷保护</td><td>过负荷动作定值
$I=$______A（动作边界）</td><td></td><td></td><td></td><td></td></tr>
<tr><td>1.05 倍整定值下动作行为</td><td></td><td></td><td></td><td></td></tr>
<tr><td>0.95 倍整定值下动作行为</td><td></td><td></td><td></td><td></td></tr>
<tr><td>1.2 倍整定值下动作时间/s</td><td></td><td></td><td></td><td></td></tr>
</table>

（7）线路低周减载频率定值校验。

<table>
<tr><th rowspan="2">序号</th><th colspan="2">测 试 内 容</th><th rowspan="2">测试结果（动作值及动作时间）</th></tr>
<tr><th colspan="2">模拟故障相别</th></tr>
<tr><td rowspan="4">1</td><td rowspan="4">低周减载频率保护</td><td>频率整定值=________ Hz</td><td></td></tr>
<tr><td>低周动作时间
T=________ s</td><td></td></tr>
<tr><td>电压闭锁值
U=________ V</td><td></td></tr>
<tr><td>滑差闭锁值
$\mathrm{d}f/\mathrm{d}t$=________ Hz/s</td><td></td></tr>
</table>

（8）重合闸定值校验。

<table>
<tr><th>序号</th><th colspan="2">测 试 内 容</th><th>测试结果（动作值及动作时间）</th></tr>
<tr><td rowspan="3">1</td><td rowspan="3">重合闸</td><td>重合闸动作时间
T=________ s</td><td></td></tr>
<tr><td>重合闸无压定值
U=________ V</td><td></td></tr>
<tr><td>重合闸同期定值
φ=________°</td><td></td></tr>
</table>

（9）线路过流Ⅲ段反时限定值校验。

<table>
<tr><th rowspan="2">序号</th><th colspan="2">测 试 内 容</th><th colspan="3">测试结果（动作值及动作时间）</th></tr>
<tr><th colspan="2">类型</th><th>一般反时限</th><th>非常反时限</th><th>极端反时限</th></tr>
<tr><td rowspan="3">1</td><td rowspan="3">过流Ⅲ段反时限</td><td>$1I$=________ A
理论时间=________ s</td><td></td><td></td><td></td></tr>
<tr><td>$1.5I$=________ A
理论时间=________ s</td><td></td><td></td><td></td></tr>
<tr><td>$2I$=________ A
理论时间=________ s</td><td></td><td></td><td></td></tr>
</table>

（10）零序Ⅲ段反时限定值校验。

<table>
<tr><th rowspan="2">序号</th><th colspan="2">测 试 内 容</th><th colspan="3">测试结果（动作值及动作时间）</th></tr>
<tr><th colspan="2">类型</th><th>一般反时限</th><th>非常反时限</th><th>极端反时限</th></tr>
<tr><td rowspan="3">1</td><td rowspan="3">零序Ⅲ段反时限</td><td>$1I$=________ A
理论时间=________ s</td><td></td><td></td><td></td></tr>
<tr><td>$1.5I$=________ A
理论时间=________ s</td><td></td><td></td><td></td></tr>
<tr><td>$2I$=________ A
理论时间=________ s</td><td></td><td></td><td></td></tr>
</table>

（11）零序过压定值校验。

序号	测 试 内 容		测试结果（动作值及动作时间）
	模拟故障相别		$3U_0$
1	零序过压定值	零序过压定值 U_0=________V（动作边界）	
		1.05 倍整定值下动作行为	
		0.95 倍整定值下动作行为	
		1.2 倍整定值下动作时间/s	

（12）过压定值校验。

序号	测 试 内 容		测试结果（动作值及动作时间）		
	模拟故障相别		U_{AB}	U_{BC}	U_{CA}
1	过压定值	过压定值 U=________V（动作边界）			
		1.05 倍整定值下动作行为			
		0.95 倍整定值下动作行为			
		1.2 倍整定值下动作时间/s			

（13）失压定值校验。

序号	测 试 内 容		测试结果（动作值及动作时间）		
	模拟故障相别		U_{AB}	U_{BC}	U_{CA}
1	失压定值	失压定值 U=________V（动作边界）			
		1.05 倍整定值下动作行为			
		0.95 倍整定值下动作行为			
		0.8 倍整定值下动作时间/s			

7. 整组检验

本检验要求将本线路所有保护装置的同名相交流电压回路并联，同名相交流电流回路按极性相互串联，统一加模拟故障量。退出所有保护装置跳闸、合闸等连接片，本线路断路器处于合闸位置。

测试项目	故障类型	整组动作时间	测试结果
线路过流Ⅰ段重合闸不检	1.05　A 相瞬时性故障		
线路过流Ⅱ段重合闸前加速	1.05　B 相永久性故障		
线路过流Ⅱ段重合闸后加速	1.05　AB 相永久性故障		
线路零序过流Ⅱ段重合闸后加速	1.05　A 相永久性接地故障		

8. 终结

发现问题及处理情况	
遗留问题	
结论	
试验日期：	试验负责人：	试验人员：

● **评价反馈**

1. 验收过程情况记录

完成验收过程问题记录表 3－5－6。

表 3－5－6　　验收过程问题记录表

验收问题记录	整　改　措　施	完成时间	备注

2. 各组代表展示作品，介绍任务的完成过程、实施过程存在的问题及解决方法，完成评价考核评分表 3-5-7。

表 3-5-7　评价考核评分表

<table>
<tr><th rowspan="2">项目名称</th><th rowspan="2">评价内容</th><th rowspan="2">分值</th><th colspan="3">评价分数</th></tr>
<tr><th>自评</th><th>互评</th><th>师评</th></tr>
<tr><td rowspan="4">职业素养
考核项目
（40%）</td><td>安全意识、责任意识、服从意识</td><td>10</td><td></td><td></td><td></td></tr>
<tr><td>积极参加教学活动，按时完成工作活页内容</td><td>10</td><td></td><td></td><td></td></tr>
<tr><td>团结合作、与人交流能力</td><td>10</td><td></td><td></td><td></td></tr>
<tr><td>文明作业，清理现场</td><td>10</td><td></td><td></td><td></td></tr>
<tr><td rowspan="4">专业能力
考核项目
（60%）</td><td>调试准备工作到位</td><td>10</td><td></td><td></td><td></td></tr>
<tr><td>操作步骤准确</td><td>20</td><td></td><td></td><td></td></tr>
<tr><td>操作过程熟练、规范</td><td>20</td><td></td><td></td><td></td></tr>
<tr><td>检验报告编写完整、正确</td><td>10</td><td></td><td></td><td></td></tr>
<tr><td colspan="3">总分</td><td></td><td></td><td></td></tr>
<tr><td rowspan="2">总评</td><td rowspan="2">自评（20%）+互评（20%）+师评（60%）</td><td colspan="2">综合等级</td><td colspan="2" rowspan="2">教师（签名）：</td></tr>
<tr><td colspan="2"></td></tr>
</table>

● 任务相关知识点

1. 防止人身触电

<table>
<tr><th>序号</th><th>类别</th><th>危险点危险源</th><th>安全预控措施</th></tr>
<tr><td>1</td><td>误入带电间隔</td><td>防止走错间隔造成人身或设备伤害</td><td>工作前与运行人员共同确定工作地点，核对设备双编号，相邻的运行设备应有明显的隔离措施，工作负责人应向全体工作班成员进行工作范围的交底，专人监护</td></tr>
<tr><td rowspan="5">2</td><td rowspan="5">电源的使用</td><td>使用试验电源盘没有漏电开关</td><td>必须使用装有漏电保护器的电源盘</td></tr>
<tr><td rowspan="4">接、拆低压电源</td><td>1. 螺丝刀等工具金属裸露部分除刀口部分应外包绝缘</td></tr>
<tr><td>2. 接拆电源必须在电源开关拉开的情况下进行</td></tr>
<tr><td>3. 临时电源必须使用专用电源，禁止从运行设备上取得电源</td></tr>
<tr><td>4. 室外电缆沟、沙井、主控楼电缆口、屏位口等要加盖</td></tr>
</table>

2. 防止继保“四误”

序号	类别	危险点危险源	安全预控措施
1	误碰	误动运行设备	1. 工作前要先熟悉屏内运行设备相关或带电接线
			2. 分合断路器必须由值班员操作
			3. 切换前交流电压、直流电源及联跳运行断路器出口回路压板、端子排用绝缘胶布封好
			4. 清尘时使用绝缘工具，不得使用带金属的清扫工具
			5. 进入内嵌式保护屏时，金属器具不得误碰屏内接线，拉合保护屏时不能用力过大，以防造成厂家屏内配线松动、断裂或使保护震动
			6. 严格执行工作票及安全措施单，联跳运行开关或失灵启动、远跳压板负电端以绝缘胶布包好
2	误整定	防止误整定定值	1. 工作前应确认最新定值单，打印一份运行定值留底
			2. 正式定值调整后应与值班员核对无误，并打印一份定值附在保护检验记录后
			3. 修改单项定值时，要注意同时修改与之相关联的其他CPU或保护装置定值
3	误接线	现场安全措施及图纸如有错误，可能造成做安全措施时误跳运行设备	1. 必须具备与现场设备一致的图纸。工作前须再次核对确认图纸与现场情况一致
		拆除二次回路接线时，易发生遗漏及误恢复事故；隔离不当造成TV短路和TA开路	2. 严格执行安全措施安全措施单，不跳项，漏项；严禁TA开路；加入试验电压应先用万用表测量确无电压
			3. 接、拆二次线至少有两人执行，并做好记录
			4. 试验接线要经第二人复查后方可通电
		拆动二次接线（特别是端子外侧接线），有可能造成二次交、直流电压回路短路、接地，联跳回路误跳运行设备	5. 拆动端子前应当先核对无误；接线解除开后当用绝缘胶布包好，并做好记录
		防止试验电流、电压加入运行设备	6. 试验的电流、电压回路与运行设备的电流电压回路应有明显断开点，与运行设备连接的端子排应用红色绝缘胶布封好，防止试验电流、电压加入运行设备引起误动，特别注意后级串接的电流回路
4	误投退压板	漏退联跳运行设备压板，误跳对侧充电线路开关	1. 严格执行工作票及安全措施单，断路器保护屏的失灵及远跳压板、线路保护屏的远跳发信压板负电端以绝缘胶布包好
			2. 工作前应核对压板位置，特别应注意解开不经压板的联跳回路端子，联跳运行开关及启动失灵、发信回路、解除复压闭锁回路的压板输出端用绝缘胶布包好
			3. 工作结束后，压板状态必须与工作前状态一致（制定工作前后状态表）

3. 保护装置外观及接线检验

序号	类别	危险点分析	控制措施
1	装置外观及接线	装置带电拔、插插件导致插件损坏	断开装置电源
2		恢复时插件插错位置	插件拔下后按顺序摆放
3		人身静电感应损坏元器件	用手接触芯片的管脚时，应有防止人身静电损坏集成电路芯片的措施

4. 保护装置电源检验

序号	类别	危险点分析	控制措施
1	保护装置电源检验	给装置加电压时接线错误损坏装置或电压加到空开电源侧损坏试验仪	严格核对装置电源接线，确保接线正确，同时核对电源幅值及正负极性

5. 通电初步检查

序号	类别	危险点分析	控制措施
1	通电初步检查	直流电压过高或接线错误损坏装置	通电时测量直流电压幅值，注意直流电源正负极性

6. 开关量输入回路检验

序号	类别	危险点分析	控制措施
1	开关量输入回路检验	损坏光隔	严格按照说明书、图纸认真核对端子，正确执行

7. 模数变换系统测量精确度检验

序号	类别	危险点分析	控制措施
1	模数变换系统测量精确度检验	试验线接至端子排外侧造成模拟量加到一次设备上	试验线接至装置侧，在端子排核对交流电压、电流通道，防止试验误接线
2		接线不牢固、不正确造成试验结果错误或损坏试验仪	接线须经负责人认真检查，确保无误后方可进行试验
3		加入电流不符合电流互感器二次额定值	核对电流互感器二次额定电流（1A或5A）

8. 线路过流定值检验结果安全预控

序号	类别	危险点分析	控制措施
1	线路过流定值检验	①接线不牢固、不正确导致试验结果错误或校验仪损坏	①认真核对设备及回路编号，认真检查试验接线，防止误动、误碰、误接线；试验接线必须经工作负责人检查
2		②人身触电	②认真执行互唱制度，负责人与班员之间要紧密配合，试验装置外壳可靠接地

9. 其他安全预控措施

序号	类别	危险点危险源	安全预控措施
1	其他	人身静电造成保护装置集成电路芯片损坏	1. 拔插插件时装置必须停电，同时释放手上静电后方可进行
2		进行精度测试时，长期加入大电流损坏保护装置或试验装置	2. 电流：通入 $10I_e$ 时，不能超过 10s
			3. 电压：通入 $1.4U_e$ 时，不能超过 10s
3		屏柜接线前装置绝缘检查	4. 装置绝缘检查内容及要求：按照装置技术说明书的要求拔出插件，断开与其他保护的弱电联系回路，在保护屏柜端子排内侧分别短接交流电压回路端子、交流电流回路端子、直流电源回路端子、信号回路端子，用 500V 兆欧表测量下列装置绝缘电阻值，要求阻值均大于 20MΩ。 （1）各端子对地； （2）各端子相互间
4		屏柜接线后绝缘检查	5. 分别将电流、电压、直流控制、信号回路的所有接线各自连接在一起，用 1000V 兆欧表测量下列绝缘电阻，其绝缘电阻应大于 1MΩ。 （1）各回路对地； （2）各回路相互间
5		定期检验时	6. 用 1000V 兆欧表测量电流、电压（电压回路不独立时，可不进行检查）、直流、信号回路的对地绝缘电阻，其绝缘电阻应大于 1MΩ。部分检验时，可只进行电流回路对地绝缘检查
6		断开或投入电源顺序错，以致空气开关越级跳闸	7. 断开保护、操作、通风电源空气开关或取下保险时，要先断开分级电源，再断开总电源，投入时顺序相反
			8. 若有空气开关跳闸时，要先查明原因后方可送电

续表

序号	类别	危险点危险源	安全预控措施
7	其他	TV 反充电	9. 断开 TV 二次空气开关或保险
			10. 试验时，如要加入交流电压，要先测量电压回路确无电压
8		表计量程选择不当或用低内阻电压表测量联跳回路，易造成误跳运行设备	11. 万用表量程及挡位选择正确

项目四

变压器保护测控装置调试

本项目要求按照35kV主变保护检验作业规范，对EDCS－8120B1变压器保护测控装置进行差动速断保护、比率差动保护、谐波制动、复合电压方向过流保护以及变压器其他保护进行功能检验，学生掌握装置各功能特性及原理，熟悉作业流程并掌握装置调试方法，深入了解调试仪的使用和参数设置，学会故障分析及编制作业指导书。

本项目包括四个工作任务：保护装置结构及功能认知、变压器差动保护调试、变压器复合电压方向过电流保护调试、变压器其他保护调试；十二个测试内容：装置通电检查、利用键盘操作熟悉装置菜单、修改固化定值、数据采集系统试验、差动保护调试试验、复合电压方向过流保护调试试验、低电压保护、过负荷保护、启动风冷保护、闭锁调压保护、零序过压保护以及非电量保护等调试试验。

该装置调试试验可采用调试仪的“脱机运行”方式进行，也可以选择控制方式“外接PC控制（单机）”，以实现联机运行。

任务一　保护装置结构及功能认知

● **任务描述**

对 EDCS－8120B1 变压器保护测控装置的结构及功能进行认识，按照 35kV 变压器保护检验作业规范，完成对装置的通电检查，并进行保护装置定值单的设置与更改；正确进行装置调试接线，并对装置各功能进行逻辑判断分析。

● **学习目标**

（1）了解 EDCS－8120B1 变压器保护测控装置的主要技术参数、结构、功能配置、原理和定值单及符号表达。

（2）对 EDCS－8120B1 变压器保护测控装置进行通电检查并针对不同型号变压器进行保护装置定值单的设置与更改。

（3）针对 EDCS－8120B1 变压器保护测控装置各功能进行逻辑判断分析。

（4）正确进行装置调试接线。

● **任务分组**

表 4－1－1　　学生任务分配表

<table>
<tr><td>班级</td><td></td><td>组号</td><td></td><td>指导老师</td><td></td></tr>
<tr><td>组长</td><td></td><td>学号</td><td colspan="3"></td></tr>
<tr><td rowspan="6">组员</td><td rowspan="6"></td><td>姓名</td><td>学号</td><td>姓名</td><td>学号</td></tr>
<tr><td></td><td></td><td></td><td></td></tr>
<tr><td></td><td></td><td></td><td></td></tr>
<tr><td></td><td></td><td></td><td></td></tr>
<tr><td></td><td></td><td></td><td></td></tr>
<tr><td></td><td></td><td></td><td></td></tr>
<tr><td colspan="6">任务分工</td></tr>
<tr><td colspan="6"></td></tr>
</table>

● **获取信息**

引导问题 1：对照 EDCS－8120B1 变压器保护测控装置，说明装置插件名称及功能、装置电源指示灯名称及功能。

引导问题 2：EDCS－8120B1 变压器保护测控装置的端子如何定义？说明其文字及图形符号表达方式。

引导问题 3：说明 EDCS－8120B1 变压器保护测控装置的主要保护功能及其逻辑条件。

引导问题 4：已知变压器参数：31.5MVA，110/10.5kV，Y，d11 接线，变比 200/5，2000/5，保护采用 EDCS－8120B1 变压器保护测控装置，要求计算：（1）变压器高、低压侧一次额定电流大小；（2）高、低压侧二次额定电流大小；（3）两侧平衡系数大小。

引导问题 5：绘制变压器比率差动保护的动作特性曲线，说明决定曲线的特性参数有哪几个？在装置定值单中进行相应设置。

引导问题 6：将引导问题 4 中的变压器参数设置到保护装置中。

引导问题 7：微机保护的相位校正对于 EDCS－8120B1 变压器保护测控装置分别用三相调试法和单相调试法的调试接线有何影响？说明原因。

● **工作计划**

1. 制定工作方案

表 4－1－2　　工作方案

步骤	工作内容	负责人

2. 列出仪表、工具、设备及器具清单

表 4-1-3　　器　具　清　单

序号	名　称	型号及规格	单位	数量	备注

3. 填写安全措施票

表 4-1-4　　二次安全措施票

单位：________　编号________

<table>
<tr><td colspan="2">被试设备及保护名称</td><td colspan="4">35kV 主变线路保护测控（　　）号屏</td></tr>
<tr><td>工作负责人</td><td></td><td>工作时间</td><td>年　月　日</td><td>签发人</td><td></td></tr>
<tr><td>工作内容</td><td colspan="5">35kV 主变线路保护测控（　　）号屏变压器保护定值设置及调试接线</td></tr>
<tr><td colspan="6">安全措施</td></tr>
</table>

序号	执行	安全措施内容	恢复
1			
2			
3			
4			
5			
6			
⋮			

执行人：　　　　监护人：　　　　恢复人：　　　　监护人：

● **进行决策**

（1）各组派代表阐述工作方案。

（2）各组对其他组的工作方案提出自己不同的看法。

（3）教师结合大家完成的情况进行点评，选出最佳方案。

● **工作实施**

1. 按照工作方案内容及步骤进行装置定值设置及调试接线，编写记录表4-1-5。

表4-1-5　　EDCS-8120B1变压器保护测控装置记录表

<table>
<tr><td>设备运行单位</td><td colspan="2">广东水利电力职业技术学院</td><td>设备名称</td><td>EDCS-8120B1保护测控装置</td></tr>
<tr><td>设备型号</td><td colspan="2"></td><td>安装位置</td><td></td></tr>
<tr><td>制造厂</td><td colspan="4"></td></tr>
<tr><td rowspan="11">保护装置及接线端子外观检查</td><td>序号</td><td colspan="2">检查内容</td><td>检查结果（√/×）</td></tr>
<tr><td>1</td><td colspan="2">保护装置的硬件配置、标注及接线等应符合图纸要求</td><td></td></tr>
<tr><td>2</td><td colspan="2">保护装置各插件上的元器件的外观质量、焊接质量应良好，所有芯片应插紧，型号正确，芯片放置位置正确</td><td></td></tr>
<tr><td>3</td><td colspan="2">检查保护装置的背板接线有无断线、断路和焊接不良等现象</td><td rowspan="2"></td></tr>
<tr><td>4</td><td colspan="2">检查逆变电源插件的额定工作电压，并检查背板上抗干扰元件的焊接、连线和元器件外观是否良好</td></tr>
<tr><td>5</td><td colspan="2">电子元件、印刷线路、焊点等导电部分与金属框架间距应大于3mm</td><td></td></tr>
<tr><td>6</td><td colspan="2">保护装置的各部件固定良好，无松动现象，装置外形应端正，无明显损坏及变形现象</td><td></td></tr>
<tr><td>7</td><td colspan="2">各插件应插、拔灵活，各插件和插座之间定位良好，插入深度合适</td><td></td></tr>
<tr><td>8</td><td colspan="2">保护装置的端子排连接应可靠，且标号应清晰正确</td><td></td></tr>
<tr><td>9</td><td colspan="2">切换开关、按钮、键盘等应操作灵活、手感良好</td><td></td></tr>
<tr><td>10</td><td colspan="2">各部件应清洁良好</td><td></td></tr>
<tr><td rowspan="4">通电初步检查</td><td>1</td><td colspan="2">保护装置通电自检</td><td></td></tr>
<tr><td>2</td><td colspan="2">检验键盘</td><td></td></tr>
<tr><td>3</td><td colspan="2">打印机与保护联机</td><td></td></tr>
<tr><td>4</td><td colspan="2">时钟的整定与校验</td><td></td></tr>
<tr><td rowspan="2">定值整定功能检查</td><td>1</td><td colspan="2">整定值的整定、切换功能检验</td><td></td></tr>
<tr><td>2</td><td colspan="2">整定值的失电保护功能检验</td><td></td></tr>
<tr><td rowspan="3">定值整定</td><td>系统定值</td><td colspan="3"></td></tr>
<tr><td rowspan="2">保护定值</td><td>比率差动保护</td><td>差动速断保护</td><td>复合电压方向过流保护</td></tr>
<tr><td></td><td></td><td></td></tr>
<tr><td colspan="3">责任人：</td><td colspan="2">日期：</td></tr>
</table>

注　保护装置动作行为正确打“√”，动作行为不正确打“×”。

2. 绘制 EDCS－8120B1 变压器保护测控装置调试接线图。

● **评价反馈**

1. 验收过程情况记录

完成验收过程问题记录表 4－1－6。

表 4－1－6 **验收过程问题记录表**

验收问题记录	整 改 措 施	完成时间	备注

2. 各组代表展示作品，介绍任务的完成过程、实施过程存在的问题及解决方法，完成评价考核评分表 4－1－7。

表 4－1－7 **评价考核评分表**

项目名称	评 价 内 容	分值	评价分数		
			自评	互评	师评
职业素养考核项目（40%）	安全意识、责任意识、服从意识	10			
	积极参加教学活动，按时完成工作活页内容	10			
	团结合作、与人交流能力	10			
	文明作业，清理现场	10			
专业能力考核项目（60%）	调试准备工作到位	10			
	操作步骤准确	20			
	操作过程熟练、规范	20			
	检验报告编写完整、正确	10			
总分					
总评	自评（20%）＋互评（20%）＋师评（60%）	综合等级		教师（签名）：	

● 任务相关知识点

1. 装置主要技术参数

EDCS-8120B1 变压器保护测控装置适用于 110kV、50MVA 及以下容量的变压器保护及测控，可组屏安装，也可在开关柜就地安装。

(1) 额定参数。

直流电源：220V 或 110V（订货请注明），允许偏差：−20%～+20%。

交流电压：$100/\sqrt{3}$ V（额定相电压 U_n）。

交流电流：5A 或 1A（额定电流 I_n）。

额定频率：50Hz。

过载能力：电流回路：2 倍额定电流，连续工作。

10 倍额定电流，允许 10s。

40 倍额定电流，允许 1s。

电压回路：1.5 倍额定电压，连续工作。

功率消耗：电流回路：不大于 0.5VA/相（I_n=5A 时）。

不大于 0.5VA/相（I_n=1A 时）。

电压回路：不大于 0.5VA/相（额定值 100V 时）。

不大于 0.5VA/相（额定值 $100/\sqrt{3}$ V 时）。

直流回路：正常时，不大于 10W。

跳闸时，不大于 15W。

(2) 性能指标。

1) 保护指标。

电流定值误差：≤±3%或±0.03A。

电压定值误差：≤±3%或±0.1V。

时间定值误差：≤±1%或±45ms。

2) 输出接点容量。

a. 信号接点容量：允许长期通过电流 5A。

切断电流 0.3A（DC 220V，V/R 1ms），不带电流保持。

b. 保护出口继电器接点容量：允许长期通过电流 8A。

切断电流 0.3A（DC 220V，V/R 1ms），不带电流保持。

2. 装置面板各元件说明

(1) 按键说明。EDCS-8120B1 装置面板的正面布置图如图 4-1-1 所示。

(2) 菜单说明。

1) 目录树操作原则。在主画面，操作【确认】键，进入 I 级菜单操作画面。每屏为四个菜单项，当前菜单项为白字黑底反显，按如下操作步骤进入要选择项：

操作【确认】键，菜单进入下级菜单或具体画面。

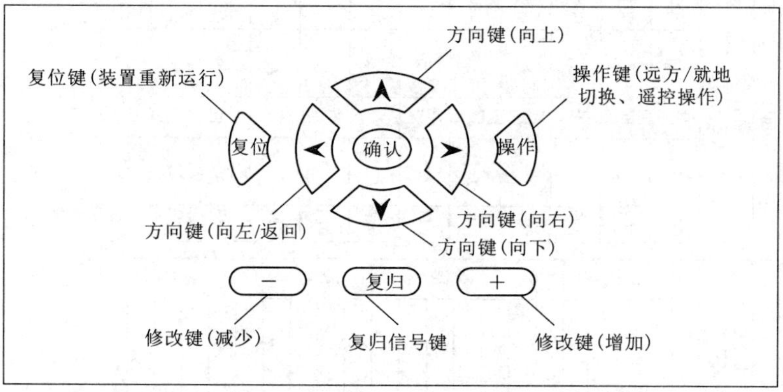

图 4-1-1 EDCS-8120B1 装置面板的正面布置图

操作【<】键，菜单由具体画面返回主画面或回到上级菜单。

操作【∧】或【∨】键选择上一行或下一行菜单项，在定值修改中可作为翻屏键使用。

2）操作权限及密码管理。装置在进行定值整定、出口传动、通道校正、密码修改时，需要输入正确的密码，即操作时需要相应的操作权限。装置的权限管理采用三级密码方式，其对应的操作权限如下。

高级密码：用于修改密码设置，向下兼容调试密码和运行密码。出厂初始设置为 8888。

调试密码：供现场的技术管理人员，如继保人员、站长，用于整定运行定值、通信参数、变比、打印参数等。出厂初始设置为 8100。

运行密码：供现场运行值班人员使用，常用于定值区切换、软压板投退等。出厂初始设置为 0000。

(3）装置指示灯说明。

运行：为绿色，主板 CPU 及相关回路运行正常，此灯闪烁；运行不正常或主板插槽位置没有插上主板，该灯熄灭。

通信：为绿色，装置只要有一个通信口与外部智能设备通信正常，该灯闪烁；装置所有通信口都未与外部智能设备建立通信，该灯熄灭。

备用：为红色，此灯备用。

告警：为红色，满足一切内、外部故障告警条件（包含保护的告警条件），均点亮该灯，否则该灯熄灭。

跳闸：为红色，任一需动作于跳闸的保护动作，点亮该指示灯；上位机或单元复归后，该指示灯熄灭。

分位：为绿色，当断路器处在分闸状态时，该灯点亮。

合位：为红色，当断路器处在合闸状态时，该灯点亮。

3. 装置接线图

(1）装置端子定义图，见图 4-1-2。

B01		
电源插件(X1)		
XSJ4100		
1A01	U_L	零序电压
1A02	U_n	
1A03	DC＋	直流信号
1A04	DC－	
1A05	空	空
1A06	空	
1A07	空	
1A08	空	
1A09	空	
1A10	空	
1A11	空	
1A12	空	
1A13	空	
1A14	空	
1A15	空	
1A16	空	
1A17	装置失电信号	信号输出
1A18		
1A19	工作电源＋/L	电源输入
1A20	工作电源－/N	
1A21	空	接地
1A22	GND	

B02		
操作插件(X2)		
XSJ4200		
2A01	＋KM	操作回路
2A02	外部禁止合闸	
2A03	外部禁止操作	
2A04	外部禁止跳闸	
2A05	手动合闸	
2A06	手动跳闸	
2A07	保护跳闸	
2A08	永跳	
2A09	TWJ－	
2A10	TBJV＋	
2A11	HQ＋	
2A12	HWJ－	
2A13	TQ＋	
2A14	-KM	
2A15	公共端1	信号输出
2A16	合后位置	
2A17	跳闸位置	
2A18	合闸位置	
2A19	事故总信号	
2A20		
2A21	控制回路断线	
2A22		

B03		
开出插件(X3)		
XSJ4300		
3A01	保护跳高压侧	触点输出
3A02		
3A03	保护跳低压侧	
3A04		
3A05	保护联跳	
3A06		
3A07	保护跳母联	
3A08		
3A09	保护跳小电源	
3A10		
3A11	复压输出	
3A12		
3A13	启动风冷	
3A14		
3A15	闭锁调压	
3A16		
3A17	闭锁备自投	
3A18		
3A19	遥控合闸	
3A20		
3A21	遥控分闸	
3A22		

B04		
开入开出插件(X4)		
XSJ4400		
4A01	本体重瓦斯	开入量
4A02	有载重瓦斯	
4A03	压力释放	
4A04	油温超高	
4A05	本体轻瓦斯	
4A06	有载轻瓦斯	
4A07	油温高	
4A08	冷控失电	
4A09	油位异常	
4A10	开入10	
4A11	开入11	
4A12	开入12	
4A13	弹簧未储能	
4A14	远方操作信号	
4A15	手跳位置信号	
4A16	投差动保护	
4A17	投检修状态	
4A18	信号复归	
4A19	开入公共负端	
4A20	预告报警出口	信号输出
4A21	保护动作信号	
4A22	信号公共端	

B05		
CPU插件(X5)		
XSJ4500		
A		
A		以太网
B		
5B01	485-A	通信
5B02	485-B	
5B03	空	
5B04	空	
5B05	CANH	
5B06	CANL	
5B07	空	校时
5B08	空	
5B09	GPS-A	
5B10	GPS-B	
5B11	空	空
5B12	空	
5B13	空	
5B14	空	
5B15	空	
5B16	空	

B06				
交流插件(X6)				
XSJ4600				
601	I_{a1}*	高压侧保护电流	I_{a1}	602
603	I_{b1}*		I_{b1}	604
605	I_{c1}*		I_{c1}	606
607	I_{a2}*	低压侧保护电流	I_{a2}	608
609	I_{b2}*		I_{b2}	610
611	I_{c2}*		I_{c2}	612
613	I_{ma}*	测量电流	I_{ma}	614
615	I_{mb}*		I_{mb}	616
617	I_{mc}*		I_{mc}	618
619	U_a	低压侧电压	U_n	620
621	U_b		U_n	622
623	U_c		U_n	624

图 4-1-2　EDCS-8120B1 装置端子定义图

(2）装置接线示意图，见图 4－1－3。

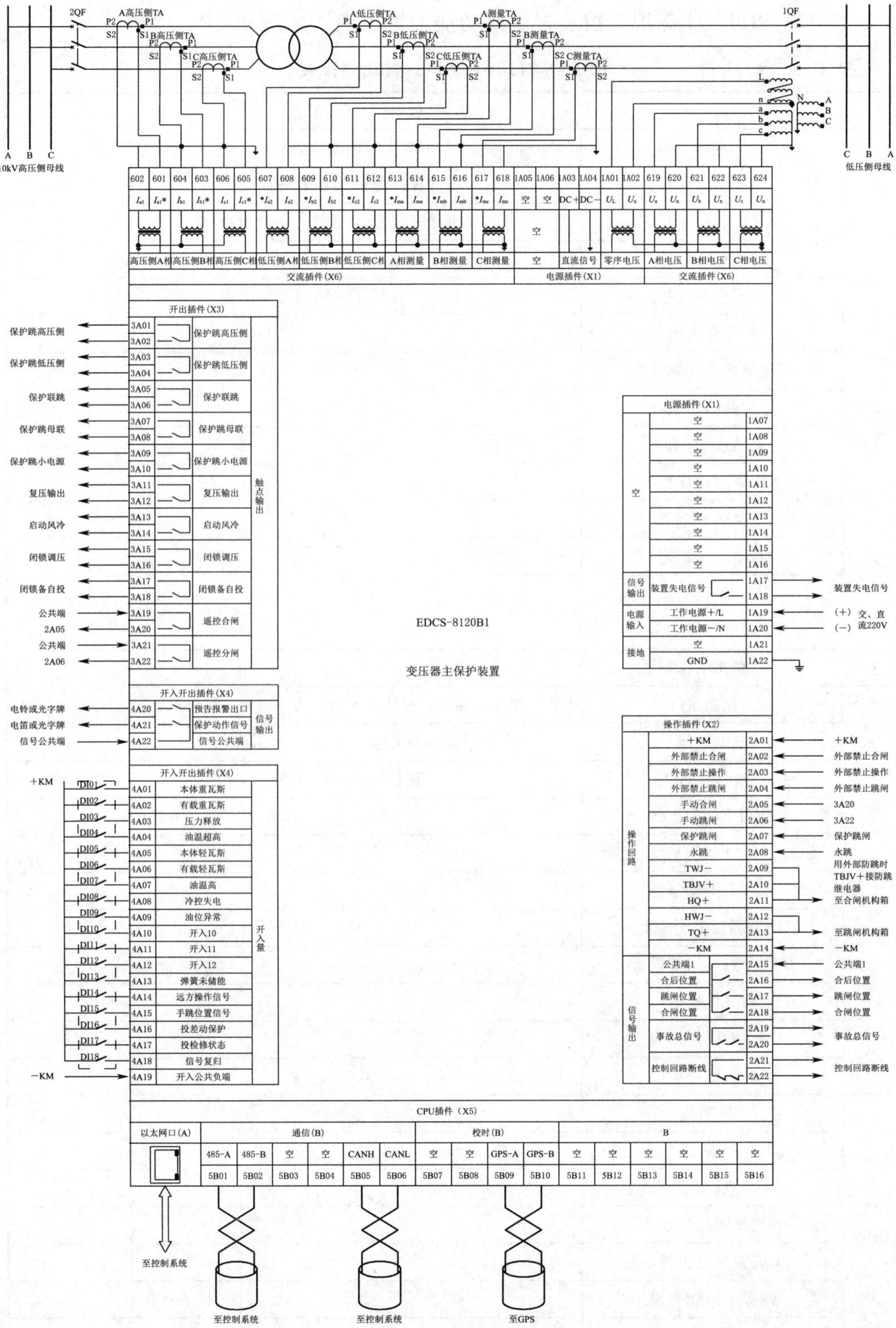

图 4－1－3　EDCS－8120B1 装置接线示意图

4. EDCS－8110B3 保护测控装置主要功能

EDCS－8110B3 保护测控装置主要功能配置见表 4－1－8。

表 4－1－8　　EDCS－8120B1 保护装置功能配置

类型	型　号	EDCS－8120B1	备注
	名称	变压器保护测控装置	
保护功能	过流Ⅰ段保护	√（可选择经复压闭锁、方向闭锁）	
	过流Ⅱ段保护	√（可选择经复压闭锁、方向闭锁）	
	过流Ⅲ段保护	√（可选择经复压闭锁、方向闭锁）	
	过流Ⅳ段保护	√（可选择经复压闭锁、方向闭锁）	
	过负荷告警	√	
	过负荷启动风冷	√	
	过负荷闭锁调压	√	
	差动速断保护	√	
	比率差动保护	√	
	二次谐波制动	√	
	零序过压告警	√	
	低电压保护	√	
	非电量保护	√	
	母线充电保护	√	
测控功能	遥测量	电流、电压、频率、有功、无功、功率因素、相角测量等	
	电度计量	上、下网有功电度；上、下网无功电度	
	遥信监视	3 路自定义遥信开入	
	事件 SOE 记录	√	
	装置上电、停电、复位记录	√	
	事故、手动录波	√	
	断路器遥控分/合	一组	
	系统参数、定值设置	√	
	软压板投退	√	
	独立的操作回路	√	
	自恢复功能	√	
故障诊断	TV 断线	√	
	TA 断线	√	
	TWJ 异常	√	
	控制回路断线	√	
	装置失电告警	√	
	弹簧未储能告警	√	
	通信异常告警	√	

续表

类型	型　　号	EDCS-8120B1	备注
	名称	变压器保护测控装置	
通信功能	CAN 通信接口	1 路（自定义 XSJ-7000DH 规约）	
	以太网通信接口	1 路（IEC60870-5-103 规约）	
	RS-485 通信接口	1 路（IEC60870-5-103 规约）	
装置调试	出口传动	√	
	装置检修状态	√	
	事件报告清除	√	
结构尺寸	机箱结构	4U 19″/2	
	机箱尺寸	260mm（宽）×177.5mm（高）×276mm（深）	

注：√为标配；○为选配；一为无。

5. 差动保护原理

变压器的纵差动保护用于防御变压器绕组和引出线多相短路故障、大接地电流系统侧绕组和引出线的单相接地短路故障及绕组匝间短路故障。目前国内的微机型差动保护，主要由分相差动元件和涌流判别元件两部分构成。对于用于大型变压器的差动保护，还有 5 次谐波制动元件，以防止变压器过激磁时差动保护误动。

为防止在较高的短路电流水平时，由于电流互感器饱和时高次谐波量增加，产生极大的制动力矩而使差动元件据动，故在谐波制动的变压器差动保护中还设置了差动速断元件，当短路电流达到 4～10 倍额定电流时，速断元件快速动作出口。

（1）计算。

1）Ⅰ侧、Ⅱ侧二次额定电流计算。

a. 对应变压器的 Y 侧：

$$I_{e1}=\frac{S\times TA_{12}}{\sqrt{3}\times U_{1N}\times TA_{11}}$$

式中　I_{e1}——变压器高压侧二次额定电流；

S——变压器容量；

TA_{11}——Ⅰ侧 TA 一次值；

TA_{12}——Ⅰ侧 TA 二次值；

U_{1N}——Ⅰ侧额定电压。

b. 对应变压器的 Δ 侧：

$$I_{e2}=\frac{S\times TA_{22}}{\sqrt{3}\times U_{2N}\times TA_{21}}$$

式中　I_{e2}——变压器低压侧二次额定电流；

U_{2N}——Ⅱ侧额定电压；

TA_{21}——Ⅱ侧 TA 一次值；

TA_{22}——Ⅱ侧 TA 二次值。

2）Ⅰ侧、Ⅱ侧平衡系数计算。

a. 对应变压器的Y侧：

$$K_{ph1}=\frac{U_{1N}\times TA_{11}}{S}$$

式中 K_{ph1}——差动保护Ⅰ侧平衡系数。

b. 对应变压器的Δ侧：

$$K_{ph2}=\frac{\sqrt{3}\times U_{2N}\times TA_{21}}{S}$$

式中 K_{ph2}——差动保护Ⅱ侧平衡系数。

注：当Y侧最大平衡系数大于2.3或△侧最大平衡系数大于4时，装置报“平衡系数错”，这说明平衡系数太大，最好改变TA变比以满足要求。这样更能保证差动保护的性能。

3）差动电流计算。

a. 当连接组别选择为1时，变压器为Y/△－11连接，其差动电流、制动电流等的计算公式如下。

（a）差动电流及制动电流计算：

$$I_{cda}=\left|\frac{\dot{I}_{a1}-\dot{I}_{b1}}{\sqrt{3}I_{e1}}+\frac{\dot{I}_{a2}}{I_{e2}}\right|$$

$$I_{cdb}=\left|\frac{\dot{I}_{b1}-\dot{I}_{c1}}{\sqrt{3}I_{e1}}+\frac{\dot{I}_{b2}}{I_{e2}}\right|$$

$$I_{cdc}=\left|\frac{\dot{I}_{c1}-\dot{I}_{a1}}{\sqrt{3}I_{e1}}+\frac{\dot{I}_{c2}}{I_{e2}}\right|$$

$$I_Z=\max\begin{pmatrix}\frac{1}{2}\left|\frac{\dot{I}_{a1}-\dot{I}_{b1}}{\sqrt{3}I_{e1}}-\frac{\dot{I}_{a2}}{I_{e2}}\right|\\ \frac{1}{2}\left|\frac{\dot{I}_{b1}-\dot{I}_{c1}}{\sqrt{3}I_{e1}}-\frac{\dot{I}_{b2}}{I_{e2}}\right|\\ \frac{1}{2}\left|\frac{\dot{I}_{c1}-\dot{I}_{a1}}{\sqrt{3}I_{e1}}-\frac{\dot{I}_{c2}}{I_{e2}}\right|\end{pmatrix}$$

式中 $\dot{I}_{a1}$——Ⅰ侧A相电流基波分量；

$\dot{I}_{b1}$——Ⅰ侧B相电流基波分量；

$\dot{I}_{c1}$——Ⅰ侧C相电流基波分量；

$\dot{I}_{a2}$——Ⅱ侧A相电流基波分量；

$\dot{I}_{b2}$——Ⅱ侧B相电流基波分量；

$\dot{I}_{c2}$——Ⅱ侧C相电流基波分量；

I_{cda}——A相基波差动电流；

I_{cdb}——B相基波差动电流；

I_{cdc}——C相基波差动电流；

I_{e1}——Ⅰ侧二次电流额定值；

I_{e2}——Ⅱ侧二次电流额定值。

（b）二次谐波制动系数计算：

$$I_{cda}^{(2)}=\left|\frac{\dot{I}_{a1}^{(2)}-\dot{I}_{b1}^{(2)}}{\sqrt{3}I_{e1}}+\frac{\dot{I}_{a2}^{(2)}}{I_{e2}}\right| \qquad I_Z^{(2)}=|\dot{I}_{cda}^{(2)}|+|\dot{I}_{cdb}^{(2)}|+|\dot{I}_{cdc}^{(2)}|$$

$$I_{cdb}^{(2)}=\left|\frac{\dot{I}_{b1}^{(2)}-\dot{I}_{c1}^{(2)}}{\sqrt{3}I_{e1}}+\frac{\dot{I}_{b2}^{(2)}}{I_{e2}}\right| \qquad K_{xb}=\frac{|\dot{I}_{cda}^{(2)}|+|\dot{I}_{cdb}^{(2)}|+|\dot{I}_{cdc}^{(2)}|}{|\dot{I}_{cda}|+|\dot{I}_{cdb}|+|\dot{I}_{cdc}|}$$

$$I_{cdc}^{(2)}=\left|\frac{\dot{I}_{c1}^{(2)}-\dot{I}_{a1}^{(2)}}{\sqrt{3}I_{e1}}+\frac{\dot{I}_{c2}^{(2)}}{I_{e2}}\right|$$

式中　$\dot{I}_{a1}^{(2)}$——Ⅰ侧 A 相电流二次谐波分量；

$\dot{I}_{b1}^{(2)}$——Ⅰ侧 B 相电流二次谐波分量；

$\dot{I}_{c1}^{(2)}$——Ⅰ侧 C 相电流二次谐波分量；

$\dot{I}_{a2}^{(2)}$——Ⅱ侧 A 相电流二次谐波分量；

$\dot{I}_{b2}^{(2)}$——Ⅱ侧 B 相电流二次谐波分量；

$\dot{I}_{c2}^{(2)}$——Ⅱ侧 C 相电流二次谐波分量；

$I_{cda}^{(2)}$——A 相二次谐波差动电流；

$I_{cdb}^{(2)}$——B 相二次谐波差动电流；

$I_{cdc}^{(2)}$——C 相二次谐波差动电流；

$I_{Z}^{(2)}$——二次谐波制动电流；

K_{xb}——二次谐波制动系数。

b. 当连接组别选择为 2 时，变压器为 Y/Y－12 连接，其差动电流、制动电流等的计算公式如下。

（a）差动电流及制动电流计算：

$$I_{cda}=\left|\frac{\dot{I}_{a1}}{I_{e1}}+\frac{\dot{I}_{a2}}{I_{e2}}\right|$$

$$I_{cdb}=\left|\frac{\dot{I}_{b1}}{I_{e1}}+\frac{\dot{I}_{b2}}{I_{e2}}\right| \qquad I_Z=\max\begin{pmatrix}\frac{1}{2}\left|\frac{\dot{I}_{a1}}{I_{e1}}-\frac{\dot{I}_{a2}}{I_{e2}}\right|\\ \frac{1}{2}\left|\frac{\dot{I}_{b1}}{I_{e1}}-\frac{\dot{I}_{b2}}{I_{e2}}\right|\\ \frac{1}{2}\left|\frac{\dot{I}_{c1}}{I_{e1}}-\frac{\dot{I}_{c2}}{I_{e2}}\right|\end{pmatrix}$$

$$I_{cdc}=\left|\frac{\dot{I}_{c1}}{I_{e1}}+\frac{\dot{I}_{c2}}{I_{e2}}\right|$$

（b）二次谐波制动系数计算：

$$I_{cda}^{(2)}=\left|\frac{\dot{I}_{a1}^{(2)}}{I_{e1}}+\frac{\dot{I}_{a2}^{(2)}}{I_{e2}}\right| \qquad I_Z^{(2)}=|\dot{I}_{cda}^{(2)}|+|\dot{I}_{cdb}^{(2)}|+|\dot{I}_{cdc}^{(2)}|$$

$$I_{cdb}^{(2)}=\left|\frac{\dot{I}_{b1}^{(2)}}{I_{e1}}+\frac{\dot{I}_{b2}^{(2)}}{I_{e2}}\right| \qquad K_{xb}=\frac{|\dot{I}_{cda}^{(2)}|+|\dot{I}_{cdb}^{(2)}|+|\dot{I}_{cdc}^{(2)}|}{|\dot{I}_{cda}|+|\dot{I}_{cdb}|+|\dot{I}_{cdc}|}$$

$$I_{cdc}^{(2)}=\left|\frac{\dot{I}_{c1}^{(2)}}{I_{e1}}+\frac{\dot{I}_{c2}^{(2)}}{I_{e2}}\right|$$

c. 当连接组别选择为 3 时，变压器为 Y/△－1 连接，其差动电流、制动电流等的计算公式如下。

（a）差动电流及制动电流计算：

$$I_{cda}=\left|\frac{\dot{I}_{a1}-\dot{I}_{c1}}{\sqrt{3}I_{e1}}+\frac{\dot{I}_{a2}}{I_{e2}}\right|$$

$$I_{cdb}=\left|\frac{\dot{I}_{b1}-\dot{I}_{a1}}{\sqrt{3}I_{e1}}+\frac{\dot{I}_{b2}}{I_{e2}}\right|$$

$$I_{cdc}=\left|\frac{\dot{I}_{c1}-\dot{I}_{b1}}{\sqrt{3}I_{e1}}+\frac{\dot{I}_{c2}}{I_{e2}}\right|$$

$$I_{Z}=\max\left\{\begin{array}{l}\dfrac{1}{2}\left|\dfrac{\dot{I}_{a1}-\dot{I}_{c1}}{\sqrt{3}I_{e1}}-\dfrac{\dot{I}_{a2}}{I_{e2}}\right|\\ \dfrac{1}{2}\left|\dfrac{\dot{I}_{b1}-\dot{I}_{a1}}{\sqrt{3}I_{e1}}-\dfrac{\dot{I}_{b2}}{I_{e2}}\right|\\ \dfrac{1}{2}\left|\dfrac{\dot{I}_{c1}-\dot{I}_{b1}}{\sqrt{3}I_{e1}}-\dfrac{\dot{I}_{c2}}{I_{e2}}\right|\end{array}\right\}$$

式中 $\dot{I}_{1a}$——Ⅰ侧 A 相电流基波分量；

$\dot{I}_{1b}$——Ⅰ侧 B 相电流基波分量；

$\dot{I}_{1c}$——Ⅰ侧 C 相电流基波分量；

$\dot{I}_{2a}$——Ⅱ侧 A 相电流基波分量；

$\dot{I}_{2b}$——Ⅱ侧 B 相电流基波分量；

$\dot{I}_{2c}$——Ⅱ侧 C 相电流基波分量；

I_{cda}——A 相基波差动电流；

I_{cdb}——B 相基波差动电流；

I_{cdc}——C 相基波差动电流；

I_{e1}——Ⅰ侧二次电流额定值；

I_{e2}——Ⅱ侧二次电流额定值。

（b）二次谐波制动系数计算：

$$I_{cda}^{(2)}=\left|\frac{\dot{I}_{a1}^{(2)}-\dot{I}_{c1}^{(2)}}{\sqrt{3}I_{e1}}+\frac{\dot{I}_{a2}^{(2)}}{I_{e2}}\right|$$

$$I_{cdb}^{(2)}=\left|\frac{\dot{I}_{b1}^{(2)}-\dot{I}_{a1}^{(2)}}{\sqrt{3}I_{e1}}+\frac{\dot{I}_{b2}^{(2)}}{I_{e2}}\right|$$

$$I_{cdc}^{(2)}=\left|\frac{\dot{I}_{c1}^{(2)}-\dot{I}_{b1}^{(2)}}{\sqrt{3}I_{e1}}+\frac{\dot{I}_{c2}^{(2)}}{I_{e2}}\right|$$

$$I_{z}^{(2)}=|\dot{I}_{cda}^{(2)}|+|\dot{I}_{cdb}^{(2)}|+|\dot{I}_{cdc}^{(2)}|$$

$$K_{xb}=\frac{|\dot{I}_{cda}^{(2)}|+|\dot{I}_{cdb}^{(2)}|+|\dot{I}_{cdc}^{(2)}|}{|\dot{I}_{cda}|+|\dot{I}_{cdb}|+|\dot{I}_{cdc}|}$$

式中 $\dot{I}_{a1}^{(2)}$——Ⅰ侧 A 相电流二次谐波分量；

$\dot{I}_{b1}^{(2)}$——Ⅰ侧 B 相电流二次谐波分量；

$\dot{I}_{c1}^{(2)}$——Ⅰ侧 C 相电流二次谐波分量；

$\dot{I}_{a2}^{(2)}$——Ⅱ侧 A 相电流二次谐波分量；

$\dot{I}_{b2}^{(2)}$——Ⅱ侧 B 相电流二次谐波分量；

$\dot{I}_{c2}^{(2)}$——Ⅱ侧 C 相电流二次谐波分量；

$I_{cda}^{(2)}$——A 相二次谐波差动电流；

$I_{cdb}^{(2)}$——B 相二次谐波差动电流；

$I_{cdc}^{(2)}$——C 相二次谐波差动电流；

$I_z^{(2)}$——二次谐波制动电流；

K_{xb}——二次谐波制动系数。

（2）动作判据。

1）差动速断保护元件：本元件是用于变压器内发生严重性故障时快速跳开变压器各侧开关，其动作判据为

$$I_{cd} > I_{sdz}$$

式中 I_{cd}——变压器差动电流；

I_{sdz}——差动速断保护电流定值。

2）比率差动保护元件。本元件是用于变压器区外故障时差动保护有可靠的制动作用，同时在内部故障时有较高的灵敏度。本装置比率制动差动保护采用双斜率动作特性，以增强抗 TA 饱和的能力，采用最大相制动，其动作判据为

$$I_{cd} > I_{cdz} \qquad I_z \leqslant I_{zzd1}$$

$$I_{cd} > I_{cdz} + K_{z1}(I_z - I_{zzd1}) \qquad I_{zzd1} < I_z \leqslant I_{zzd2}$$

$$I_{cd} \geqslant I_{cdz} + K_{z1}(I_{zzd2} - I_{zzd1}) + K_{z2}(I_z - I_{zzd2}) \qquad I_z > I_{zzd2}$$

式中 I_{cd}——差动电流；

I_{cdz}——比率差动定值；

I_z——制动电流；

I_{zzd1}——拐点 1 制动电流值，固定取 $0.5I_e$；

I_{zzd2}——拐点 2 制动电流值，固定取 $3I_e$；

K_{z1}——拐点 1 制动系数，取自比率差动制动系数定值；

K_{z2}——拐点 2 制动系数，固定取为 1。

3）二次谐波制动元件。本元件是用于变压器空投时防止励磁涌流引起差动保护误动，本保护的二次谐波制动采用综合制动的方式，其制动判据为

$$\sum I_{cd}^{(2)} > K_{xb} \sum I_{cd}^{(1)}$$

式中 $\sum I_{cd}^{(2)}$——三相差动电流中二次谐波分量的代数和；

K_{xb}——差动保护二次谐波制动系数定值；

$\sum I_{cd}^{(1)}$——三相差动电流中基波分量的代数和。

4）差动电流越限判别元件。正常情况下，差流越限告警投入后，监视各相差流，任一相差流异常，延时 5s，发出告警信号，判据如下：

$$I_{cd\varphi} \geqslant \frac{2}{3} I_{cdz}$$

式中 φ——A、B、C 任一相；

$I_{cd\varphi}$——各相差动电流。

5）延时 TA 断线判别元件。延时 TA 断线报警在保护采样程序中进行，当满足以下两个条件中的任一条件，且时间超过 10s 时发出 TA 断线告警信号，不闭锁比率差动保护。这也兼起保护装置交流采样回路的自检功能。

差流任一相电流大于 I_{bj}（TA 告警门槛值）整定值。

$$I_2 > \alpha I_n + \beta I_{max}$$

式中 I_2——Ⅰ（Ⅱ）侧电流的负序电流；

I_{max}——Ⅰ（Ⅱ）侧三相电流的最大值；

α——固定门槛值，取 $0.04I_n$；

β——某一比例系数，取0.25。

6）瞬时TA断线判别元件。瞬时TA断线报警或闭锁功能在比率差动元件启动后进行判别。但是当差动保护启动后满足电压、电流形成的故障识别判据，被认为是故障情况，为防止瞬时TA断线的误闭锁，此时不进行瞬时TA断线判别。

通过软压板选择，瞬时TA断线判别动作后可发报警信号并闭锁比率差动保护出口。

瞬时TA断线判别在满足下列任何一个条件时，将不进行TA断线判别：①启动前某侧最大相电流小于该侧额定电流的10%（$0.1I_e$），则不判该侧；②启动后相电流最大值大于该侧额定电流的120%（$1.2I_e$）；③启动后任一侧电流比启动前增加，变化了 $0.05I_e$。

在上述三个条件均不满足的情况下，如某一侧同时满足以下条件，则判为TA断线：①只有一相电流突降为零（$<0.1I_e$）；②其余两相电流与启动前电流相等，偏差 $<0.02I_e$。

而TA断线时，以上条件均不符合。因此，差动保护启动后60ms内，以上条件均不满足，判为TA断线。如此时“TADX闭锁差动”软压板置1，则闭锁差动保护，并发瞬时TA断线告警信号，当差动保护动作后不进行瞬时TA断线判别。

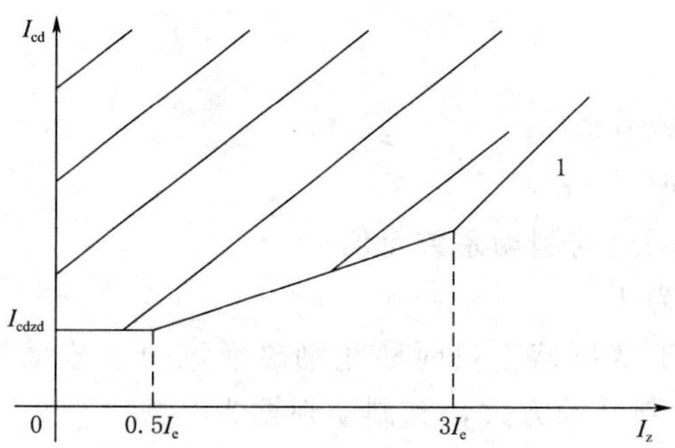

图4-1-4 差动保护动作特性

（3）动作特性见图4-1-4。

（4）保护逻辑见图4-1-5。

6. 非电量保护

本装置设置有非电量保护（可选），可通过软压板进行投退。

本保护反映变压器本体及调压室非电气开关量输入信号，为本保护提供跳闸功能和信号指示。本体保护包括：①本体轻瓦斯；②本体重瓦斯；③有载轻瓦斯；④有载重瓦斯；⑤压力释放；⑥油温高；⑦油温超高；⑧油位异常；⑨冷控失电告警；⑩冷控失电保护。

其中本体重瓦斯、有载重瓦斯、油温超高、压力释放动作时发动作信号，点跳闸灯。其余保护发告警信号。

7. 过流保护

四段过流保护动作逻辑与原理相同，只是定值及控制字取相应段。参与过流保护的电流可根据系统定值“过流取Ⅰ侧/Ⅱ侧”自动选取。其逻辑图见图4-1-6。

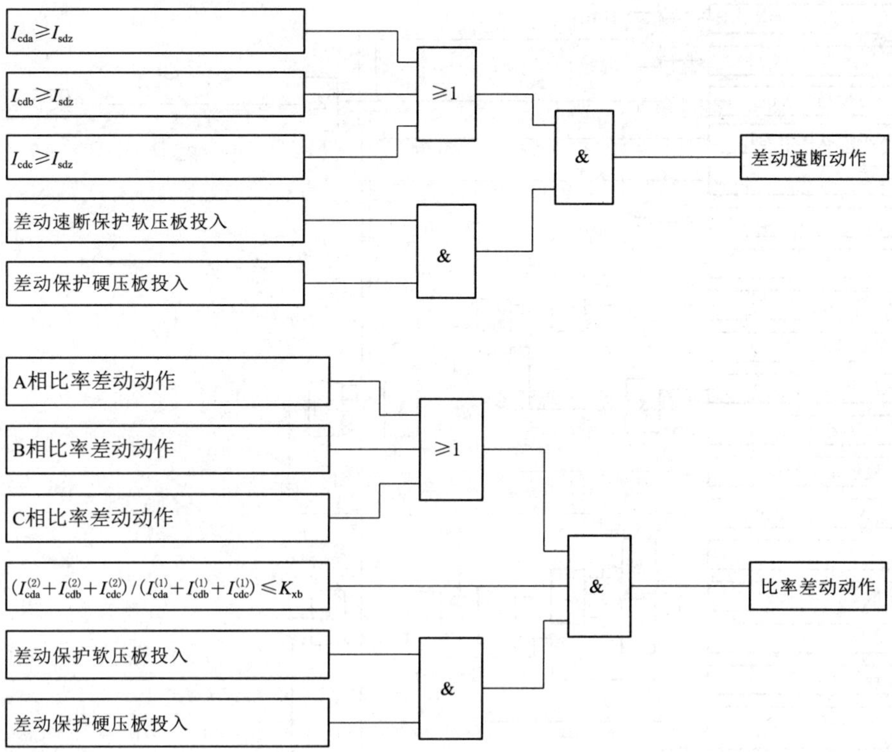

图 4-1-5　差动保护动作逻辑图

图 4-1-6 中：U_{ab}、U_{bc}、U_{ca} 为线电压；U_{1zd} 为低电压定值；U_2 为负序电压；U_{2zd} 为负序电压定值；I_{a2}、I_{b2}、I_{c2} 为低压侧三相保护电流；I_{1zd} 为过流Ⅰ段定值；T_1 为过流Ⅰ段时间定值。

方向元件原理接线与动作判据与 EDCS-8110B3 线路保护装置相同。

8. 母线充电保护

母线充电保护简称母充保护。为了更可靠地切除被充电母线上的故障，在母联开关或母线分段开关上设置相电流或零序电流保护，作为专用的母线充电保护。如果母联开关合于有故障的母线，充电保护会立即跳开母联开关。而当充电保护一投入时，充电保护就去闭锁母差保护，以防母联开关合于故障母线时，母差动作跳开所有出线，扩大事故范围。充电保护并不是要防止母差拒动，恰恰是为了闭锁母差。母线充电良好后，该保护应退出运行，因其定值较小，时限短，过于灵敏，容易误动。为防止运行人员误投或漏退充电保护，充电保护由回路自动实现：仅在运行人员合母联开关的同时自动投入，并延迟一定时限后自动退出。母联充电保护有着广泛的用途，可以提供长、短两个延时的定值，以用于充主变、充母线、充线路等多种情况。

母线充电保护逻辑见图 4-1-7。

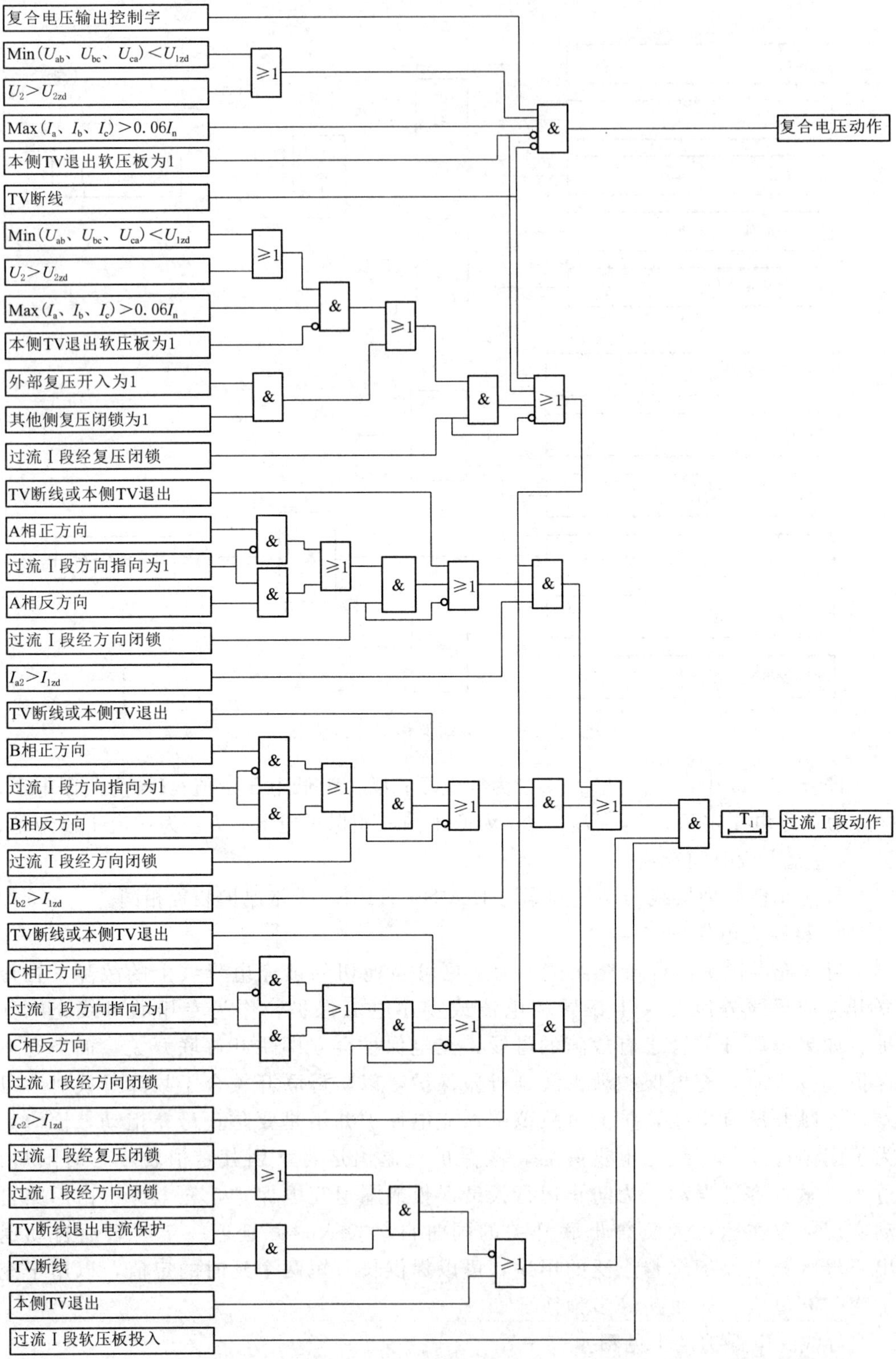

图 4-1-6 过流Ⅰ段保护逻辑图

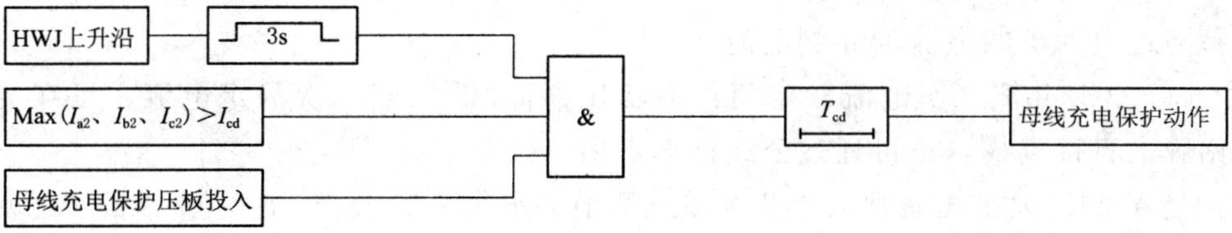

图 4-1-7　母线充电保护逻辑图

图 4-1-7 中：I_{a2}、I_{b2}、I_{c2} 为低压侧保护电流；I_{cd} 为充电保护电流定值；T_{cd} 为充电保护时间定值。

9. EDCS-8120B1 保护测控装置定值说明

本装置保护功能按照最大配置设计，以下所列各保护定值是典型配置。用户根据保护配置通过保护控制字和软压板进行投退。保护定值为 8 套定值区，可切换。其余定值均只有 1 套定值区。

（1）系统定值。EDCS-8120B1 装置系统定值表见表 4-1-9。

表 4-1-9　　EDCS-8120B1 装置系统定值表

序号	定值名称	定值范围	整定步长	备　注
1	变压器接线方式	1～3	1	1：Y/d-11；2：Y/Y-12；3：Y/d-1
2	变压器容量	0.0～8000.0MVA	0.1	
3	Ⅰ侧额定电压	6.0～121.0kV	0.1	
4	Ⅱ侧额定电压	6.0～38.5kV	0.1	
5	二次额定电压	0.0～100.0V	0.1	固定取 100.0V
6	Ⅰ侧 TA 一次值	0～8000A	1	
7	Ⅱ侧 TA 一次值	0～8000A	1	
8	Ⅰ侧 TA 二次值	1/5A	1	
9	Ⅱ侧 TA 二次值	1/5A	1	
10	测量 TA 一次值	0～8000A	1	用于一次值计算
11	测量 TA 二次值	1/5A	1	
12	零序 TA 一次值	0～4000A	1	用于一次值计算
13	零序 TA 二次值	1/5A	1	
14	直流信号零点	0.00～30.00mA	0.01	
15	直流信号量程	1.00～30.00mA	0.01	
16	过流取Ⅰ侧/Ⅱ侧	1～2	1	1：Ⅰ侧；2：Ⅱ侧
以下整定控制字如无特殊说明，则置“1”表示相应功能投入，置“0”表示相应功能退出				
控制字 1	1　延时 TA 断线	0/1	1	0：退出 TA 断线/1：投入 TA 断线
控制字 2	2　三瓦/两瓦	0/1	1	0：三瓦计/1：两瓦计

整定说明：

a. 系统定值和保护行为相关，请务必根据实际情况整定。

b. 过流取Ⅰ侧/Ⅱ侧：选1时表示参与过流保护的电流为Ⅰ侧电流，选2时表示参与过流保护的电流为Ⅱ侧电流。

c. Ⅰ侧/Ⅱ侧二次电流额定值：为变压器高/低压侧二次额定电流，可在变压器铭牌上直接查找，也可通过公式计算得出。

当Y侧最大平衡系数大于2.3或△侧最大平衡系数大于4时，装置报“平衡系数错”，说明平衡系数太大，最好改变TA变比以满足要求，更能保证差动保护的性能。

(a) 变压器接线方式：整定为1时，表示变压器接线方式为Y/Δ-11；整定为2时，表示变压器接线方式为Y/Y-12；整定为3时，表示变压器接线方式为Y/Δ-1。出厂默认值为“1”。

(b) 三瓦/两瓦选择：控制字为1时，为两瓦计算功率，计算电流为I_{ma}、I_{mc}；控制字为0时，为三瓦计算功率，计算电流为I_{ma}、I_{mb}、I_{mc}。

(2) 保护定值见表4-1-10。

表4-1-10 保护定值表

序号	名称	定值名称	定值符号	定值范围	整定步长	备注
1	控制字	控制字1	—	0000-FFFF	—	
2		控制字2	—	0000-FFFF	—	
3		控制字3	—	0000-FFFF	—	
4	差动保护	比率差动定值	I_{cdz}	$0.30I_e \sim 1.50I_e$	$0.01I_e$	I_e为变压器Ⅱ侧二次额定电流，按倍数进行整定，下同
5		差动速断定值	I_{sdz}	$4.00I_e \sim 14.00I_e$	$0.01I_e$	
6		比差制动系数	K_{zl}	0.30～0.75	0.01	
7		谐波制动系数	K_{xb}	0.10～0.35	0.01	
8		TA告警门槛值	I_{bj}	$0.05I_e \sim 0.20I_e$	$0.01I_e$	
9	过流保护	过流Ⅰ段电流	I_{1zd}	$0.10I_n \sim 20.00I_n$	0.01A	装置及后台根据实际值整定，并不是以倍数方式整定，定值范围以倍数表示，只为说明保护TA额定二次值为1A或5A时的有效范围，下同
10		过流Ⅰ段时间	T_1	0.00～100.00s	0.01s	
11		过流Ⅱ段电流	I_{2zd}	$0.10I_n \sim 20.00I_n$	0.01A	
12		过流Ⅱ段时间	T_2	0.00～100.00s	0.01s	
13		过流Ⅲ段电流	I_{3zd}	$0.10I_n \sim 20.00I_n$	0.01A	
14		过流Ⅲ段时间	T_3	0.00～100.00s	0.01s	
15		过流Ⅳ段电流	I_{4zd}	$0.10I_n \sim 20.00I_n$	0.01A	
16		过流Ⅳ段时间	T_4	0.00～100.00s	0.01s	
17		过流低电压	U_{lzd}	2.00～100.00V	0.01V	按线电压整定
18		过流负序电压	U_{2zd}	2.00～57.00V	0.01V	按相电压整定

续表

序号	名称	定值名称	定值符号	定值范围	整定步长	备注
19	低电压保护	低电压定值	U_{dy}	5.00～100.00V	0.01V	
20		低电压时间	T_{dy}	0.00～100.00s	0.01s	
21	零序过压保护	零序过压定值	U_{Lzd}	2.00～300.00V	0.01V	
22		零序过压时间	T_{Lz}	0.00～100.00s	0.01s	
23	过负荷保护	过负荷电流	I_{gfh}	0.10～3.00I_n	0.01A	
24		过负Ⅰ时限	T_{gfh}	0.00～100.00s	0.01s	
25	启动风冷	启动风冷电流	I_{fl}	0.10～3.00I_n	0.01A	
26		启动风冷时间	T_{fl}	0.00～100.00s	0.01s	
27		关闭风冷电流	I_{gfl}	0.10～3.00I_n	0.01A	
28	闭锁调压	闭锁调压电流	I_{bs}	0.10～3.00I_n	0.01A	
29		闭锁调压时间	T_{bs}	0.00～100.00s	0.01s	
30	母线充电保护	充电保护电流	I_{cd}	0.10～20.00I_n	0.01A	
31		充电保护时间	T_{cd}	0.00～2.50s	0.01s	
32	非电量保护	本体轻瓦斯告警	T_{bt}	0.00～100.00s	0.01s	
33		有载轻瓦斯告警	T_{yz}	0.00～100.00s	0.01s	
34		油温高告警	T_{ywg}	0.00～100.00s	0.01s	
35		油位异常告警	T_{yc}	0.00～100.00s	0.01s	
36		冷控失电告警	T_{sd}	0.00～100.00s	0.01s	
37		冷控失电保护	T_{st}	0.00～100.00s	0.01s	
以下整定控制字如无特殊说明，则置“1”表示相应功能投入，置“0”表示相应功能退出						
1	I_1复压闭锁		UBL1	0/1	1	过流Ⅰ段经复压闭锁
2	I_2复压闭锁		UBL2	0/1	1	过流Ⅱ段经复压闭锁
3	I_3复压闭锁		UBL3	0/1	1	过流Ⅲ段经复压闭锁
4	I_1方向闭锁		FBL1	0/1	1	过流Ⅰ段经方向闭锁
5	I_2方向闭锁		FBL2	0/1	1	过流Ⅱ段经方向闭锁
6	I_3方向闭锁		FBL3	0/1	1	过流Ⅲ段经方向闭锁
7	I_4复压闭锁		UBL4	0/1	1	过流Ⅳ段经复压闭锁
8	I_4方向闭锁		FBL4	0/1	1	过流Ⅳ段经方向闭锁
9	其他侧 FY 闭锁		UBS	0/1	1	过流保护经其他侧复压闭锁
10	TV 断线退保护		TUL	0/1	1	1：TV 断线动作后仅仅退出与电压相关的电流保护/0：TV 断线后退出复压方向元件，保留过流元件
11	过流Ⅰ段方向		FL1	0/1	1	0：指向变压器；1：指向系统
12	过流Ⅱ段方向		FL2	0/1	1	0：指向变压器；1：指向系统

续表

序号	名称	定值名称	定值符号	定值范围	整定步长	备注
13	过流Ⅲ段方向		FL3	0/1	1	0：指向变压器；1：指向系统
14	过流Ⅳ段方向		FL4	0/1	1	0：指向变压器；1：指向系统
15	复合电压输出		FYSC	0/1	1	0：不输出；1：输出
16	TV断线检测		TVDX	0/1	1	0：不投入；1：投入

整定说明：

a. 在整定定值前先选择需要整定的定值区。

b. 在某项定值不用时，如果是过量保护（例如过流保护、零序过流保护）则整定为上限值；如果是欠量保护（例如低电压保护低压定值）则整定为下限值；时间整定为100s，功能控制字退出，硬压板打开。

c. 速断保护、加速保护时间一般需要整定几十到一百毫秒的延时。由于微机保护没有过去常规保护中一百毫秒的继电器动作延时，所以整定成0.00s时可能躲不过合闸时的冲击电流，对于零序速断、零序加速保护还存在断路器三相不同期合闸产生的零序电流的冲击。

d. 只有控制字、软压板状态（若未设置此功能则不判）、硬压板状态（若未设置此功能则不判）均有效时才投入相应保护元件，否则退出该保护元件。

（3）辅助定值，见表4-1-11。

表4-1-11　　辅助定值表

序号	定值名称		定值范围	整定步长	备注
1	弹簧未储能告警时间		0.00～30.00s	0.01s	出厂设定：15.0s
以下整定控制字如无特殊说明，则置“1”表示相应功能投入，置“0”表示相应功能退出					
控制字1	1	控制回路断线	0/1	1	1：投入/0：退出

整定说明：

a. 本装置配有操作回路。若现场只需提供保护跳闸出口、保护合闸出口、遥控跳闸出口、遥控合闸出口，而不将本操作回路的至跳闸线圈、HWJ-、至合闸线圈、TWJ-端子与操作机构的端子箱连接，KM-端子亦悬空，这种情况装置无法由内部采集到位置信号。

b. 若装置不能采集到TWJ或者HWJ信号，应将“检测控制回路断线”控制字整成0，以避免程序发“控制回路断线”信号。其他情况下整成1。

（4）软压板设置，见表4-1-12。

10. EDCS-8120B1保护装置调试试验接线

EDCS-8120B1保护装置调试试验接线如图4-1-8所示，将测试仪的第1组电流输出端I_a、I_b、I_c、I_n分别与保护装置的高压侧电流2ID1、2ID3、2ID3、2ID7端子相连。

表 4-1-12　　软压板设置表

序号	定值名称	定值符号	定值范围	整定步长	备注
以下整定控制字如无特殊说明，则置“1”表示相应功能投入，置“0”表示相应功能退出					
1	差动速断	CS	0/1	1	
2	比率差动	BC	0/1	1	
3	差流越限	CL	0/1	1	
4	TADX 闭锁差动	GL4	0/1	1	
5	过流Ⅰ段	GL1	0/1	1	
6	过流Ⅱ段	GL2	0/1	1	
7	过流Ⅲ段	GL3	0/1	1	
8	过流Ⅳ段	GL4	0/1	1	
9	本体重瓦斯	BZ	0/1	1	
10	本体轻瓦斯	BQ	0/1	1	
11	油温超高	WCG	0/1	1	
12	油温高	WG	0/1	1	
13	油位异常	YW	0/1	1	
14	压力释放	YL	0/1	1	
15	有载重瓦斯	YZ	0/1	1	
16	有载轻瓦斯	YQ	0/1	1	
17	冷控失电告警	LK1	0/1	1	
18	冷控失电保护	LK2	0/1	1	
19	过负荷告警	GFHGJ	0/1	1	
20	启动风冷	QDFL	0/1	1	
21	闭锁调压	GZBS	0/1	1	
22	零序过压告警	LYGJ	0/1	1	
23	母线充电保护	WSG	0/1	1	
24	低电压保护	DY	0/1	1	
25	本侧 TV 退出	TVTC	0/1	1	

将测试仪的第 2 组电流输出端 I_x、I_y、I_z、I_n 分别与保护装置的低压侧电流 2ID10、2ID12、2ID14、2ID16 端子相连。将测试仪的开入接点 A 和 N 与保护装置的差动保护跳闸出口接点 2CD4 和 2CD14 相连。

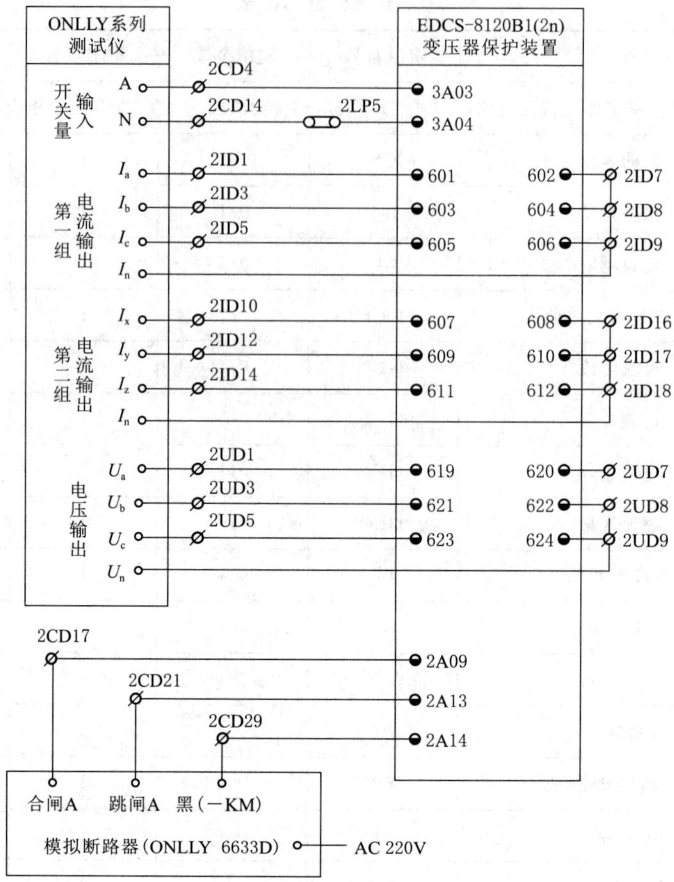

图 4-1-8 EDCS-8120B1 保护装置调试试验接线图

任务二　变压器差动保护调试

● **任务描述**

按照 35kV 变压器保护检验作业规范，对变压器差动保护进行测试，并进行定值校验；对照 GB/T 14285—2023《继电保护和安全自动装置技术规程》、DL/T 995—2016《继电保护和电网安全自动装置检验规程》等分析试验结果。

● **学习目标**

（1）理解并掌握 EDCS－8120B1 微机变压器保护装置差动保护的保护原理。

（2）熟悉微机继电保护调试仪的使用方法。

（3）掌握装置数据采集系统的检验方法。

（4）掌握 EDCS－8120B1 微机变压器保护装置差动保护的差动门槛及差动速断元件、比率差动元件、谐波制动元件等调试方法。

（5）学会保护功能的逻辑判断及故障分析。

● **任务分组**

表 4－2－1　　学生任务分配表

<table>
<tr><td>班级</td><td></td><td>组号</td><td></td><td>指导老师</td><td></td></tr>
<tr><td>组长</td><td></td><td>学号</td><td colspan="3"></td></tr>
<tr><td>组员</td><td colspan="5"><table>
<tr><td>姓名</td><td>学号</td><td>姓名</td><td>学号</td></tr>
<tr><td></td><td></td><td></td><td></td></tr>
<tr><td></td><td></td><td></td><td></td></tr>
<tr><td></td><td></td><td></td><td></td></tr>
<tr><td></td><td></td><td></td><td></td></tr>
</table></td></tr>
<tr><td colspan="6">任务分工</td></tr>
<tr><td colspan="6"></td></tr>
</table>

● **获取信息**

引导问题 1：对照 EDCS－8120B1 变压器保护测控装置原理图，说明装置交流输入量及开关输入、输出量各有哪些？

引导问题 2：分析 EDCS－8120B1 变压器保护测控装置差动保护的动作逻辑图 4－1－5，说明图中相关的控制字有几个？分别是什么功能？差动速断与比率差动的动作条件有何不同？

____

____

引导问题 3：用单相法进行变压器差动保护进行调试时，调试接线与什么有关？

____

____

引导问题 4：EDCS－8120B1 保护测控装置高压侧和低压侧分别加上三相对称额定电流，计算差流值有何不同，原因是什么？

____

____

引导问题 5：按图 4－1－8 接线后，调试仪设置变压器高压侧分别加不同相别单相电流，要求各相差流为零，如何设置低压侧电流大小和相位？

____

____

引导问题 6：说明试验如何通过测试数据计算比率制动系数的大小？

____

____

引导问题 7：励磁涌流与故障电流的区别是什么？对照图 4－1－5 差动保护逻辑图，说明差动速断保护与比率差动保护避开励磁涌流的方式有何不同？

____

____

● **工作计划**

1. 制定工作方案

表 4－2－2　　　　工　作　方　案

步骤	工　作　内　容	负责人

2. 列出仪表、工具、设备及器具清单

表 4-2-3　器具清单

序号	名　称	型号及规格	单位	数量	备注

3. 填写安全措施票

表 4-2-4　二次安全措施票

单位：＿＿＿＿＿＿　编号＿＿＿＿＿＿

<table>
<tr><td colspan="2">被试设备及保护名称</td><td colspan="4">35kV 主变线路保护测控（　　）号屏</td></tr>
<tr><td colspan="2">工作负责人</td><td></td><td>工作时间</td><td>年　月　日</td><td>签发人</td></tr>
<tr><td colspan="2">工作内容</td><td colspan="4">35kV 主变线路保护测控（　　）号屏变压器差动保护调试</td></tr>
<tr><td colspan="6">安全措施</td></tr>
<tr><td>序号</td><td>执行</td><td colspan="3">安全措施内容</td><td>恢复</td></tr>
<tr><td>1</td><td></td><td colspan="3"></td><td></td></tr>
<tr><td>2</td><td></td><td colspan="3"></td><td></td></tr>
<tr><td>3</td><td></td><td colspan="3"></td><td></td></tr>
<tr><td>4</td><td></td><td colspan="3"></td><td></td></tr>
<tr><td>5</td><td></td><td colspan="3"></td><td></td></tr>
<tr><td>6</td><td></td><td colspan="3"></td><td></td></tr>
<tr><td>⋮</td><td></td><td colspan="3"></td><td></td></tr>
<tr><td></td><td></td><td colspan="3"></td><td></td></tr>
<tr><td></td><td></td><td colspan="3"></td><td></td></tr>
<tr><td></td><td></td><td colspan="3"></td><td></td></tr>
<tr><td></td><td></td><td colspan="3"></td><td></td></tr>
<tr><td></td><td></td><td colspan="3"></td><td></td></tr>
<tr><td></td><td></td><td colspan="3"></td><td></td></tr>
<tr><td></td><td></td><td colspan="3"></td><td></td></tr>
<tr><td></td><td></td><td colspan="3"></td><td></td></tr>
<tr><td></td><td></td><td colspan="3"></td><td></td></tr>
<tr><td></td><td></td><td colspan="3"></td><td></td></tr>
<tr><td></td><td></td><td colspan="3"></td><td></td></tr>
<tr><td></td><td></td><td colspan="3"></td><td></td></tr>
</table>

执行人：　　　　监护人：　　　　恢复人：　　　　监护人：

● **进行决策**

(1) 各组派代表阐述工作方案。

(2) 各组对其他组的工作方案提出自己不同的看法。

(3) 教师结合大家完成的情况进行点评，选出最佳方案。

● **工作实施**

按照工作方案内容及步骤进行装置差动保护调试，编写记录表4-2-5。

表4-2-5 EDCS-8120B1变压器保护测控装置差动保护调试记录表

设备运行单位	广东水利电力职业技术学院	设备名称	EDCS-8120B1保护测控装置
设备型号		安装位置	
制造厂			

零漂检查数据记录

序号	测试内容	测试标准及结果							
		$-0.01I_e<I<0.01I_e$				$-0.05V<U<0.05V$			
		I_A	I_B	I_C	I_0	U_A	U_B	U_C	U_X
1	CPU								

模拟量输入的幅值特性检验记录

序号	测试内容	测试标准及结果						
		误差小于5%						
		80V	30V	5V		$0.2I_n$	$0.5I_n$	$1I_n$
1	U_{A1}				I_{A1}			
	U_{B1}				I_{B1}			
	U_{C1}				I_{C1}			
2	U_{A2}				I_{A2}			
	U_{B2}				I_{B2}			
	U_{C2}				I_{C2}			

模拟量输入的相位特性检验记录表

序号	测试内容		测试标准及结果		
			误差小于3°		
			0°	45°	90°
1	高压侧	U_a-I_{a1}			
		U_b-I_{b1}			
		U_c-I_{c1}			
		U_a-U_b			
		U_b-U_c			
		U_c-U_a			

续表

序号	测 试 内 容		测试标准及结果		
			误差小于3°		
			0°	45°	90°
2	低压侧	$U_a - I_{a2}$			
		$U_b - I_{b2}$			
		$U_c - I_{c2}$			
		$U_a - U_b$			
		$U_b - U_c$			
		$U_c - U_a$			

开关量输入回路检验记录表

序号	开关量名称	保护装置端子	开关量状态变位（√）
1	投入变压器高后备检修状态		
2	投入变压器高后备复压过流		
3	投入高压侧遥控分合闸		
4	投入变压器主保护检修状态		
5	投入变压器主保护差动保护		
6	投入低压侧遥控分合闸		
7	对时		
8	打印		
9	信号复归		

计算差流检验

序号	测试电流	测试标准及结果			
		误差小于5%			
		$0.2I_e$	$0.5I_e$	$1I_e$	结论
1	I_{a1}				
	I_{b1}				
	I_{c1}				
	I_{abc1}				
2	I_{a2}				
	I_{b2}				
	I_{c2}				
	I_{abc2}				

续表

差动门槛及差动速断定值校验									
序号	测试内容		测试结果（动作值及动作时间）						
	模拟故障相别		AN	BN	CN	ABCN	AB	BC	CA
1	差动门槛（高压侧）	1.05 倍							
		0.95 倍							
2	差动速断（高压侧）	1.05 倍							
		0.95 倍							
3	差动门槛（低压侧）	1.05 倍							
		0.95 倍							
4	差动速断（低压侧）	1.05 倍							
		0.95 倍							

比率差动定值校验						
序号	测试内容		测试结果（动作值及动作时间）			
	模拟故障相别		$I_r=0.5I_e$	$I_r=1I_e$	$I_r=2I_e$	$I_r=3I_e$
1	A 相差动	I_1				
		I_2				
2	斜率 K					
3	B 相差动	I_1				
		I_2				
4	斜率 K					
5	C 相差动	I_1				
		I_2				
6	斜率 K					
7	ABC 相差动	I_1				
		I_2				
8	斜率 K					

谐波制动定值校验（注：故障相电流保证——差动速断>I>差动门槛值）							
序号	测试内容		测试结果（动作值及动作时间）				
	模拟故障相别		$1I_e$	$1.5I_e$	$2I_e$	$2.5I_e$	$3I_e$
1	高压侧	AN					
		BN					
		CN					
2	低压侧	AN					
		BN					
		CN					
责任人：				日期：			

● 评价反馈

1. 验收过程情况记录

完成验收过程问题记录，见表 4-2-6。

表 4-2-6　　验收过程问题记录表

验收问题记录	整改措施	完成时间	备注

2. 各组代表展示作品，介绍任务的完成过程、实施过程存在的问题及解决方法，完成评价考核评分表 4-2-7。

表 4-2-7　　评价考核评分表

项目名称	评价内容	分值	评价分数		
			自评	互评	师评
职业素养考核项目（40%）	安全意识、责任意识、服从意识	10			
	积极参加教学活动，按时完成工作活页内容	10			
	团结合作、与人交流能力	10			
	文明作业，清理现场	10			
专业能力考核项目（60%）	调试准备工作到位	10			
	操作步骤准确	20			
	操作过程熟练、规范	20			
	检验报告编写完整、正确	10			
总分					
总评	自评（20%）+互评（20%）+师评（60%）	综合等级		教师（签名）：	

● 任务相关知识点

1. 装置调试前的准备

（1）装置通电检查。检查全部插件插接完好后，合上直流电源，装置的“运行监视”绿灯应闪烁；若装置一个通信口与外部智能设备通信正常，则装置的“通信”绿灯闪烁。

（2）利用键盘操作熟悉装置菜单，查看装置树形目录结构，了解菜单各项功能。

（3）修改固化定值。利用键盘操作，分别进入“定值操作”菜单和“运行设置”菜单，按照表 4-1-9～表 4-1-12 修改固化“保护定值”和相关“辅助定值”，以及进行“定值切换”和“压板设置”。定值单全部修改完毕后，利用监控后台逐项查看，并打印定值单，核对各项定值是否修改正确。

2. 数据采集系统试验调试方法及步骤

(1) 零漂检查。将各交流回路开路，且不连接测试仪器的情况下，记录各个模拟量通道的数值，并且与装置的额定电流 I_n、额定电压 U_n 进行比对，一般要求电流量零漂数值不大于 $1\%I_n$、电压量零漂数值不大于 $5\%U_n$。对零漂数值有特定要求的参照装置说明书进行检查。保证装置采样精度，也可以检查装置的抗干扰能力。检验零漂时，要求在一段时间（几分钟）内零漂值稳定在规定范围内。结果记录在表 4-2-5 中。

(2) 电流电压采样检验。打开继电保护调试仪的“电流电压”菜单，在“变量选择”中选择“手控”方式，给各相电流和电压以及其相位通入表中所示数据，检查模拟量输入的幅值特性和相位特性，从装置实时查看的数值应与调试仪输出的数值误差应小于 5%，角度误差小于 3°。结果记录在表 4-2-5 中。

4.1 变压器差动保护采样及额定运行状态模拟

(3) 开关量输入回路检验。依次投入和退出屏上相应压板以及相应开入接点，查看液晶显示“运行工况”子菜单中“开入状态”是否正确，将结果记录于表 4-2-5 中。

3. 变压器比率差动保护调试

下面介绍用“扩展差动”菜单来测试稳态比率差动保护以及差动速断保护，保护相关设置如下。

(1) 保护定值设置，见表 4-2-8。

表 4-2-8　　差动保护定值设置

序号	名　称	整定值	序号	名　称	整定值
1	差动启动电流	$1I_e$	2	比例差动制动系数	0.5
3	差动速断电流	$4I_e$	4	谐波制动系数	20%

(2) 保护软压板设置：在“运行设置-压板设置”里，把差动速断投入”“比率差动投入”运行控制字都置“1”，其他运行控制字都置“0”（1 表示投入，0 表示退出）。

(3) 保护硬压板设置：在保护屏上，仅投“变压器主保护投差动硬压板”。

(4) 差动启动电流和差动速断电流定值校验。差动保护中差动启动电流和差动速断电流定值的校验用“电压电流（手动试验）”菜单，可参考过流保护电流定值的测试方法。只在设置变量变化范围时，因电流加量侧及相别的不同而设置得不同。

4.2 三相法测比率差动定值（高压侧）测试

(5) 差动保护比率制动系数的测试。

1)“保护设置”选项卡设置，如图 4-2-1 所示。

保护类型：变压器保护。

4.3 三相法测比率差动定值（低压侧）测试

变压器接线：双绕组 Y/△-11（根据变压器实际型号）。

保护内部：相位校正方式-Y 侧校正（根据装置说明书）。

图 4-2-1 比率差动保护“保护设置”选项卡设置

参与本次试验绕组：高压侧→低压侧。

动作/制动方程：$I_d=|I_1'+I_2'|$；$I_r'=|I_1'-I_2'|K=2$；（根据装置说明书）。I_1 侧系数 KP_1：即 Y 侧的补偿系数；I_2 侧系数 KP_2：即△侧的补偿系数。由于该保护的平衡系数采用标么值的方式计算，故每一侧的补偿系数为该侧二次额定电流的倒数。故 $KP_1=1.7320$，$KP_2=1.3860$。具体计算过程如下：由软件自动计算，由昂立软件所提供的 KP_1、KP_2 辅助计算功能来完成。根据保护定值中的变压器参数，在“KP_1；KP_2 辅助计算”选项卡设置中输入变压器额定容量、额定电压 U_n、TA 变比，并选择正确的补偿系数计算方法，程序将自动计算出各侧的补偿系数 KP。然后点击“确定 PgDn”按钮，程序自动把相应的 KP 值写入 I_1 侧系数 KP_1 和 I_2 侧系数 KP_2，如图 4-2-2 所示。

2）“测试项目”选项卡设置，如图 4-2-3 所示。

测试项目：比例差动，边界扫描，二分法搜索。

测试相别：设为三相差动，也可设为单相差动、两相差动。

测试点：按添加键添加，根据需要设定 I_r 的起点和终点，一般应把拐点包含在内。对于 EDCS-8120B1 保护装置，从稳态比率差动保护的动作特性图可以看出，该曲线有 3 个拐点：0、$0.5I_e$、$4I_e$，故 I_r 的变化范围设为 0.0A→6.0A。

保护定值：动作门槛为 1，取“差动启动电流 $1I_e$”。

4.4 单相法测比率差动定值（高压侧）测试

4.5 单相法测比率差动定值（低压侧）测试

4.6 三相法测差动速断定值（高压侧）测试

4.7 三相法测差动速断定值（低压侧）测试

4.8 单相法测差动速断定值（高压侧）测试

4.9 单相法测差动速断定值（低压侧）测试

4.10 比率制动系数测试

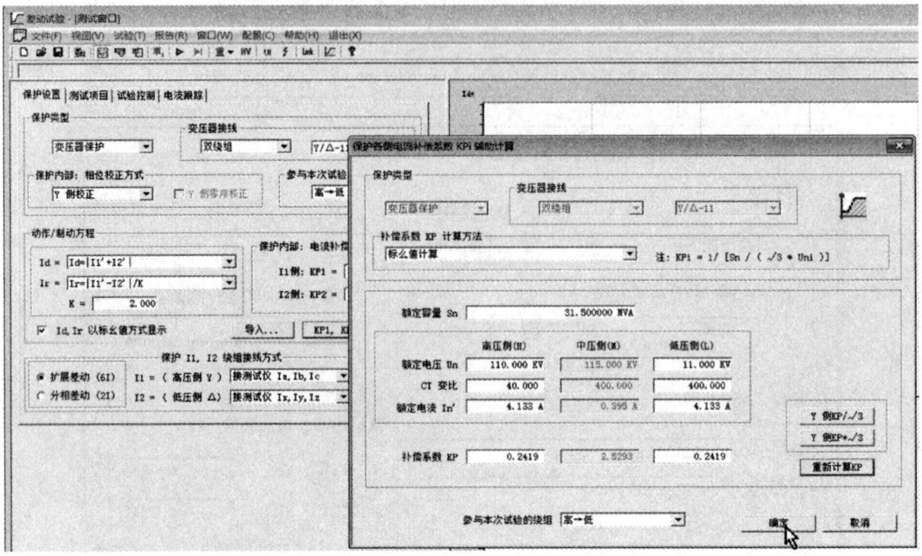

图 4-2-2 保护各侧电流补偿系数辅助计算

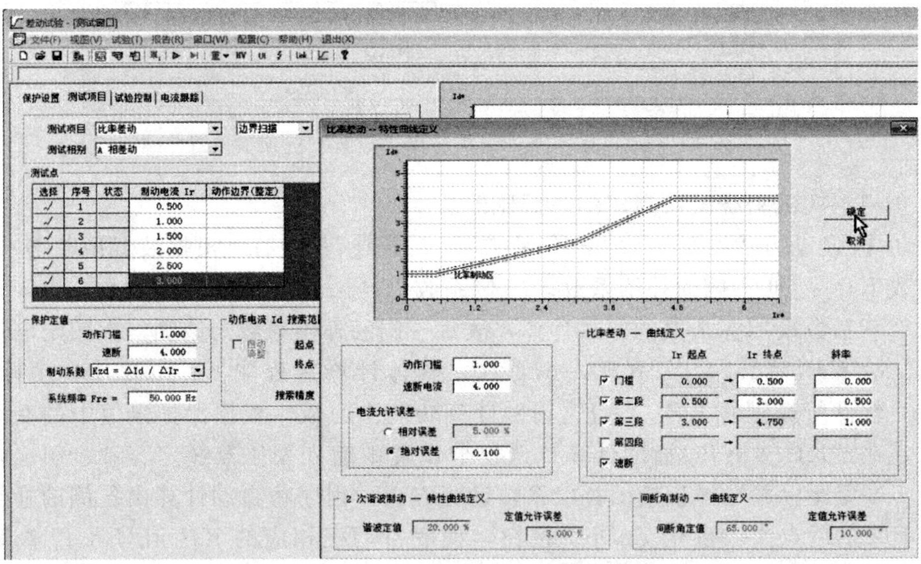

图 4-2-3 比率差动保护“测试项目”选项卡设置

速断：4，取“差动速断电流 $4I_e$”。

制动系数：$K_{zd}=\Delta I_d/\Delta I_r$。

系统频率：默认 50.000Hz。

动作电流 I_d 搜索范围，自动调整，是指 I_d 的搜索起点和终点，应包含差动保护的动作区和不动作区，一般搜索起点应小于比率制动系数定值、终点应大于比率制动系数定值。一般默认为 0%～100%I_r。

搜索精度：设为 0.010A，可根据测试精度的需求进行修改。

3）“试验控制”选项卡设置，如图 4-2-4 所示。

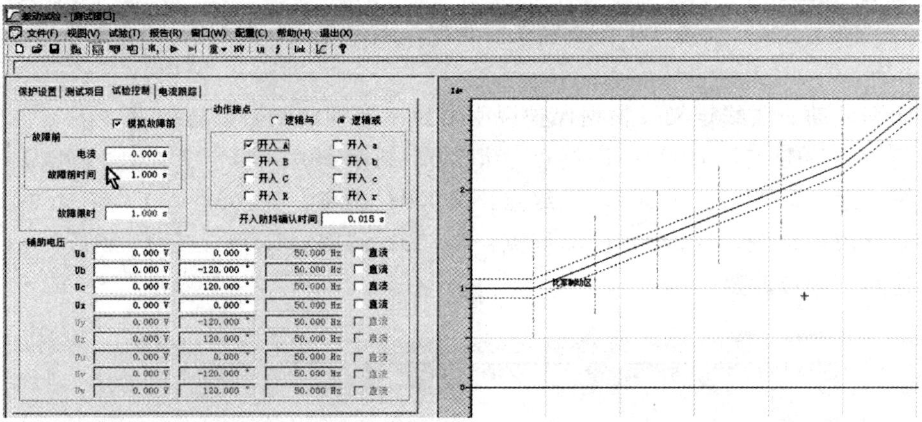

图 4-2-4 比率差动保护“试验控制”选项卡设置

选中“模拟故障前”复选框。

电流：在故障前时间内输出故障前电流，保证保护可靠复归。设为 0.000A。

故障前时间：一般应大于保护的复归时间，由于该保护不需要复归，故设为 1.000s。

故障限时：应大于差动保护的动作时间，设为 1.000s。如果继电器无法长时间通过大电流，建议在保证保护动作时延的前提下，尽可能地减小故障限时，延长故障前时间。

动作接点：逻辑或；根据实际的接线，选为“开入 A 接点”；开入防抖时间默认为 15ms。

辅助电压：由于此次试验不需要电压，故暂不考虑此选项卡设置的设置。

4）“电流跟踪”选项卡设置，如图 4-2-5 所示。

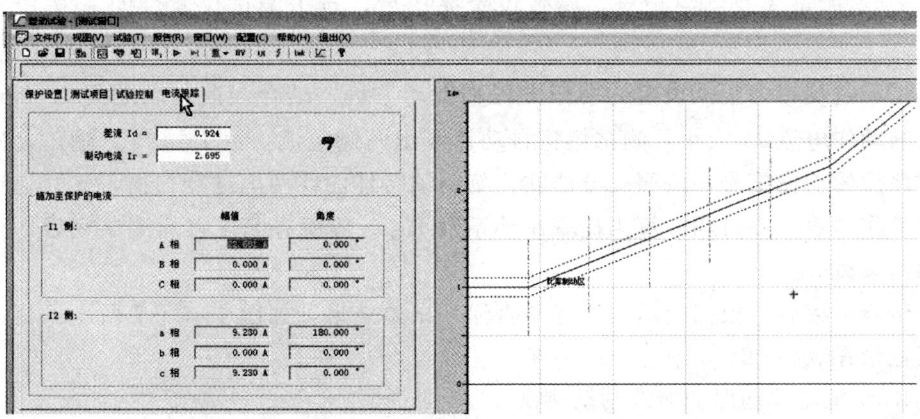

图 4-2-5 比率差动保护“电流跟踪”选项卡设置

该界面实时显示试验过程中 6 路电流的输出情况，以及对应的制动电流 I_r 和差动电流 I_d 值。

5）“曲线定义”设置（鼠标放置在曲线框，点击左键，曲线定义），如图 4-2-6 所示。

比率差动—曲线定义（根据保护说明书比率差动曲线）设置如下。

门槛：I_r 起点：0.000；I_r 终点：0.500；斜率：0.000。

第二段：I_r 起点：0.500；I_r 终点：3.000；斜率：0.500。

第三段：I_r 起点：3.000；I_r 终点：4.750；斜率：1.000。

速断：勾选此复选框。

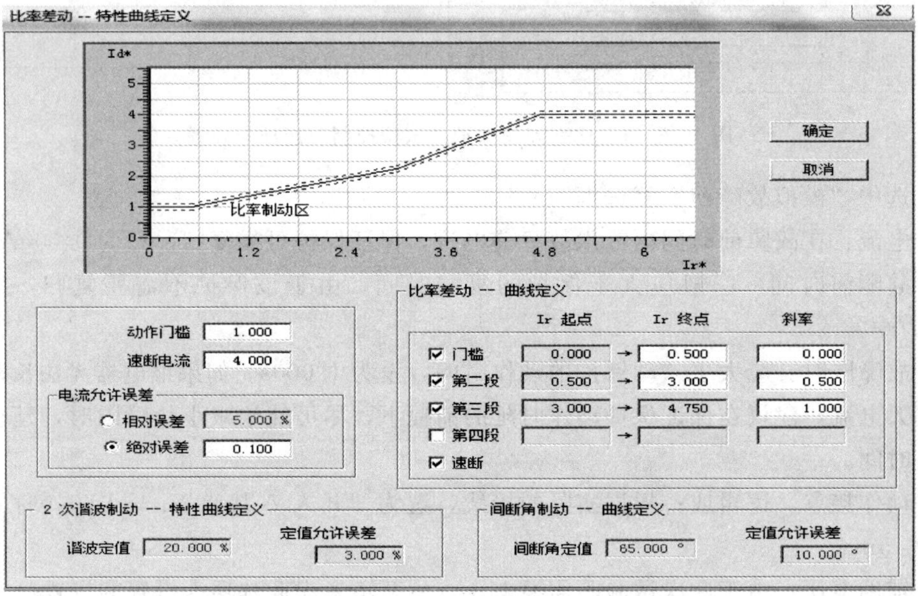

图 4-2-6 比率差动保护“曲线定义”选项卡设置

6）试验过程及结果记录：参数设置完毕后，点击测试仪软件的 ▶ 按钮开始试验。

试验过程中，根据设置的动作方程和制动方程，结合当前制动电流 I_r 和正在搜索的动作电流 I_d 大小，测试仪将自动计算出两侧电流，由 I_{abc}、I_{xyz} 输出，同时接收保护的动作信号，按照二分法在比例制动特性曲线两侧进行扫描，逐渐逼近确定出动作边界，并自动计算出比率制动系数 K_{zd}。等所有测试点均测试完后，程序自动结束试验。

试验结束后，根据提示，选择是否保存试验结果，如图 4-2-7 所示。将试验数据记录在表 4-2-5 中。

4.11 谐波制动系数测试

4. 变压器差动保护谐波制动测试

变压器空载合闸时，由于铁芯内的磁通不能突变，所以会产生一个很大的暂态直流磁通分量叠加在稳态磁通上，从而导致变压器铁芯的严重饱和，在变压器的合

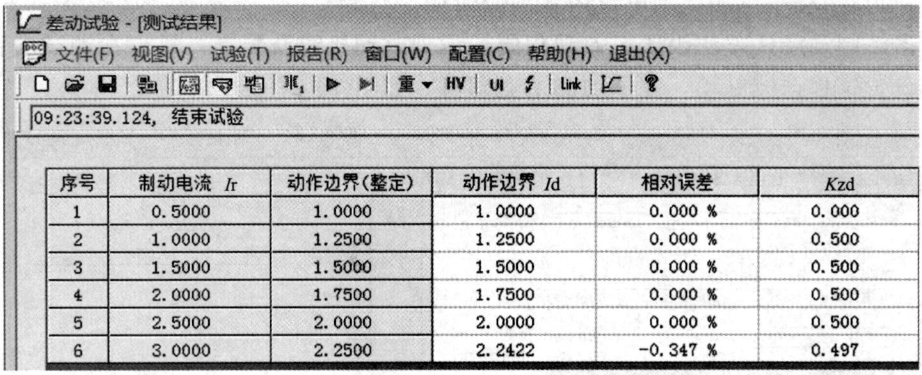

序号	制动电流 Ir	动作边界(整定)	动作边界 Id	相对误差	Kzd
1	0.5000	1.0000	1.0000	0.000 %	0.000
2	1.0000	1.2500	1.2500	0.000 %	0.500
3	1.5000	1.5000	1.5000	0.000 %	0.500
4	2.0000	1.7500	1.7500	0.000 %	0.500
5	2.5000	2.0000	2.0000	0.000 %	0.500
6	3.0000	2.2500	2.2422	-0.347 %	0.497

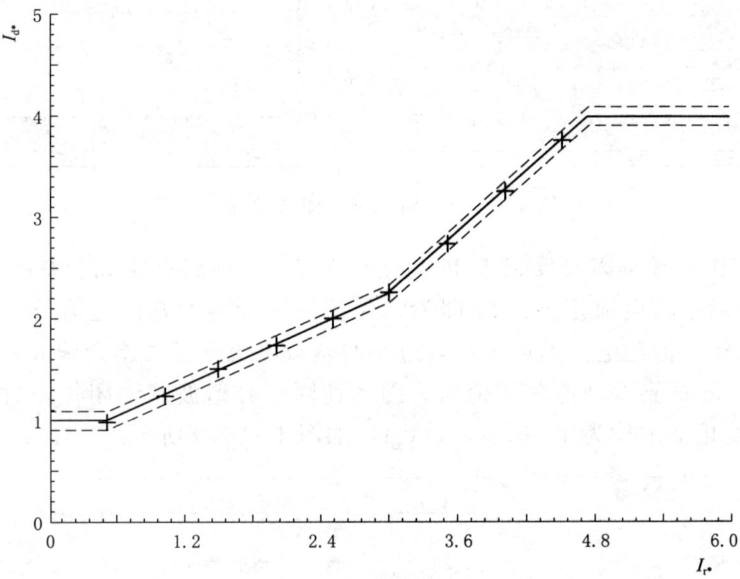

图 4-2-7　比率差动保护试验结果

闸侧形成一个很大的励磁涌流。由于励磁涌流只存在于变压器的一侧，所以巨大的涌流成为巨大的不平衡电流，可能会导致比率制动保护误动。

励磁涌流一般具有如下特征：

(1) 内含大量的非周期分量。

(2) 内含大量的高次谐波分量，尤以二次谐波最为显著。

(3) 波形偏离时间轴的一侧，并且出现间断。

目前，在微机型保护装置中，采用较多的涌流判别元件有：二次（三次）谐波制动元件、波形对称判别元件及间断角鉴别元件。这里主要介绍谐波制动判据及其测试。

$$\sum I_{cd}^{(2)} > K_{xb} \sum I_{cd}^{(1)}$$

式中　$\sum I_{cd}^{(2)}$——三相差动电流中二次谐波分量的代数和；

K_{xb}——差动保护二次谐波制动系数定值；

$\sum I_{cd}^{(1)}$——三相差动电流中基波分量的代数和。

谐波制动测试方法跟比率差动相同，无需改动接线及配置，只需在测试项目选项卡设置选择谐波制动，并添加测试点即可，如图 4-2-8 所示。

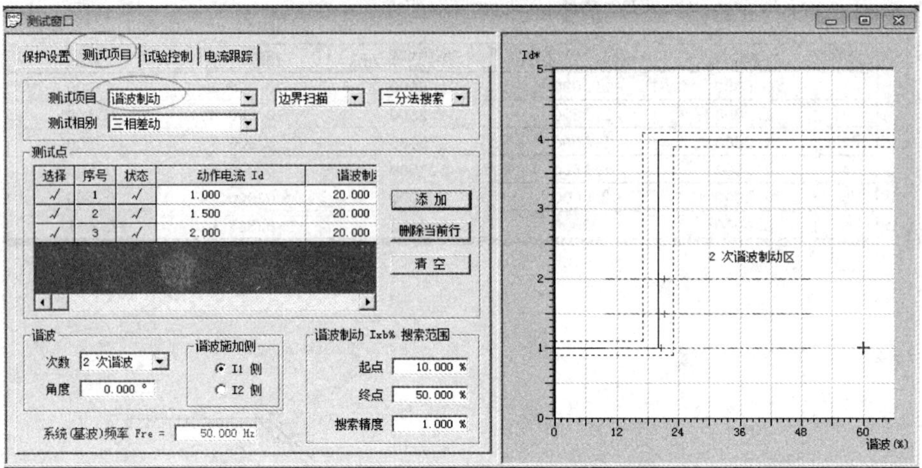

图 4-2-8 谐波制动测试设置

I_d 变化范围：根据需要设定 I_d 的起点和终点，一般起点应大于差动启动电流，终点不大于差动速断电流定值。I_d 即为从电流回路加入的基波电流分量，应使差动保护可靠动作，但此电流不可过小，过小时基波电流本身误差会偏大；但也不应太大，因为当 I_d 达到差动速断定值后，差动速断不经谐波制动闭锁，直接动作出口。故 I_d 的变化范围设为 1.000→5.000A，如图 4-2-9 所示。

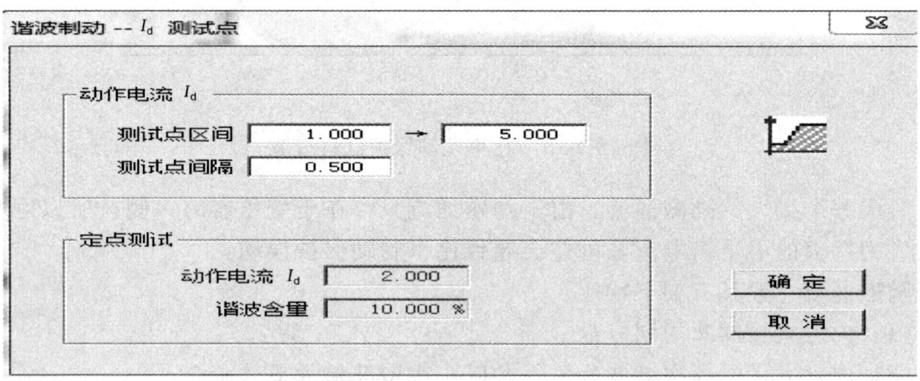

图 4-2-9 谐波制动测试 I_d 变化范围

谐波：次数 2 次谐波，角度 0。

谐波施加侧：I_1 侧。

（系统）基波频率 $F_{re}=50\text{Hz}$。

谐波制动 $I_{xb}\%$ 搜索范围（包含谐波整定 20%）：一般设置起点为 10%；终点为 50%。搜索精度为 1%。

试验过程及结果记录：参数设置完毕后，参数设置完毕后，点击测试仪软件的▶按钮开始试验。试验过程中，根据设置的动作方程和制动方程，结合当前差动电流 I_d 和正在搜索的谐波电流大小，测试仪将自动计算出 I_1 侧（施加侧）的基波电流和谐波电流，由 I_{abc} 输出，同时接收保护的动作信号，按照二分法进行扫描，逐渐逼近确定出动作边界，并自动计算出二次谐波制动系数（I_{xb}%）。等所有测试点均测试完后，程序自动结束试验，如图 4-2-10 所示。将测试数据记录表 4-2-5 中。

（a）试验结果

序号	动作电流 I_d/A	制动边界（整定）	谐波 I_{xb}	相对误差
1	1.0000	20.0000%	20.6250%	3.13%
2	1.5000	20.0000%	21.2500%	6.25%
3	2.0000	20.0000%	21.2500%	6.25%

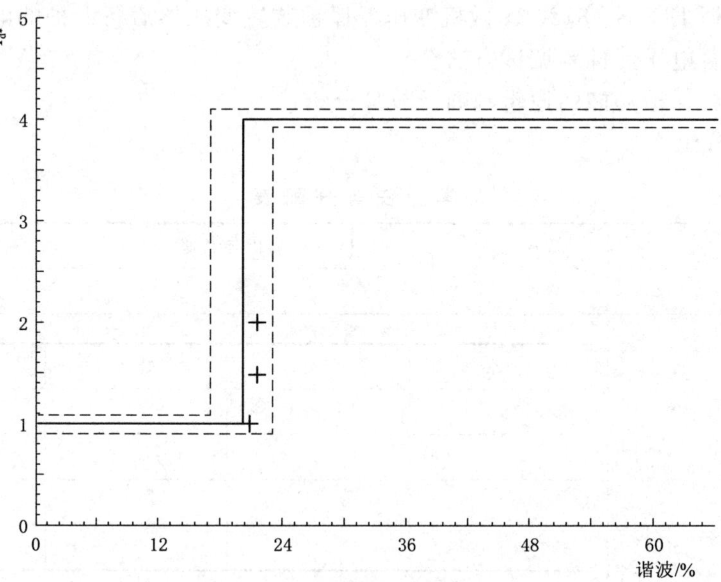

（b）结果评价

图 4-2-10 谐波制动试验结果

任务三　变压器后备保护（复合电压方向过电流）调试

● **任务描述**

按照35kV变压器保护检验作业规范，对变压器后备保护（复合电压方向过电流）进行测试，并进行定值校验；对照GB/T 14285—2023《继电保护和安全自动装置技术规程》、DL/T 995—2016《继电保护和电网安全自动装置检验规程》等分析试验结果。

● **学习目标**

（1）理解并掌握EDCS-8120B1微机变压器保护装置复合电压方向过电流的保护原理。

（2）熟悉微机继电保护调试仪的使用方法。

（3）掌握EDCS-8120B1微机变压器保护装置变压器后备保护的电流元件、方向元件、复合电压元件等调试方法。

（4）学会保护功能的逻辑判断及故障分析。

● **任务分组**

表4-3-1　　学生任务分配表

<table>
<tr><td>班级</td><td></td><td>组号</td><td></td><td>指导老师</td><td></td></tr>
<tr><td>组长</td><td></td><td>学号</td><td colspan="3"></td></tr>
<tr><td>组员</td><td colspan="5"><table>
<tr><td>姓名</td><td>学号</td><td>姓名</td><td>学号</td></tr>
<tr><td></td><td></td><td></td><td></td></tr>
<tr><td></td><td></td><td></td><td></td></tr>
<tr><td></td><td></td><td></td><td></td></tr>
<tr><td></td><td></td><td></td><td></td></tr>
</table></td></tr>
<tr><td colspan="6">任务分工</td></tr>
<tr><td colspan="6"></td></tr>
</table>

● **获取信息**

引导问题1：分析EDCS-8120B1变压器保护测控装置过流保护的动作逻辑（图4-1-6），说明图中相关的控制字有几个？分别是什么功能？

引导问题 2：对 EDCS－8120B1 变压器保护测控装置过电流Ⅱ段方向保护进行调试时，需要设置哪些保护定值？

引导问题 3：EDCS－8120B1 保护测控装置进行方向复压过电流测试时，应设置哪些保护定值？

引导问题 4：如何理解图 4－3－5 过流定值校验试验结果？如何分析判断保护动作的准确性？

- **工作计划**

1. 制定工作方案

表 4－3－2 工作方案

步骤	工作内容	负责人

2. 列出仪表、工具、设备及器具清单

表 4－3－3 器具清单

序号	名称	型号及规格	单位	数量	备注

3. 填写安全措施票

表 4-3-4 二次安全措施票

单位：________ 编号________

被试设备及保护名称		35kV 主变线路保护测控（　）号屏			
工作负责人		工作时间	年　月　日	签发人	
工作内容	35kV 主变线路保护测控（　）号屏变压器复合电压方向过电流调试				
安全措施					
序号	执行	安全措施内容			恢复
1					
2					
3					
4					
5					
6					
⋮					

执行人：　监护人：　恢复人：　监护人：

- **进行决策**

（1）各组派代表阐述工作方案。

（2）各组对其他组的工作方案提出自己不同的看法。

（3）教师结合大家完成的情况进行点评，选出最佳方案。

- **工作实施**

按照工作方案内容及步骤进行装置复合电压方向过电流调试，编写记录表 4-3-5。

表 4-3-5　EDCS-8120B1 变压器保护测控装置复合电压方向过电流调试记录表

设备运行单位		广东水利电力职业技术学院	设备名称			EDCS-8120B1 保护测控装置		
设备型号					安装位置			
制造厂								
主变过流保护检验								
序号	测试内容		测试结果（动作值及动作时间）					
	模拟故障相别		AN	BN	CN	AB	BC	CA
1	过流Ⅰ段	过流Ⅰ段定值 $I=$________ A（动作边界）						
		1.05 倍整定值下动作行为						
		0.95 倍整定值下动作行为						
		1.2 倍整定值下动作时间/s						
2	过流Ⅱ段	过流Ⅱ段定值 $I=$________ A（动作边界）						
		1.05 倍整定值下动作行为						
		0.95 倍整定值下动作行为						
		1.2 倍整定值下动作时间/s						
3	过流Ⅲ段	过流Ⅲ段定值 $I=$________ A（动作边界）						
		1.05 倍整定值下动作行为						
		0.95 倍整定值下动作行为						
		1.2 倍整定值下动作时间/s						
4	复压闭锁（低电压）	低电压闭锁值 $U=$________ V						
5	复压闭锁（负序电压）	负序电压闭锁值 $U=$________ V						
6	过流方向元件	正方向						
		反方向						
责任人：			日期：					

● 评价反馈

1. 验收过程情况记录

完成验收过程问题记录表 4-3-6。

表 4-3-6　验收过程问题记录表

验收问题记录	整改措施	完成时间	备注

2. 各组代表展示作品，介绍任务的完成过程、实施过程存在的问题及解决方法，完成评价考核评分表 4-3-7。

表 4-3-7　　评价考核评分表

项目名称	评价内容	分值	评价分数		
			自评	互评	师评
职业素养考核项目（40%）	安全意识、责任意识、服从意识	10			
	积极参加教学活动，按时完成工作活页内容	10			
	团结合作、与人交流能力	10			
	文明作业，清理现场	10			
专业能力考核项目（60%）	调试准备工作到位	10			
	操作步骤准确	20			
	操作过程熟练、规范	20			
	检验报告编写完整、正确	10			
总分					
总评	自评（20%）+互评（20%）+师评（60%）	综合等级		教师（签名）：	

4.12 变压器后备保护定值测试

● **任务相关知识点**

1. 过流保护Ⅰ段、Ⅱ段、Ⅲ段、Ⅳ段定值校验

（1）保护定值设置，见表 4-3-8。

表 4-3-8　　过电流保护定值设置

序号	定值名称	数值	序号	定值名称	数值
1	过流Ⅰ段定值	5.0A	2	过流Ⅰ段时间	0s
3	过流Ⅱ段定值	3.5A	4	过流Ⅱ段时间	0.5s
5	过流Ⅲ段定值	3A	6	过流Ⅲ段时间	1s
7	过流Ⅳ段定值	2A	8	过流Ⅳ段时间	1.5s

（2）保护软压板设置。在“运行设置—压板设置”里，把过流Ⅰ段、Ⅱ段、Ⅲ段、Ⅳ段定值运行控制字都置“1”，其他运行控制字都置“0”（‘1’表示投入，‘0’表示退出）。

（3）保护硬压板设置。在保护屏上，投入“变压器后备保护投入”硬压板。

（4）“定值校验”对话框设置在“过流保护定值校验”菜单里，根据测试项目和故障类型的选择，试验分别由若干个子试验项目构成，各子试验项目的试验过程一般包括：故障前⟶故障，跳闸⟶重合闸⟶再跳闸（永跳）。其中，每一个子试验项目中故障的启动方式由用户设置（自启动，或按键启动），定值校验对话框设置如图 4-3-1 所示。

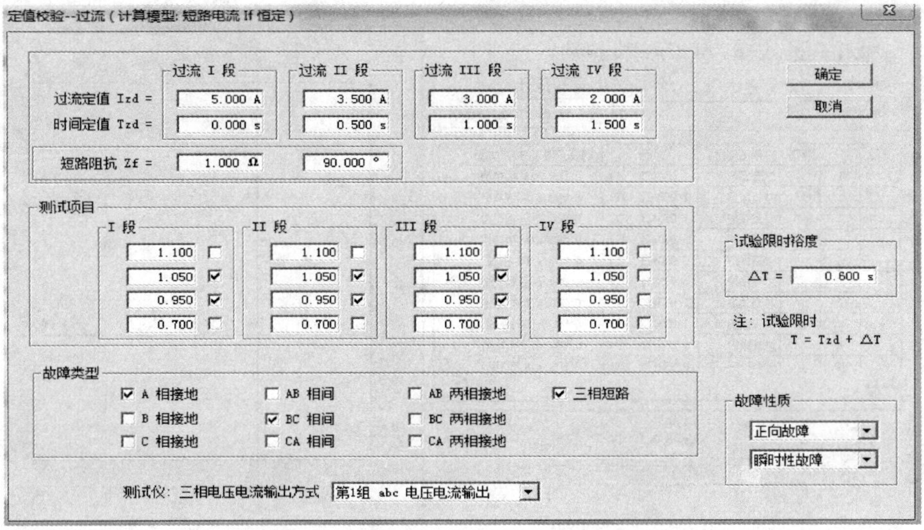

图 4-3-1　过流保护“定值校验”对话框设置

根据过流保护定值分别设为过流Ⅰ段定值、过流Ⅱ段定值、过流Ⅲ段定值、过流Ⅳ段定值。

根据过流保护时间定值分别设为过流Ⅰ段时间、过流Ⅱ段时间、过流Ⅲ段时间、过流Ⅳ段时间。

短路阻抗 z_f：此项目是根据故障电流的大小计算故障电压。针对于过流保护，可设置为默认：1.000Ω；90.000°。

测试项目：根据需要选择各段过流定值的测试倍数，倍数可以改变，打“√”者表示选中测试。根据规程满足±5%误差的要求，各段的测试项目选择为 1.05 和 0.95。若想测试保护的动作时间，也可同时选择 1.2 倍测试倍数。

根据需要，选择需要进行测试的故障类型，打“√”者表示选中测试。

试验限时裕度：根据试验时间设置试验裕度；试验总时间 T=时间定值+试验裕度；根据时间定值阶梯性配置原则，针对过流保护，1.05 倍本段可靠动作，0.95 下一段可靠动作，故限时裕度设置为：0.600s。

故障性质：可设置正、反向故障；可设置所有待测试故障的性质，包括瞬时性、永久性故障。

（5）“测试列表”选项卡设置，如图 4-3-2 所示。

（6）“触发方式”选项卡设置，如图 4-3-3 所示。

第一次故障触发方式：程序提供了 4 种方式，包括按键控制、时间控制、GPS 控制、开入接点控制。

1）按键控制：当前测试状态的输出时间不限，等待用户根据提示，按键后进入下一状态。

2）时间控制：当前测试状态的输出时间到达设定的“最大持续时间”后，自动进入下一状态。

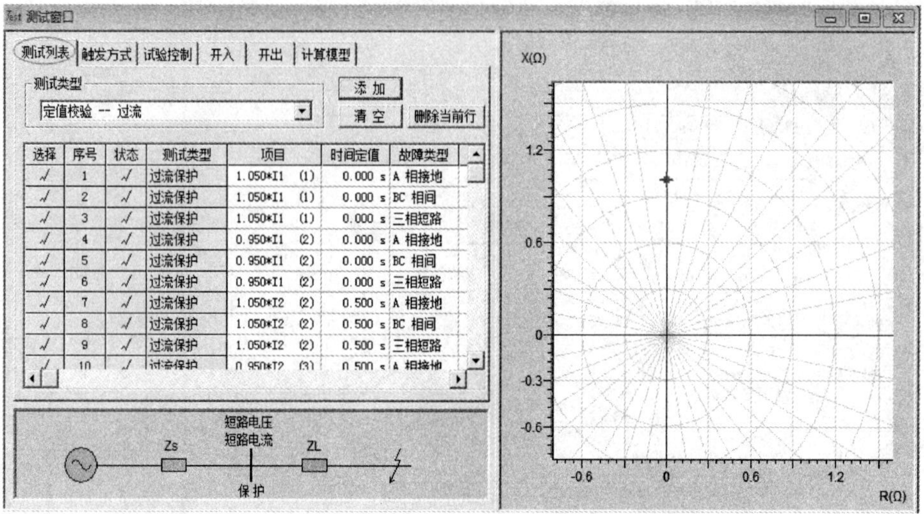

图 4-3-2 过流保护定值校验“测试列表”选项卡设置

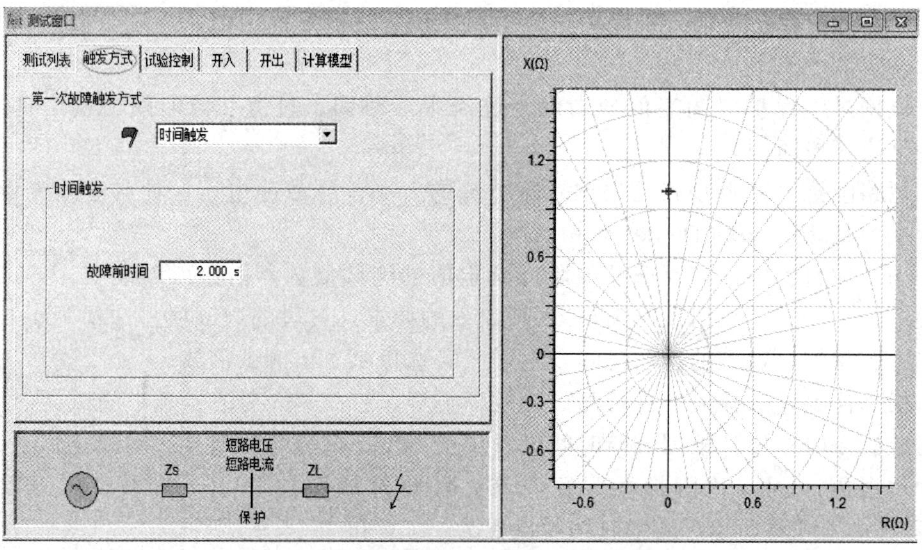

图 4-3-3 过流保护定值校验“触发方式”选项卡设置

3）GPS 控制：当 GPS 对时成功，双方经联系，在同一分钟之内（10～50s 之间的任意一刻）按确认键后，检测到第一个 PPM 时刻进入下一状态。

4）开入接点控制：当设定的开入接点发生翻转后，自动进入下一状态。

针对于过流保护，可选择时间触发。

时间触发：故障前时间：每次子试验项目测试前，测试仪均输出一段时间的故障前状态（即空载状态），以保证保护可靠复归，且重合闸准备完毕。故该时间的设置一般大于保护的复归时间（含重合闸充电时间），通常取 20～25s。由于本次试验不测重合闸，故只大于保护的复归时间即可，设为 2.000s。

（7）“试验控制”选项卡设置，如图 4-3-4 所示。

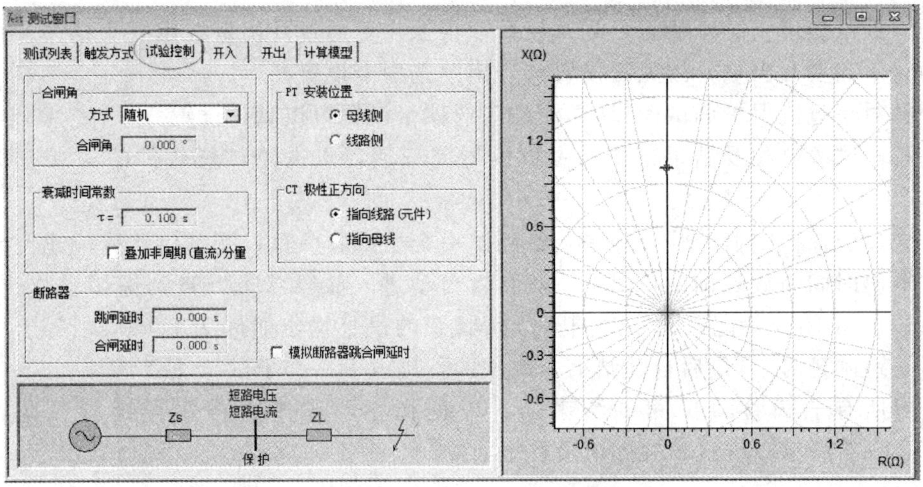

图 4-3-4 过流保护定值校验“试验控制”选项卡设置

合闸角：即短路故障发生瞬间电源电压的角度，合闸角的大小决定了直流电流分量初始值的大小。方式：随机。

衰减时间常数：故障后回路的衰减时间常数，默认为 0。

叠加非周期（直流）分量：选择故障开始瞬间，故障电流中是否包含有一衰减的非周期直流分量；默认无。

断路器跳合闸时间设置如下。

1）跳闸延时：模拟断路器的跳闸动作时间，测试仪根据开入量的连接，一旦接受到保护的跳闸信号，经过“跳闸延时”后，方进入跳闸后的电压电流状态。如果测试仪开入量直接连接断路器的“跳位”接点，则跳闸延时可取为 0。默认：0.02s。

2）合闸延时：模拟断路器的合闸动作时间，测试仪根据开入量的连接，一旦接受到保护的合闸信号，经过“合闸延时”后，方进入合闸后的电压电流状态。理论上，如果测试仪开入量直接连接断路器的“合位”接点，则合闸延时可取为 0，但考虑到躲开三相重合动作的不一致性，建议取 0.02s，以保证三相可靠闭合。默认：0.02s。

PT（TV）安装位置：选择保护 TV 的安装位置：母线侧或线路侧。TV 位于母线侧，则跳闸后故障相电压恢复为正常电压值（即额定电压）；TV 位于线路侧，则跳闸后故障相电压变为零状态。一般地，220kV 以下的保护，TV 位于母线侧。本试验装置选择母线侧。

CT（TA）极性正方向：选择保护 TA 电流的正方向：指向线路（元件）或指向母线。本试验装置选择电流“指向线路（元件）”为正。

（8）“开入”选项卡设置。“开入”选项卡设置中，一般馈线保护都采用三相跳闸出口，故根据实际接线，把开入接点 A 设为“三跳接点”，其他的开入接点不影响试验，均可取默认值。开入量防抖确认时间：默认为“15ms”。

一旦试验进入故障状态，测试仪可以根据设置通过开出量发出一个信号。此测试项目不需要开出量，故无需设置“开出”选项卡设置。

针对于过流保护调试，“计算模型”选项卡设置可按默认设置。

(9) 试验过程及结果记录：参数设置完毕后，点击测试仪软件的按钮开始试验。

在过流保护定值校验过程中，每测试一个子试验项目，测试仪均先输出空载状态（输出时间为故障前时间 2.0s），然后自动进入故障状态，直到保护动作出口，开入接点 A 闭合，记录动作时间（故障状态的最长输出时间为 2.020s，等于试验限时＋跳闸延时），最后自动结束本次试验，进入下一个子试验项目。

等所有子试验项目测试结束后，根据提示，选择是否保存试验结果，如图 4-3-5 所示。将试验数据记录在表 4-3-5 中。

序号	项目	故障	跳A	跳B	跳C	重合R	后加速	重合延时
1	$1.050I_1$	A相接地	0.0403	—	—	—		
2	$1.050I_1$	BC相间	0.0369	—	—	—		
3	$1.050I_1$	三相短路	0.0354	—	—	—		
4	$0.950I_1$	A相接地	0.5248	—	—	—		
5	$0.950I_1$	BC相间	0.5250	—	—	—		
6	$0.950I_1$	三相短路	0.5255	—	—	—		
7	$1.050I_2$	A相接地	0.5321	—	—	—		
8	$1.050I_2$	BC相间	0.5264	—	—	—		
9	$1.050I_2$	三相短路	0.5255	—	—	—		
10	$0.950I_2$	A相接地	1.0256	—	—	—		
11	$0.950I_2$	BC相间	1.0251	—	—	—		
12	$0.950I_2$	三相短路	1.0348	—	—	—		
13	$1.050I_3$	A相接地	1.0295	—	—	—		
14	$1.050I_3$	BC相间	1.0361	—	—	—		
15	$1.050I_3$	三相短路	1.0337	—	—	—		
16	$0.950I_3$	A相接地						
17	$0.950I_3$	BC相间						
18	$0.950I_3$	三相短路						

注　测试结果中所有的时间单位均为s。

图 4-3-5　过流保护定值校验试验结果

2. 过流保护复合电压闭锁值测试（低电压值）

(1) 保护定值设置见表 4-3-9。

(2) 保护软压板设置。在“运行设置—压板设置”里，把过流Ⅰ段、I_1 复压闭锁、TV 断线退保护定值运行控制字都置“1”，其他运行控制字都置“0”（1 表示投入，0 表示退出）。

表 4-3-9　　方向复压过电流保护定值设置

序号	定值名称	数值	序号	定值名称	数值
1	过流Ⅰ段定值	5.0A	2	过流Ⅰ段时间	0s
3	过流低电压	60V	4	过流负序电压	8V
4	正方向灵敏角	−45°动作区（−130°～30°）			

（3）保护软硬压板设置。在保护屏上，投入“变压器后备保护投入”硬压板。

（4）“电压电流”选项卡设置。在“电压/电流（交流）”菜单里，可以用手控和程控两种方式分别对过流保护Ⅰ段、Ⅱ段、Ⅲ段的低压闭锁定值进行测试。在测试的过程中，为了保证结果的正确性，建议把非测试段退出。

下面以“过流Ⅰ段”为例，介绍用“电压/电流（交流）”中的程控方式来测试过流保护复合电压闭锁值的方法。

“电压电流”选项卡设置如图 4-3-6 所示。

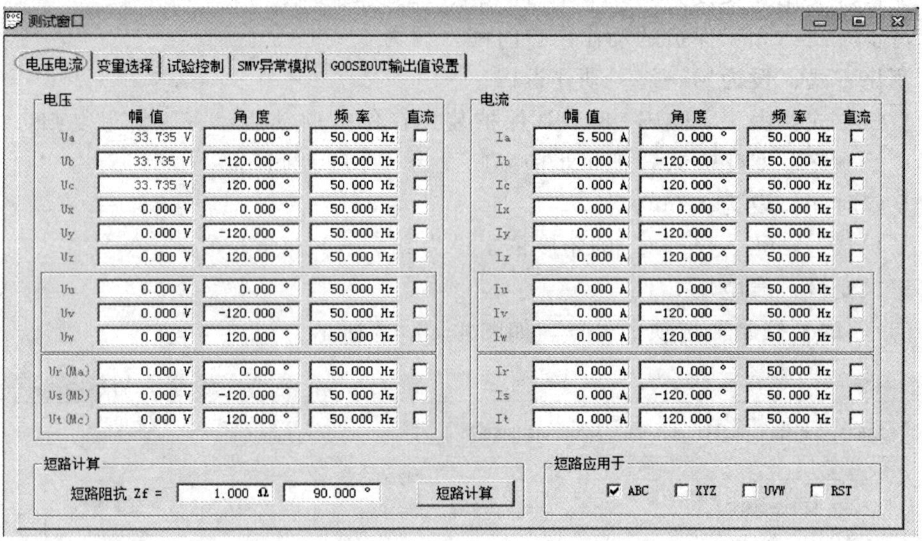

图 4-3-6　过流保护低电压闭锁值测试“电压电流”选项卡设置

电压设置：三相电压 U_a、U_b、U_c 的角度依次设为 0.000°、−120.000°、120.000°。在程控方式下，三相电压幅值不需要手动输入，自动设为变量变化范围中的起点值。

电流设置：设 I_a 为 5.500A，大于过流Ⅰ段电流定值；且 I_a 的相角应满足方向元件动作区，设为 0.000°，其他两相电流均为 0。

（5）“变量选择”选项卡设置，如图 4-3-7 所示。

手控/程控：设置为程控。

当前变量：U_a、U_b、U_c 幅值。

变化范围：设为 57.735V（变化起点）→10.000V（变化终点），对应的线电压变化范围为 100V（变化起点）→0V（变化终点）。

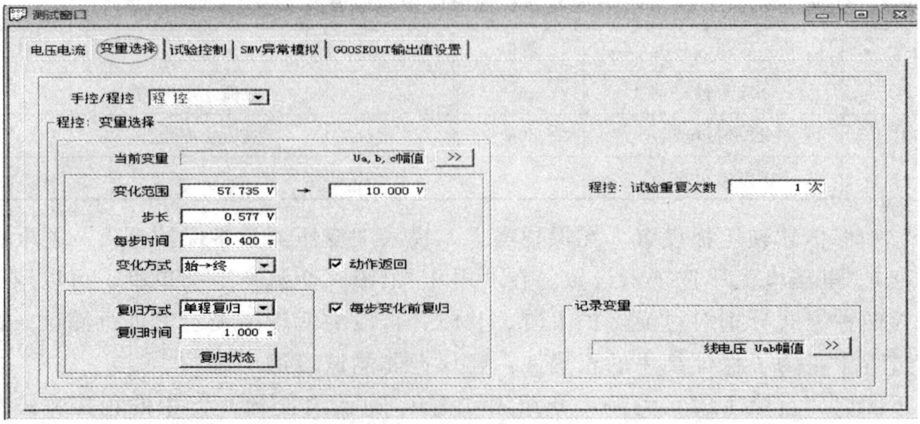

图 4-3-7　过流保护低电压闭锁值测试“变量选择”选项卡设置

步长：变化步长设为 0.577V，即线电压的变化步长为 1.0V。

每步时间：大于保护的动作出口时间，设为 0.400s。

变化方式：设为始→终。动作返回。

复归方式：由于 EDCS-8110B 保护装置在保护启动后，需要整组复归，并且根据“始→终”变化方式，把每步前复归设为“单程复归”。

复归时间：设为 1.000s。

复归状态：U_a、U_b、U_c 的角度依次设为 0°、−120°、120°。

记录变量：线电压 U_{ab}。

(6)“试验控制”选项卡设置，如图 4-3-8 所示。

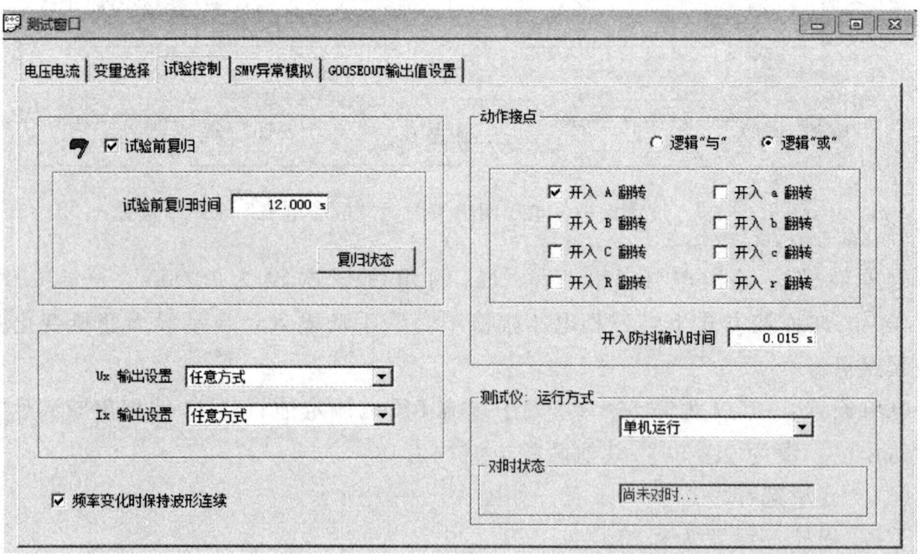

图 4-3-8　过流保护低电压闭锁值测试“试验控制”选项卡设置

试验前复归时间：12.000s。

复归状态：U_a、U_b、U_c 的角度依次设为 0°、−120°、120°。

U_x 输出方式设置：任意方式。

I_x 输出方式设置：任意方式。

频率变化时保持波形连续。

动作接点：根据实际的试验接线，设为 A 接点、逻辑或、开入 A 翻转。

开入防抖确认时间：0.015s。

测试仪运行方式：单机运行。

（7）试验过程及结果记录。参数设置完毕后，点击测试仪软件的▶按钮开始试验。

在低电压闭锁值测试过程中，采用脉冲式变化按步长减小电压输出值，直到保护动作出口，开入接点 A 闭合，记录动作值，然后自动结束试验。

试验结束后，根据提示，选择是否保存试验结果，如图 4-3-9 所示。将试验数据记录在表 4-3-5 中。

序号	记录变量	动作值	动作时间	返回值	返回时间
1	线电压 U_{ab} 幅值	58.431V	0.036s		

图 4-3-9　过流保护低电压闭锁值测试结果

（8）注意事项。此例中的低电压闭锁定值为线电压，故在设置电压的变化范围和变化步长时应考虑相电压与线电压之间的换算关系，且为了保证记录结果和整定值相对应，应把记录变量设为线电压。如果低电压闭锁定值为相电压，则应把电压变化范围、变化步长和记录变量相应的设为相电压。

3. 过流保护复合电压闭锁值测试（负序电压值）

在“电压/电流（交流）”菜单里，可以用手控和程控两种方式分别对过流保护Ⅰ段、Ⅱ段、Ⅲ段的负序电压闭锁定值进行测试。在测试的过程中，为了保证结果的正确性，建议把非测试段退出。

下面以“过流Ⅰ段”为例，介绍用“电压/电流（交流）”中的程控方式来测试过流保护负序电压闭锁值的方法。

（1）“电压电流”选项卡设置同图 4-3-6。

（2）“变量选择”选项卡设置，如图 4-3-10 所示。

当前变量：U_a 幅值。

变化范围：设为 57.735V（变化起点）→10.000V（变化终点）。步长：变化步长设为 0.577V，即线电压的变化步长为 1.0V。

记录变量：负序电压 U_{a2}。

其余设置与图 4-3-7 相同。

（3）“试验控制”选项卡设置，如图 4-3-10 所示。

（4）试验过程及结果记录：参数设置完毕后，点击测试仪软件的▶按钮开始试验。

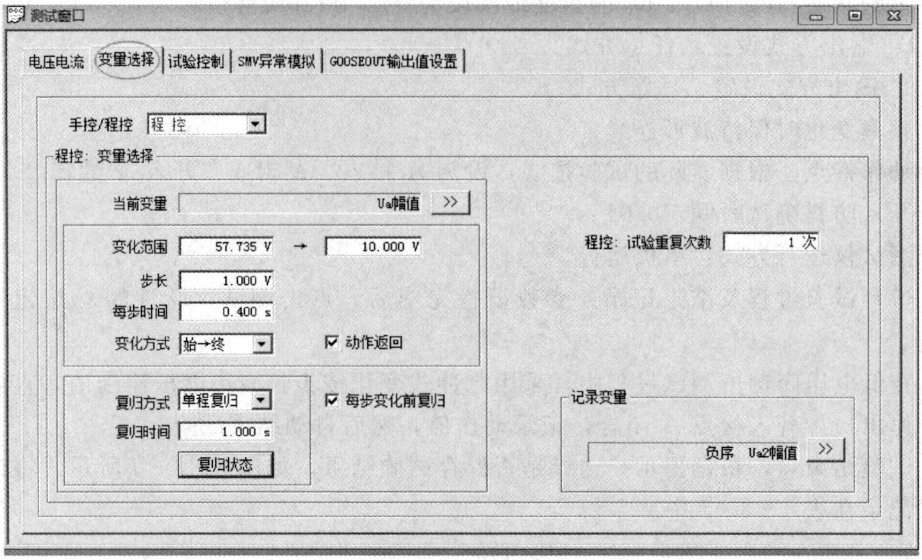

图 4-3-10 过流保护负序电压闭锁值测试“变量选择”选项卡设置

在负序电压闭锁值测试过程中，采用脉冲式变化按步长减小电压输出值，直到保护动作出口，开入接点 A 闭合，记录动作值，然后自动结束试验。

试验结束后，根据提示，选择是否保存试验结果，如图 4-3-11 所示。将试验数据记录在表 4-3-5 中。

序号	记录变量	动作值	动作时间	返回值	返回时间
1	负序 U_{a2}幅值	8.000V	0.042s		

图 4-3-11 过流保护负序电压闭锁值测试结果

4. 方向过流保护灵敏度角测试

在“电压/电流（交流）”菜单里，可以用手控和程控两种方式分别对方向过流保护Ⅰ段、Ⅱ段、Ⅲ段的灵敏角定值进行测试。在测试的过程中，为了保证结果的正确性，建议把非测试段退出。

下面以“过流Ⅰ段”为例，介绍用“电压/电流（交流）”中的程控方式来测试方向过流保护灵敏角定值的方法。

注意：投 I_1 方向闭锁控制字为“1”。

（1）“电压电流”选项卡设置，如图 4-3-6 所示。

（2）“变量选择”选项卡设置，如图 4-3-12 所示。

当前变量：I_a 角度。

变化范围：设为－130.000°（变化起点）→40.000°（变化终点）。

步长：变化步长设为 1.000°。

变化方式：设为始→终→始。全程变化。

复归方式：由于 EDCS-8110B 保护装置在保护启动后，需要整组复归，并且

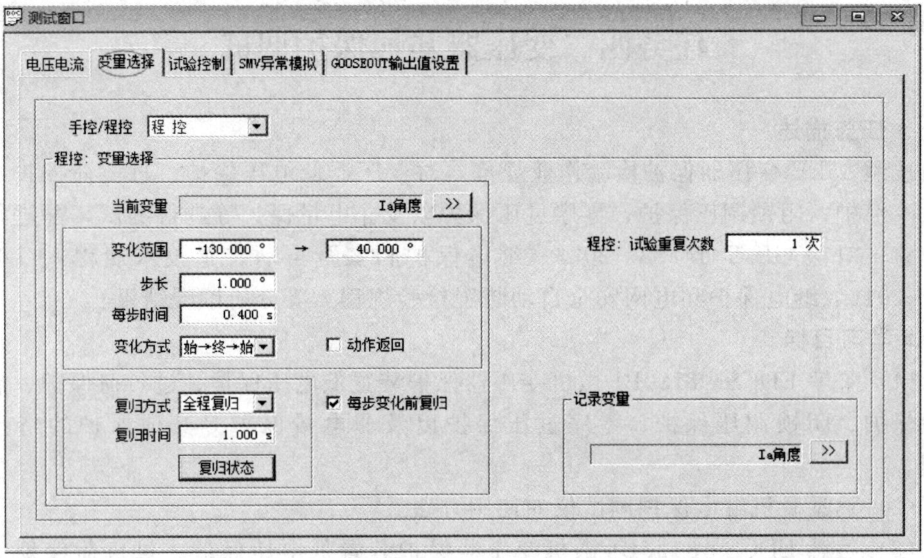

图 4－3－12　方向过流保护灵敏角测试“变量选择”选项卡设置设置

根据“始→终”变化方式，把每步前复归设为“全程复归”。

记录变量：负序电压 I_a 角度。

其余设置与图 4－3－7 相同。

(3)“试验控制”选项卡设置，如图 4－3－8 所示。

(4) 试验过程及结果记录：参数设置完毕后，点击测试仪软件的▶按钮开始试验。

在灵敏角测试过程中，采用脉冲式变化按步长设置电流角度输出值，直到保护动作出口，开入接点 A 闭合，记录动作值，然后自动结束试验。

试验结束后，根据提示，选择是否保存试验结果，如图 4－3－13 所示。将试验数据记录在表 4－3－5 中。

序号	记录变量	动作边界1	动作时间1	动作边界2	动作时间2
1	I_a角度	−120.000°	0.069s		
2	I_a角度			30.000°	0.102s

图 4－3－13　方向过流保护灵敏角测试结果

任务四 变压器其他保护调试

● **任务描述**

按照 35kV 变压器保护检验作业规范，对变压器低电压保护、过负荷保护、启动风冷保护、闭锁调压保护、零序过压保护以及非电量保护等进行测试，并进行定值校验；对照 GB/T 14285—2023《继电保护和安全自动装置技术规程》、DL/T 995—2016《继电保护和电网安全自动装置检验规程》等分析试验结果。

● **学习目标**

（1）了解 EDCS - 8120B1 微机变压器保护装置低电压保护、过负荷保护、启动风冷保护、闭锁调压保护、零序过压保护以及非电量保护等其他保护的特点及原理。

（2）熟悉微机继电保护调试仪的使用方法。

（3）熟悉 EDCS - 8120B1 微机变压器保护装置低电压保护、过负荷保护、启动风冷保护、闭锁调压保护、零序过压保护以及非电量保护等其他保护的调试方法。

（4）学会保护功能的逻辑判断及故障分析。

● **任务分组**

表 4-4-1　　学生任务分配表

<table>
<tr><td>班级</td><td></td><td>组号</td><td></td><td>指导老师</td><td></td></tr>
<tr><td>组长</td><td></td><td>学号</td><td colspan="3"></td></tr>
<tr><td>组员</td><td colspan="5"><table>
<tr><th>姓名</th><th>学号</th><th>姓名</th><th>学号</th></tr>
<tr><td></td><td></td><td></td><td></td></tr>
<tr><td></td><td></td><td></td><td></td></tr>
<tr><td></td><td></td><td></td><td></td></tr>
<tr><td></td><td></td><td></td><td></td></tr>
</table></td></tr>
<tr><td colspan="6">任务分工</td></tr>
<tr><td colspan="6"></td></tr>
</table>

● **获取信息**

引导问题 1：EDCS - 8120B1 变压器保护测控装置还包含哪些其他保护？各保护的功能是什么？

引导问题 2：变压器非电量保护包含哪些？非电量信息如何进入保护装置中？

引导问题 3：EDCS－8120B1 变压器保护测控装置中的变压器零序过压保护如何获取零序电压？

引导问题 4：EDCS－8120B1 保护测控装置在做零序过压保护调试时，应设置哪些保护定值？

● **工作计划**

1. 制定工作方案

表 4－4－2　　工作方案

步骤	工作内容	负责人

2. 列出仪表、工具、设备及器具清单

表 4－4－3　　器具清单

序号	名称	型号及规格	单位	数量	备注

3. 填写安全措施票

表 4-4-4　　　　　　二次安全措施票

单位：________________　　编号________________

被试设备及保护名称		35kV 主变线路保护测控（　　）号屏				
工作负责人			工作时间	年　月　日	签发人	
工作内容		35kV 主变线路保护测控（　　）号屏变压器其他保护调试				
安全措施						
序号	执行	安全措施内容				恢复
1						
2						
3						
4						
5						
6						
⋮						

执行人：　　　　　　监护人：　　　　　　恢复人：　　　　　　监护人：

● **进行决策**

1. 各组派代表阐述工作方案。
2. 各组对其他组的工作方案提出自己不同的看法。
3. 教师结合大家完成的情况进行点评，选出最佳方案。

● **工作实施**

按照工作方案内容及步骤进行装置变压器其他保护调试，编写记录表 4-4-5。

表 4-4-5　EDCS-8120B1 变压器保护测控装置其他保护调试记录表

设备运行单位	广东水利电力职业技术学院	设备名称	EDCS-8120B1 保护测控装置
设备型号		安装位置	
制造厂			

主变低电压保护检验

序号	测试内容		测试结果（动作值及动作时间）		
	模拟故障相别		U_{AB}	U_{BC}	U_{CA}
1	低电压保护	低电压定值 $U=$________V（动作边界）			
		1.05 倍整定值下动作行为			
		0.95 倍整定值下动作行为			
		0.8 倍整定值下动作时间/s			

主变零序过压保护检验

序号	测试内容		测试结果（动作值及动作时间）
	模拟故障相别		U_L
1	零序过压保护	零序过压定值 $U=$________V（动作边界）	
		1.05 倍整定值下动作行为	
		0.95 倍整定值下动作行为	
		1.2 倍整定值下动作时间/s	

主变过负荷保护检验

序号	测试内容		测试结果（动作值及动作时间）			
	模拟故障相别		AN	BN	CN	ABC
1	过负荷保护	过负荷定值 $I=$________A（动作边界）				
		1.05 倍整定值下动作行为				
		0.95 倍整定值下动作行为				
		1.2 倍整定值下动作时间/s				

主变启动风冷保护检验

序号	测试内容		测试结果（动作值及动作时间）		
	模拟故障相别		AN	BN	CN
1	启动风冷保护	启动风冷定值 $I=$________A（动作边界）			
		1.05 倍整定值下动作行为			
		0.95 倍整定值下动作行为			
		1.2 倍整定值下动作时间/s			
2	关闭风冷	关闭风冷定值 $I=$________A（动作边界）			
		1.05 倍整定值下动作行为			
		0.95 倍整定值下动作行为			
		0.8 倍整定值下动作时间/s			

续表

主变闭锁调压保护检验					
序号	测试内容		测试结果（动作值及动作时间）		
	模拟故障相别		AN	BN	CN
1	闭锁调压	闭锁调压定值 $I=$______A（动作边界）			
		1.05 倍整定值下动作行为			
		0.95 倍整定值下动作行为			
		1.2 倍整定值下动作时间/s			
母线充电保护检验					
序号	测试内容		测试结果（动作值及动作时间）		
	模拟故障相别		AN	BN	CN
1	母线充电保护	母线充电定值 $I=$______A（动作边界）			
		1.05 倍整定值下动作行为			
		0.95 倍整定值下动作行为			
		1.2 倍整定值下动作时间/s			
非电量保护检验					
序号	测试内容		测试结果		
1	本体轻瓦斯告警				
	有载轻瓦斯告警				
	油温高告警				
	油位异常告警				
	冷控失电告警				
责任人：			日期：		

● **评价反馈**

1. 验收过程情况记录

完成验收过程问题记录，见表 4-4-6。

表 4-4-6　　验收过程问题记录表

验收问题记录	整　改　措　施	完成时间	备注

2. 各组代表展示作品，介绍任务的完成过程、实施过程存在的问题及解决方法，完成评价考核评分表 4-4-7。

表 4-4-7 评价考核评分表

项目名称	评价内容	分值	评价分数		
			自评	互评	师评
职业素养考核项目（40%）	安全意识、责任意识、服从意识	10			
	积极参加教学活动，按时完成工作活页内容	10			
	团结合作、与人交流能力	10			
	文明作业，清理现场	10			
专业能力考核项目（60%）	调试准备工作到位	10			
	操作步骤准确	20			
	操作过程熟练、规范	20			
	检验报告编写完整、正确	10			
总分					
总评	自评（20%）+互评（20%）+师评（60%）	综合等级		教师（签名）：	

● **任务相关知识点**

1. 低电压保护测试。

（1）保护定值设置见表 4-4-8。

表 4-4-8 低电压保护定值设置

序号	定值名称	数值
1	低电压定值	80V
2	低电压时间定值	1s

（2）保护软压板设置。在“运行设置—压板设置”里，把“低电压保护、TV断线退保护”定值运行控制字都置“1”，其他运行控制字都置“0”（1 表示投入，0 表示退出）。

（3）保护硬压板设置：在保护屏上，退出“变压器主保护投差动硬压板”。

（4）“电压电流”选项卡设置：电压设置与图 4-3-6 相同，无需设置电流。

（5）“变量选择”选项卡设置，大部分同图 4-3-7。

每步时间：大于保护的动作出口时间，设为 1s。

复归时间：设为 1.2s。

（6）“试验控制”选项卡设置同图 4-3-8。

（7）试验过程及结果记录：参数设置完毕后，点击测试仪软件的▶按钮开始试验。

在低电压闭锁值测试过程中，采用脉冲式变化按步长减小电压输出值，直到保护动作出口，开入接点 A 闭合，记录动作值，然后自动结束试验。

试验结束后，根据提示，选择是否保存试验结果，如图 4-4-1 所示。将试验数据记录在表 4-4-5 中。

序号	记录变量	动作值	动作时间	返回值	返回时间
1	线电压 U_{ab}幅值	79.215V	1.024s		

图 4-4-1 低电压保护测试结果

2. 过负荷保护调试

(1) 保护定值设置，见表 4-4-9。

表 4-4-9 过负荷保护定值设置

序 号	定 值 名 称	数 值
1	过负荷	10A
2	过负荷时间定值	5s

(2) 保护软压板设置：在“运行设置—压板设置”里，把“过负荷保护、TV断线退保护”定值运行控制字都置“1”，其他运行控制字都置“0”（1 表示投入，0 表示退出）。

(3) 保护硬压板设置：在保护屏上，退出“变压器主保护投差动硬压板”。

(4)“电压电流”选项卡设置：只需将电流设置 10.5A。

其他选项卡无需设置，参数设置完毕后，点击测试仪软件的按钮开始试验，5s 后，保护装置报过负荷告警。

3. 启动风冷保护

(1) 保护定值设置，见表 4-4-10。

表 4-4-10 启动风冷保护定值设置

序 号	定 值 名 称	数 值
1	启动风冷	12A
2	启动风冷时间定值	5s

(2) 保护软压板设置：在“运行设置—压板设置”里，把“启动风冷保护、TV 断线退保护”定值运行控制字都置“1”，其他运行控制字都置“0”（1 表示投入，0 表示退出）。

(3) 保护硬压板设置：在保护屏上，退出“变压器主保护投差动硬压板”。

(4)“电压电流”选项卡设置：只需将电流设置 12.6A。

其他选项卡无需设置，参数设置完毕后，点击测试仪软件的按钮开始试验，5s 后，保护装置报启动风冷告警。

4. 闭锁调压保护

(1) 保护定值设置见表 4-4-11。

(2) 保护软压板设置：在“运行设置—压板设置”里，把“闭锁调压保护、TV 断线退保护”定值运行控制字都置“1”，其他运行控制字都置“0”（1 表示投入，0 表示退出）。

表 4-4-11　　闭锁调压保护定值设置

序　号	定　值　名　称	数　值
1	闭锁调压	10A
2	闭锁调压时间定值	5s

（3）保护硬压板设置：在保护屏上，退出“变压器主保护投差动硬压板”。

（4）“电压电流”选项卡设置：只需将电流设置 10.5A。

其他选项卡无需设置，参数设置完毕后，点击测试仪软件的▶按钮开始试验，5s 后，保护装置报闭锁调压告警。

5. 变压器零序过压保护调试

（1）保护定值设置见表 4-4-12。

表 4-4-12　　变压器零序过压保护定值设置

序　号	定　值　名　称	数　值
1	零序过压	30V
2	零序过压时间	1s

（2）保护软压板设置：在“运行设置—压板设置”里，把“零序过压、TV 断线退保护”定值运行控制字都置“1”，其他运行控制字都置“0”（1 表示投入，0 表示退出）。

（3）保护硬压板设置：在保护屏上，退出“变压器主保护投差动硬压板”。

（4）试验接线：U_a、U_n 分别与端子排 2UD102、UD12 相连，引入零序电压值。

（5）“电压电流”选项卡设置，如图 4-4-2 所示，电流设置设 I_a 为 0.000A，零序过压保护无需设置电流。

（6）“变量选择”选项卡设置，如图 4-4-3 所示。

当前变量：U_a 幅值。

变化范围：设为 0.000V（变化起点）→15.000V（变化终点）。

步长：变化步长设为 1.000V。

每步时间：大于保护的动作出口时间，设为 1.200s。

变化方式：设为始→终，动作返回。

复归方式：无需设置复归。

记录变量：U_a 幅值。

（7）“试验控制”选项卡设置，此保护逻辑无需设置试验前复归。

（8）试验过程及结果记录：参数设置完毕后，点击测试仪软件的▶按钮开始试验。

在零序电压测试过程中，采用脉冲式变化按步长增加电压输出值，直到保护告警。

试验结束后，根据提示，选择是否保存试验结果。

注意：零序过压保护只告警，不动作。

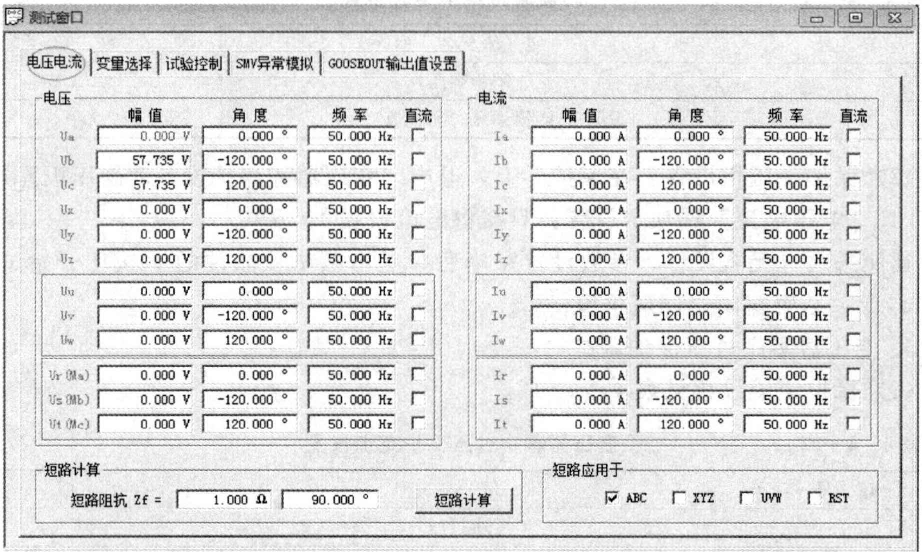

图 4-4-2　变压器零序过压保护调试“电压电流”选项卡设置

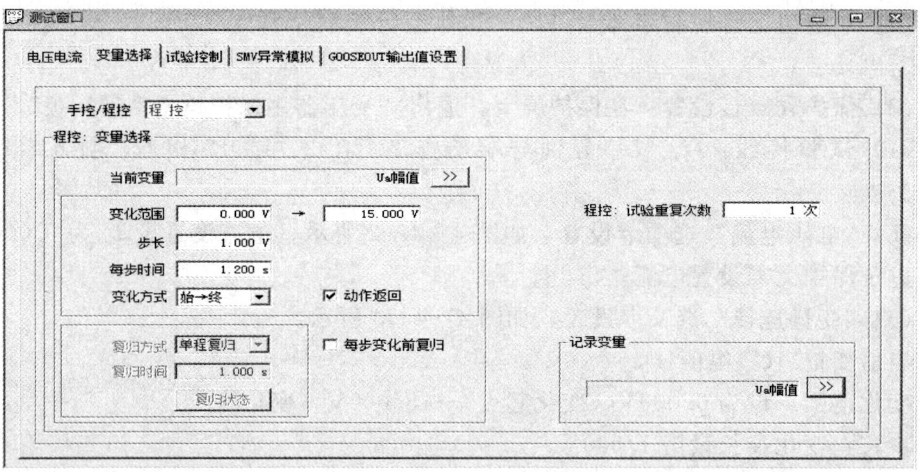

图 4-4-3　变压器零序过压保护调试“变量选择”选项卡设置

6. 非电量保护调试

在相应非电量信号输入端子加入＋220V 电源，非电量跳闸动作发 SOE，动作灯亮。

(1) 保护定值设置见表 4-4-13。

(2) 以上非电量保护均用短接线模拟操作。

1) 本体重瓦斯告警：短接 2QD1 和 2QD11，5s 后保护装置报本体重瓦斯告警信号及动作信号。

2) 有载重瓦斯告警：短接 2QD1 和 2QD12，5s 后保护装置报有载重瓦斯告警信号及动作信号。

表 4-4-13　　变压器非电量保护定值设置

序号	定值名称	数值	序号	定值名称	数值
1	本体重瓦斯告警	5s	6	有载轻瓦斯告警	10s
2	有载重瓦斯告警	7s	7	油温高	10s
3	压力释放	5s	8	冷控失电告警	10s
4	油温超高	5s	9	油位异常	10s
5	本体轻瓦斯告警	10s			

3）压力释放告警：短接 2QD1 和 2QD13，5s 后保护装置报压力释放告警信号及动作信号。

4）油温超高：短接 2QD1 和 2QD14，5s 后保护装置报油温超高告警信号及动作信号。

5）本体轻瓦斯告警：短接 2QD1 和 2QD15，10s 后保护装置报本体轻瓦斯告警信号。

6）有载轻瓦斯告警：短接 2QD1 和 2QD16，10s 后保护装置报有载轻瓦斯告警信号。

7）油温高告警：短接 2QD1 和 2QD17，10s 后保护装置报油温高告警信号。

8）冷控失电：短接 2QD1 和 2QD18，10s 后保护装置报冷控失电信号告警。

9）油位异常：短接 2QD1 和 2QD19，10s 后保护装置报油位异常信号告警。

任务五　35kV变压器保护检验作业规范

● **任务描述**

按照35kV变压器保护检验作业规范，完成EDCS－8120B1微机变压器保护装置现场验收及定期检验的基本项目及内容要求。对照GB/T 14285—2023《继电保护和安全自动装置技术规程》等分析试验结果。

● **学习目标**

（1）按照规范完成EDCS－8120B1微机变压器保护装置的现场验收及定期检验流程。

（2）熟悉微机继电保护调试仪的使用方法。

（3）熟悉作业标准及相关规程规范。

（4）学会逻辑判断及故障分析。

（5）结合现场装置及回路实际制定作业表单。

● **任务分组**

表4－5－1　　学生任务分配表

<table>
<tr><td>班级</td><td></td><td>组号</td><td></td><td>指导老师</td><td></td></tr>
<tr><td>组长</td><td></td><td>学号</td><td colspan="3"></td></tr>
<tr><td colspan="2">组员</td><td colspan="4"><table><tr><td>姓名</td><td>学号</td><td>姓名</td><td>学号</td></tr><tr><td></td><td></td><td></td><td></td></tr><tr><td></td><td></td><td></td><td></td></tr><tr><td></td><td></td><td></td><td></td></tr><tr><td></td><td></td><td></td><td></td></tr></table></td></tr>
<tr><td colspan="6">任务分工</td></tr>
<tr><td colspan="6"></td></tr>
</table>

● **获取信息**

引导问题1：说明35kV变压器保护定检作业流程。

______

______

引导问题2：EDCS－8120B1微机变压器保护装置现场验收及定期检验的基本项目有哪些？

______

______

● 工作计划

1. 制定工作方案

表 4-5-2 工 作 方 案

步骤	工 作 内 容	负责人

2. 列出仪表、工具、设备及器具清单

表 4-5-3 器 具 清 单

序号	名 称	型号及规格	单位	数量	备注

3. 填写安全措施票

表 4-5-4 二次安全措施票

单位：__________ 编号__________

<table>
<tr><td colspan="3">被试设备及保护名称</td><td colspan="4">35kV 主变线路保护测控（ ）号屏</td></tr>
<tr><td colspan="2">工作负责人</td><td></td><td>工作时间</td><td>年 月 日</td><td>签发人</td><td></td></tr>
<tr><td colspan="2">工作内容</td><td colspan="5">35kV 主变线路保护测控（ ）号屏变压器保护定检</td></tr>
<tr><td colspan="7">安全措施</td></tr>
<tr><td>序号</td><td>执行</td><td colspan="4">安全措施内容</td><td>恢复</td></tr>
<tr><td>1</td><td></td><td colspan="4"></td><td></td></tr>
<tr><td>2</td><td></td><td colspan="4"></td><td></td></tr>
<tr><td>3</td><td></td><td colspan="4"></td><td></td></tr>
<tr><td>4</td><td></td><td colspan="4"></td><td></td></tr>
<tr><td>5</td><td></td><td colspan="4"></td><td></td></tr>
<tr><td>6</td><td></td><td colspan="4"></td><td></td></tr>
<tr><td>⋮</td><td></td><td colspan="4"></td><td></td></tr>
</table>

续表

序号	执行	安全措施内容	恢复

执行人： 监护人： 恢复人： 监护人：

● **进行决策**

(1) 各组派代表阐述工作方案。

(2) 各组对其他组的工作方案提出自己不同的看法。

(3) 教师结合大家完成的情况进行点评，选出最佳方案。

● **工作实施**

按照工作方案内容及步骤进行 EDCS－8120B1 变压器保护测控装置保护定检，编写记录表 4－5－5。

表 4－5－5 EDCS－8110B3 变压器保护测控装置保护定检记录表

1. 软件版本号及 CRC 校验码检验

软件版本号	
CRC 检验码	
时钟检验	
定值核对	

2. 开关量输入回路检验

序号	开关量名称	保护装置端子	开关量状态变位（√）
1	本体重瓦斯		
2	有载重瓦斯		
3	压力释放		
4	油温超高		
5	本体轻瓦斯		

续表

序号	开关量名称	保护装置端子	开关量状态变位（√）
6	有载轻瓦斯		
7	油温高		
8	冷控失电		
9	油位异常		
10	开入 10		
11	开入 11		
12	开入 12		
13	弹簧未储能		
14	远方操作信号		
15	手跳位置信号		
16	投入变压器主保护差动保护		
17	投入变压器主保护检修状态		
18	信号复归		
责任人：		日期：	

3. 零漂检验

序号	测试内容	测试标准及结果							
		$-0.01I_e<I<0.01I_e$				$-0.05V<U<0.05V$			
		I_A	I_B	I_C	I_0	U_A	U_B	U_C	U_X
1	CPU								
责任人：				日期：					

4. 模拟量输入的幅值特性检验

序号	测试内容		测试标准及结果						
			误差小于 5%						
			80V	30V	5V		$0.2I_n$	$0.5I_n$	$1I_n$
1	高压侧	U_{A1}				I_{A1}			
		U_{B1}				I_{B1}			
		U_{C1}				I_{C1}			
2	低压侧					I_{A2}			
						I_{B2}			
						I_{C2}			
责任人：				日期：					

5. 模拟量输入的相位特性检验

序号	测试内容		测试标准及结果		
			误差小于3°		
			0°	45°	90°
1	相角差	$U_{A1}-I_{A1}$			
		$U_{B1}-I_{B1}$			
		$U_{C1}-I_{C1}$			
		$U_{A1}-U_{B1}$			
		$U_{B1}-U_{C1}$			
		$U_{C1}-U_{A1}$			
2		$U_{A1}-I_{A2}$			
		$U_{B1}-I_{B2}$			
		$U_{C1}-I_{C2}$			
责任人：			日期：		

6. 定值检验

（1）主变差动保护定值检验。

1）计算差流检验。

序号	测试内容	测试标准及结果（三相差流及三相制动电流大小）误差小于5%					
		$0.2I_e$	$0.5I_e$	$1I_e$	$2I_e$	$3I_e$	$5I_e$
1	I_{a1}	$I_{cda}=(\ \ )I_e$ $I_{cdb}=(\ \ )I_e$ $I_{cdc}=(\ \ )I_e$ $I_{za}=(\ \ )I_e$ $I_{zb}=(\ \ )I_e$ $I_{zc}=(\ \ )I_e$	$I_{cda}=(\ \ )I_e$ $I_{cdb}=(\ \ )I_e$ $I_{cdc}=(\ \ )I_e$ $I_{za}=(\ \ )I_e$ $I_{zb}=(\ \ )I_e$ $I_{zc}=(\ \ )I_e$	$I_{cda}=(\ \ )I_e$ $I_{cdb}=(\ \ )I_e$ $I_{cdc}=(\ \ )I_e$ $I_{za}=(\ \ )I_e$ $I_{zb}=(\ \ )I_e$ $I_{zc}=(\ \ )I_e$	$I_{cda}=(\ \ )I_e$ $I_{cdb}=(\ \ )I_e$ $I_{cdc}=(\ \ )I_e$ $I_{za}=(\ \ )I_e$ $I_{zb}=(\ \ )I_e$ $I_{zc}=(\ \ )I_e$	$I_{cda}=(\ \ )I_e$ $I_{cdb}=(\ \ )I_e$ $I_{cdc}=(\ \ )I_e$ $I_{za}=(\ \ )I_e$ $I_{zb}=(\ \ )I_e$ $I_{zc}=(\ \ )I_e$	$I_{cda}=(\ \ )I_e$ $I_{cdb}=(\ \ )I_e$ $I_{cdc}=(\ \ )I_e$ $I_{za}=(\ \ )I_e$ $I_{zb}=(\ \ )I_e$ $I_{zc}=(\ \ )I_e$
	I_{b1}	$I_{cda}=(\ \ )I_e$ $I_{cdb}=(\ \ )I_e$ $I_{cdc}=(\ \ )I_e$ $I_{za}=(\ \ )I_e$ $I_{zb}=(\ \ )I_e$ $I_{zc}=(\ \ )I_e$	$I_{cda}=(\ \ )I_e$ $I_{cdb}=(\ \ )I_e$ $I_{cdc}=(\ \ )I_e$ $I_{za}=(\ \ )I_e$ $I_{zb}=(\ \ )I_e$ $I_{zc}=(\ \ )I_e$	$I_{cda}=(\ \ )I_e$ $I_{cdb}=(\ \ )I_e$ $I_{cdc}=(\ \ )I_e$ $I_{za}=(\ \ )I_e$ $I_{zb}=(\ \ )I_e$ $I_{zc}=(\ \ )I_e$	$I_{cda}=(\ \ )I_e$ $I_{cdb}=(\ \ )I_e$ $I_{cdc}=(\ \ )I_e$ $I_{za}=(\ \ )I_e$ $I_{zb}=(\ \ )I_e$ $I_{zc}=(\ \ )I_e$	$I_{cda}=(\ \ )I_e$ $I_{cdb}=(\ \ )I_e$ $I_{cdc}=(\ \ )I_e$ $I_{za}=(\ \ )I_e$ $I_{zb}=(\ \ )I_e$ $I_{zc}=(\ \ )I_e$	$I_{cda}=(\ \ )I_e$ $I_{cdb}=(\ \ )I_e$ $I_{cdc}=(\ \ )I_e$ $I_{za}=(\ \ )I_e$ $I_{zb}=(\ \ )I_e$ $I_{zc}=(\ \ )I_e$
	I_{c1}	$I_{cda}=(\ \ )I_e$ $I_{cdb}=(\ \ )I_e$ $I_{cdc}=(\ \ )I_e$ $I_{za}=(\ \ )I_e$ $I_{zb}=(\ \ )I_e$ $I_{zc}=(\ \ )I_e$	$I_{cda}=(\ \ )I_e$ $I_{cdb}=(\ \ )I_e$ $I_{cdc}=(\ \ )I_e$ $I_{za}=(\ \ )I_e$ $I_{zb}=(\ \ )I_e$ $I_{zc}=(\ \ )I_e$	$I_{cda}=(\ \ )I_e$ $I_{cdb}=(\ \ )I_e$ $I_{cdc}=(\ \ )I_e$ $I_{za}=(\ \ )I_e$ $I_{zb}=(\ \ )I_e$ $I_{zc}=(\ \ )I_e$	$I_{cda}=(\ \ )I_e$ $I_{cdb}=(\ \ )I_e$ $I_{cdc}=(\ \ )I_e$ $I_{za}=(\ \ )I_e$ $I_{zb}=(\ \ )I_e$ $I_{zc}=(\ \ )I_e$	$I_{cda}=(\ \ )I_e$ $I_{cdb}=(\ \ )I_e$ $I_{cdc}=(\ \ )I_e$ $I_{za}=(\ \ )I_e$ $I_{zb}=(\ \ )I_e$ $I_{zc}=(\ \ )I_e$	$I_{cda}=(\ \ )I_e$ $I_{cdb}=(\ \ )I_e$ $I_{cdc}=(\ \ )I_e$ $I_{za}=(\ \ )I_e$ $I_{zb}=(\ \ )I_e$ $I_{zc}=(\ \ )I_e$

续表

序号	测试内容	测试标准及结果（三相差流及三相制动电流大小） 误差小于5%					
		$0.2I_e$	$0.5I_e$	$1I_e$	$2I_e$	$3I_e$	$5I_e$
1	I_{abc1}	$I_{cda}=(\quad)I_e$ $I_{cdb}=(\quad)I_e$ $I_{cdc}=(\quad)I_e$ $I_{za}=(\quad)I_e$ $I_{zb}=(\quad)I_e$ $I_{zc}=(\quad)I_e$	$I_{cda}=(\quad)I_e$ $I_{cdb}=(\quad)I_e$ $I_{cdc}=(\quad)I_e$ $I_{za}=(\quad)I_e$ $I_{zb}=(\quad)I_e$ $I_{zc}=(\quad)I_e$	$I_{cda}=(\quad)I_e$ $I_{cdb}=(\quad)I_e$ $I_{cdc}=(\quad)I_e$ $I_{za}=(\quad)I_e$ $I_{zb}=(\quad)I_e$ $I_{zc}=(\quad)I_e$	$I_{cda}=(\quad)I_e$ $I_{cdb}=(\quad)I_e$ $I_{cdc}=(\quad)I_e$ $I_{za}=(\quad)I_e$ $I_{zb}=(\quad)I_e$ $I_{zc}=(\quad)I_e$	$I_{cda}=(\quad)I_e$ $I_{cdb}=(\quad)I_e$ $I_{cdc}=(\quad)I_e$ $I_{za}=(\quad)I_e$ $I_{zb}=(\quad)I_e$ $I_{zc}=(\quad)I_e$	$I_{cda}=(\quad)I_e$ $I_{cdb}=(\quad)I_e$ $I_{cdc}=(\quad)I_e$ $I_{za}=(\quad)I_e$ $I_{zb}=(\quad)I_e$ $I_{zc}=(\quad)I_e$
2	I_{a2}	$I_{cda}=(\quad)I_e$ $I_{cdb}=(\quad)I_e$ $I_{cdc}=(\quad)I_e$ $I_{za}=(\quad)I_e$ $I_{zb}=(\quad)I_e$ $I_{zc}=(\quad)I_e$	$I_{cda}=(\quad)I_e$ $I_{cdb}=(\quad)I_e$ $I_{cdc}=(\quad)I_e$ $I_{za}=(\quad)I_e$ $I_{zb}=(\quad)I_e$ $I_{zc}=(\quad)I_e$	$I_{cda}=(\quad)I_e$ $I_{cdb}=(\quad)I_e$ $I_{cdc}=(\quad)I_e$ $I_{za}=(\quad)I_e$ $I_{zb}=(\quad)I_e$ $I_{zc}=(\quad)I_e$	$I_{cda}=(\quad)I_e$ $I_{cdb}=(\quad)I_e$ $I_{cdc}=(\quad)I_e$ $I_{za}=(\quad)I_e$ $I_{zb}=(\quad)I_e$ $I_{zc}=(\quad)I_e$	$I_{cda}=(\quad)I_e$ $I_{cdb}=(\quad)I_e$ $I_{cdc}=(\quad)I_e$ $I_{za}=(\quad)I_e$ $I_{zb}=(\quad)I_e$ $I_{zc}=(\quad)I_e$	$I_{cda}=(\quad)I_e$ $I_{cdb}=(\quad)I_e$ $I_{cdc}=(\quad)I_e$ $I_{za}=(\quad)I_e$ $I_{zb}=(\quad)I_e$ $I_{zc}=(\quad)I_e$
	I_{b2}	$I_{cda}=(\quad)I_e$ $I_{cdb}=(\quad)I_e$ $I_{cdc}=(\quad)I_e$ $I_{za}=(\quad)I_e$ $I_{zb}=(\quad)I_e$ $I_{zc}=(\quad)I_e$	$I_{cda}=(\quad)I_e$ $I_{cdb}=(\quad)I_e$ $I_{cdc}=(\quad)I_e$ $I_{za}=(\quad)I_e$ $I_{zb}=(\quad)I_e$ $I_{zc}=(\quad)I_e$	$I_{cda}=(\quad)I_e$ $I_{cdb}=(\quad)I_e$ $I_{cdc}=(\quad)I_e$ $I_{za}=(\quad)I_e$ $I_{zb}=(\quad)I_e$ $I_{zc}=(\quad)I_e$	$I_{cda}=(\quad)I_e$ $I_{cdb}=(\quad)I_e$ $I_{cdc}=(\quad)I_e$ $I_{za}=(\quad)I_e$ $I_{zb}=(\quad)I_e$ $I_{zc}=(\quad)I_e$	$I_{cda}=(\quad)I_e$ $I_{cdb}=(\quad)I_e$ $I_{cdc}=(\quad)I_e$ $I_{za}=(\quad)I_e$ $I_{zb}=(\quad)I_e$ $I_{zc}=(\quad)I_e$	$I_{cda}=(\quad)I_e$ $I_{cdb}=(\quad)I_e$ $I_{cdc}=(\quad)I_e$ $I_{za}=(\quad)I_e$ $I_{zb}=(\quad)I_e$ $I_{zc}=(\quad)I_e$
	I_{c2}	$I_{cda}=(\quad)I_e$ $I_{cdb}=(\quad)I_e$ $I_{cdc}=(\quad)I_e$ $I_{za}=(\quad)I_e$ $I_{zb}=(\quad)I_e$ $I_{zc}=(\quad)I_e$	$I_{cda}=(\quad)I_e$ $I_{cdb}=(\quad)I_e$ $I_{cdc}=(\quad)I_e$ $I_{za}=(\quad)I_e$ $I_{zb}=(\quad)I_e$ $I_{zc}=(\quad)I_e$	$I_{cda}=(\quad)I_e$ $I_{cdb}=(\quad)I_e$ $I_{cdc}=(\quad)I_e$ $I_{za}=(\quad)I_e$ $I_{zb}=(\quad)I_e$ $I_{zc}=(\quad)I_e$	$I_{cda}=(\quad)I_e$ $I_{cdb}=(\quad)I_e$ $I_{cdc}=(\quad)I_e$ $I_{za}=(\quad)I_e$ $I_{zb}=(\quad)I_e$ $I_{zc}=(\quad)I_e$	$I_{cda}=(\quad)I_e$ $I_{cdb}=(\quad)I_e$ $I_{cdc}=(\quad)I_e$ $I_{za}=(\quad)I_e$ $I_{zb}=(\quad)I_e$ $I_{zc}=(\quad)I_e$	$I_{cda}=(\quad)I_e$ $I_{cdb}=(\quad)I_e$ $I_{cdc}=(\quad)I_e$ $I_{za}=(\quad)I_e$ $I_{zb}=(\quad)I_e$ $I_{zc}=(\quad)I_e$
	I_{abc2}	$I_{cda}=(\quad)I_e$ $I_{cdb}=(\quad)I_e$ $I_{cdc}=(\quad)I_e$ $I_{za}=(\quad)I_e$ $I_{zb}=(\quad)I_e$ $I_{zc}=(\quad)I_e$	$I_{cda}=(\quad)I_e$ $I_{cdb}=(\quad)I_e$ $I_{cdc}=(\quad)I_e$ $I_{za}=(\quad)I_e$ $I_{zb}=(\quad)I_e$ $I_{zc}=(\quad)I_e$	$I_{cda}=(\quad)I_e$ $I_{cdb}=(\quad)I_e$ $I_{cdc}=(\quad)I_e$ $I_{za}=(\quad)I_e$ $I_{zb}=(\quad)I_e$ $I_{zc}=(\quad)I_e$	$I_{cda}=(\quad)I_e$ $I_{cdb}=(\quad)I_e$ $I_{cdc}=(\quad)I_e$ $I_{za}=(\quad)I_e$ $I_{zb}=(\quad)I_e$ $I_{zc}=(\quad)I_e$	$I_{cda}=(\quad)I_e$ $I_{cdb}=(\quad)I_e$ $I_{cdc}=(\quad)I_e$ $I_{za}=(\quad)I_e$ $I_{zb}=(\quad)I_e$ $I_{zc}=(\quad)I_e$	$I_{cda}=(\quad)I_e$ $I_{cdb}=(\quad)I_e$ $I_{cdc}=(\quad)I_e$ $I_{za}=(\quad)I_e$ $I_{zb}=(\quad)I_e$ $I_{zc}=(\quad)I_e$
责任人：				日期：			

2）差动门槛及差动速断定值校验。

序号	测试内容		测试结果（动作值及动作时间）						
	模拟故障相别		AN	BN	CN	ABCN	AB	BC	CA
1	差动门槛 （高压侧） 定值 I_{op}=（ ）A	阈值（动作边界）							
		1.05 倍							
		0.95 倍							
2	差动速断 （高压侧） 定值 I_{sd}=（ ）A	阈值（动作边界）							
		1.05 倍							
		0.95 倍							
3	差动门槛 （低压侧） 定值 I_{op}=（ ）A	阈值（动作边界）							
		1.05 倍							
		0.95 倍							
4	差动速断 （低压侧） 定值 I_{sd}=（ ）A	阈值（动作边界）							
		1.05 倍							
		0.95 倍							
责任人：						日期：			

3）比率差动定值校验。

序号	测试内容		测试结果（动作值及动作时间）			
	模拟故障相别		$I_r=0.5I_e$ I_d=（ ）I_e	$I_r=1I_e$ I_d=（ ）I_e	$I_r=2I_e$ I_d=（ ）I_e	$I_r=3I_e$ I_d=（ ）I_e
1	A 相差动	I_1	I_{a1}=（ ）A I_{b1}=（ ）A I_{c1}=（ ）A	I_{a1}=（ ）A I_{b1}=（ ）A I_{c1}=（ ）A	I_{a1}=（ ）A I_{b1}=（ ）A I_{c1}=（ ）A	I_{a1}=（ ）A I_{b1}=（ ）A I_{c1}=（ ）A
		I_2	I_{a2}=（ ）A I_{b2}=（ ）A I_{c2}=（ ）A	I_{a2}=（ ）A I_{b2}=（ ）A I_{c2}=（ ）A	I_{a2}=（ ）A I_{b2}=（ ）A I_{c2}=（ ）A	I_{a2}=（ ）A I_{b2}=（ ）A I_{c2}=（ ）A
2	斜率 K_{z1}		I_{r1}=（ ）I_e I_{d1}=（ ）I_e I_{r2}=（ ）I_e I_{d2}=（ ）I_e K=（ ）	I_{r1}=（ ）I_e I_{d1}=（ ）I_e I_{r2}=（ ）I_e I_{d2}=（ ）I_e K=（ ）	I_{r1}=（ ）I_e I_{d1}=（ ）I_e I_{r2}=（ ）I_e I_{d2}=（ ）I_e K=（ ）	
3	B 相差动	I_1	I_{a1}=（ ）A I_{b1}=（ ）A I_{c1}=（ ）A	I_{a1}=（ ）A I_{b1}=（ ）A I_{c1}=（ ）A	I_{a1}=（ ）A I_{b1}=（ ）A I_{c1}=（ ）A	I_{a1}=（ ）A I_{b1}=（ ）A I_{c1}=（ ）A
		I_2	I_{a2}=（ ）A I_{b2}=（ ）A I_{c2}=（ ）A	I_{a2}=（ ）A I_{b2}=（ ）A I_{c2}=（ ）A	I_{a2}=（ ）A I_{b2}=（ ）A I_{c2}=（ ）A	I_{a2}=（ ）A I_{b2}=（ ）A I_{c2}=（ ）A
4	斜率 K_{z1}		I_{r1}=（ ）I_e I_{d1}=（ ）I_e I_{r2}=（ ）I_e I_{d2}=（ ）I_e K=（ ）	I_{r1}=（ ）I_e I_{d1}=（ ）I_e I_{r2}=（ ）I_e I_{d2}=（ ）I_e K=（ ）	I_{r1}=（ ）I_e I_{d1}=（ ）I_e I_{r2}=（ ）I_e I_{d2}=（ ）I_e K=（ ）	

续表

序号	测试内容		测试结果（动作值及动作时间）			
	模拟故障相别		$I_r=0.5I_e$ $I_d=(\ )I_e$	$I_r=1I_e$ $I_d=(\ )I_e$	$I_r=2I_e$ $I_d=(\ )I_e$	$I_r=3I_e$ $I_d=(\ )I_e$
5	C 相差动	I_1	$I_{a1}=(\quad)$A $I_{b1}=(\quad)$A $I_{c1}=(\quad)$A	$I_{a1}=(\quad)$A $I_{b1}=(\quad)$A $I_{c1}=(\quad)$A	$I_{a1}=(\quad)$A $I_{b1}=(\quad)$A $I_{c1}=(\quad)$A	$I_{a1}=(\quad)$A $I_{b1}=(\quad)$A $I_{c1}=(\quad)$A
		I_2	$I_{a2}=(\quad)$A $I_{b2}=(\quad)$A $I_{c2}=(\quad)$A	$I_{a2}=(\quad)$A $I_{b2}=(\quad)$A $I_{c2}=(\quad)$A	$I_{a2}=(\quad)$A $I_{b2}=(\quad)$A $I_{c2}=(\quad)$A	$I_{a2}=(\quad)$A $I_{b2}=(\quad)$A $I_{c2}=(\quad)$A
6	斜率 K_{z1}		$I_{r1}=(\ )I_e$ $I_{d1}=(\ )I_e$ $I_{r2}=(\ )I_e$ $I_{d2}=(\ )I_e$ $K=(\ )$	$I_{r1}=(\ )I_e$ $I_{d1}=(\ )I_e$ $I_{r2}=(\ )I_e$ $I_{d2}=(\ )I_e$ $K=(\ )$	$I_{r1}=(\ )I_e$ $I_{d1}=(\ )I_e$ $I_{r2}=(\ )I_e$ $I_{d2}=(\ )I_e$ $K=(\ )$	
7	ABC 相差动	I_1	$I_{a1}=(\quad)$A $I_{b1}=(\quad)$A $I_{c1}=(\quad)$A	$I_{a1}=(\quad)$A $I_{b1}=(\quad)$A $I_{c1}=(\quad)$A	$I_{a1}=(\quad)$A $I_{b1}=(\quad)$A $I_{c1}=(\quad)$A	$I_{a1}=(\quad)$A $I_{b1}=(\quad)$A $I_{c1}=(\quad)$A
		I_2	$I_{a2}=(\quad)$A $I_{b2}=(\quad)$A $I_{c2}=(\quad)$A	$I_{a2}=(\quad)$A $I_{b2}=(\quad)$A $I_{c2}=(\quad)$A	$I_{a2}=(\quad)$A $I_{b2}=(\quad)$A $I_{c2}=(\quad)$A	$I_{a2}=(\quad)$A $I_{b2}=(\quad)$A $I_{c2}=(\quad)$A
8	斜率 K_{z1}		$I_{r1}=(\ )I_e$ $I_{d1}=(\ )I_e$ $I_{r2}=(\ )I_e$ $I_{d2}=(\ )I_e$ $K=(\ )$	$I_{r1}=(\ )I_e$ $I_{d1}=(\ )I_e$ $I_{r2}=(\ )I_e$ $I_{d2}=(\ )I_e$ $K=(\ )$	$I_{r1}=(\ )I_e$ $I_{d1}=(\ )I_e$ $I_{r2}=(\ )I_e$ $I_{d2}=(\ )I_e$ $K=(\ )$	
责任人：				日期：		

4）谐波制动定值校验。

注： 故障相电流保证：差动速断＞I＞差动门槛值。

a. 谐波菜单。

序号	测试内容		测试结果（动作值及动作时间）				
	模拟故障相别		$1I_e$	$1.5I_e$	$2I_e$	$2.5I_e$	$3I_e$
1	高压侧	AN					
		BN					
		CN					
2	低压侧	AN					
		BN					
		CN					
责任人：				日期：			

b. 差动菜单。

序号	测试内容		测试结果（动作值及动作时间）			
	模拟故障相别		I_d=(　)I_e	I_d=(　)I_e	I_d=(　)I_e	I_d=(　)I_e
1	A 相差动	I_1	I_{a1}=(　　)A I_{b1}=(　　)A I_{c1}=(　　)A	I_{a1}=(　　)A I_{b1}=(　　)A I_{c1}=(　　)A	I_{a1}=(　　)A I_{b1}=(　　)A I_{c1}=(　　)A	I_{a1}=(　　)A I_{b1}=(　　)A I_{c1}=(　　)A
		I_2	I_{a2}=(　　)A I_{b2}=(　　)A I_{c2}=(　　)A	I_{a2}=(　　)A I_{b2}=(　　)A I_{c2}=(　　)A	I_{a2}=(　　)A I_{b2}=(　　)A I_{c2}=(　　)A	I_{a2}=(　　)A I_{b2}=(　　)A I_{c2}=(　　)A
2	谐波含量 K_{xb}					
3	B 相差动	I_1	I_{a1}=(　　)A I_{b1}=(　　)A I_{c1}=(　　)A	I_{a1}=(　　)A I_{b1}=(　　)A I_{c1}=(　　)A	I_{a1}=(　　)A I_{b1}=(　　)A I_{c1}=(　　)A	I_{a1}=(　　)A I_{b1}=(　　)A I_{c1}=(　　)A
		I_2	I_{a2}=(　　)A I_{b2}=(　　)A I_{c2}=(　　)A	I_{a2}=(　　)A I_{b2}=(　　)A I_{c2}=(　　)A	I_{a2}=(　　)A I_{b2}=(　　)A I_{c2}=(　　)A	I_{a2}=(　　)A I_{b2}=(　　)A I_{c2}=(　　)A
4	谐波含量 K_{xb}					
5	C 相差动	I_1	I_{a1}=(　　)A I_{b1}=(　　)A I_{c1}=(　　)A	I_{a1}=(　　)A I_{b1}=(　　)A I_{c1}=(　　)A	I_{a1}=(　　)A I_{b1}=(　　)A I_{c1}=(　　)A	I_{a1}=(　　)A I_{b1}=(　　)A I_{c1}=(　　)A
		I_2	I_{a2}=(　　)A I_{b2}=(　　)A I_{c2}=(　　)A	I_{a2}=(　　)A I_{b2}=(　　)A I_{c2}=(　　)A	I_{a2}=(　　)A I_{b2}=(　　)A I_{c2}=(　　)A	I_{a2}=(　　)A I_{b2}=(　　)A I_{c2}=(　　)A
6	谐波含量 K_{xb}					
7	ABC 相差动	I_1	I_{a1}=(　　)A I_{b1}=(　　)A I_{c1}=(　　)A	I_{a1}=(　　)A I_{b1}=(　　)A I_{c1}=(　　)A	I_{a1}=(　　)A I_{b1}=(　　)A I_{c1}=(　　)A	I_{a1}=(　　)A I_{b1}=(　　)A I_{c1}=(　　)A
		I_2	I_{a2}=(　　)A I_{b2}=(　　)A I_{c2}=(　　)A	I_{a2}=(　　)A I_{b2}=(　　)A I_{c2}=(　　)A	I_{a2}=(　　)A I_{b2}=(　　)A I_{c2}=(　　)A	I_{a2}=(　　)A I_{b2}=(　　)A I_{c2}=(　　)A
8	谐波含量 K_{xb}					
责任人：				日期：		

（2）主变过流保护检验。

序号	测试内容		测试结果（动作值及动作时间）					
	模拟故障相别		AN	BN	CN	AB	BC	CA
1	过流Ⅰ段	过流Ⅰ段定值 I=________A（动作边界）						
		1.05 倍整定值下动作行为						
		0.95 倍整定值下动作行为						
		1.2 倍整定值下动作时间/s						

续表

序号	测试内容		测试结果（动作值及动作时间）					
	模拟故障相别		AN	BN	CN	AB	BC	CA
2	过流Ⅱ段	过流Ⅱ段定值 I=________A（动作边界）						
		1.05 倍整定值下动作行为						
		0.95 倍整定值下动作行为						
		1.2 倍整定值下动作时间/s						
3	过流Ⅲ段	过流Ⅲ段定值 I=________A（动作边界）						
		1.05 倍整定值下动作行为						
		0.95 倍整定值下动作行为						
		1.2 倍整定值下动作时间/s						
4	复压闭锁（低电压）	低电压闭锁值 U=________V						
5	复压闭锁（负序电压）	负序电压闭锁值 U=________V						
6	过流方向元件	正方向						
		反方向						
责任人：			日期：					

（3）主变低电压保护检验。

序号	测试内容		测试结果（动作值及动作时间）		
	模拟故障相别		U_{AB}	U_{BC}	U_{CA}
1	低电压保护	低电压定值 U=________V（动作边界）			
		1.05 倍整定值下动作行为			
		0.95 倍整定值下动作行为			
		0.8 倍整定值下动作时间/s			

（4）主变零序过压保护检验。

序号	测试内容		测试结果（动作值及动作时间）
	模拟故障相别		U_L
1	零序过压保护	零序过压定值 U=________V（动作边界）	
		1.05 倍整定值下动作行为	
		0.95 倍整定值下动作行为	
		1.2 倍整定值下动作时间/s	

(5) 主变过负荷保护检验。

<table>
<tr><td rowspan="2">序号</td><td colspan="2">测试内容</td><td colspan="4">测试结果(动作值及动作时间)</td></tr>
<tr><td colspan="2">模拟故障相别</td><td>AN</td><td>BN</td><td>CN</td><td>ABC</td></tr>
<tr><td rowspan="4">1</td><td rowspan="4">过负荷保护</td><td>过负荷定值
$I=$______A(动作边界)</td><td></td><td></td><td></td><td></td></tr>
<tr><td>1.05 倍整定值下动作行为</td><td></td><td></td><td></td><td></td></tr>
<tr><td>0.95 倍整定值下动作行为</td><td></td><td></td><td></td><td></td></tr>
<tr><td>1.2 倍整定值下动作时间/s</td><td></td><td></td><td></td><td></td></tr>
</table>

7. 终结

<table>
<tr><td>发现问题及处理情况</td><td colspan="2"></td></tr>
<tr><td>遗留问题</td><td colspan="2"></td></tr>
<tr><td>结论</td><td colspan="2"></td></tr>
<tr><td>试验日期:</td><td>试验负责人:</td><td>试验人员:</td></tr>
</table>

● 评价反馈

1. 验收过程情况记录

完成验收过程问题记录表 4-5-6。

表 4-5-6　　验收过程问题记录表

验收问题记录	整改措施	完成时间	备注

2. 各组代表展示作品，介绍任务的完成过程、实施过程存在的问题及解决方法，完成评价考核评分表 4-5-7。

表 4-5-7　　　　评价考核评分表

<table>
<tr><th rowspan="2">项目名称</th><th rowspan="2">评价内容</th><th rowspan="2">分值</th><th colspan="3">评价分数</th></tr>
<tr><th>自评</th><th>互评</th><th>师评</th></tr>
<tr><td rowspan="4">职业素养考核项目（40%）</td><td>安全意识、责任意识、服从意识</td><td>10</td><td></td><td></td><td></td></tr>
<tr><td>积极参加教学活动，按时完成工作活页内容</td><td>10</td><td></td><td></td><td></td></tr>
<tr><td>团结合作、与人交流能力</td><td>10</td><td></td><td></td><td></td></tr>
<tr><td>文明作业，清理现场</td><td>10</td><td></td><td></td><td></td></tr>
<tr><td rowspan="4">专业能力考核项目（60%）</td><td>调试准备工作到位</td><td>10</td><td></td><td></td><td></td></tr>
<tr><td>操作步骤准确</td><td>20</td><td></td><td></td><td></td></tr>
<tr><td>操作过程熟练、规范</td><td>20</td><td></td><td></td><td></td></tr>
<tr><td>检验报告编写完整、正确</td><td>10</td><td></td><td></td><td></td></tr>
<tr><td colspan="3">总分</td><td></td><td></td><td></td></tr>
<tr><td rowspan="2">总评</td><td rowspan="2">自评（20%）+互评（20%）+师评（60%）</td><td colspan="2">综合等级</td><td colspan="2" rowspan="2">教师（签名）：</td></tr>
<tr><td colspan="2"></td></tr>
</table>

● 任务相关知识点

1. 防止人身触电

<table>
<tr><th>序号</th><th>类别</th><th>危险点危险源</th><th>安全预控措施</th></tr>
<tr><td>1</td><td>误入带电间隔</td><td>防止走错间隔造成人身或设备伤害</td><td>工作前与运行人员共同确定工作地点，核对设备双编号，相邻的运行设备应有明显的隔离措施，工作负责人应向全体工作班成员进行工作范围的交底，专人监护</td></tr>
<tr><td rowspan="5">2</td><td rowspan="5">电源的使用</td><td>使用试验电源盘没有漏电开关</td><td>必须使用装有漏电保护器的电源盘</td></tr>
<tr><td rowspan="4">接、拆低压电源</td><td>1. 螺丝刀等工具金属裸露部分除刀口部分应外包绝缘</td></tr>
<tr><td>2. 接拆电源必须在电源开关拉开的情况下进行</td></tr>
<tr><td>3. 临时电源必须使用专用电源，禁止从运行设备上取得电源</td></tr>
<tr><td>4. 室外电缆沟、沙井、主控楼电缆口、屏位口等要加盖</td></tr>
</table>

2. 防止继保“四误”

序号	类别	危险点危险源	安全预控措施
1	误碰	误动运行设备	1. 工作前要先熟悉屏内运行设备相关或带电接线
			2. 分合断路器必须由值班员操作
			3. 切换前交流电压、直流电源及联跳运行断路器出口回路压板、端子排用绝缘胶布封好
			4. 清尘时使用绝缘工具，不得使用带金属的清扫工具
			5. 进入内嵌式保护屏时，金属器具不得误碰屏内接线，拉合保护屏时不能用力过大，以防造成厂家屏内配线松动、断裂或使保护震动
			6. 严格执行工作票及安全措施单，联跳运行开关或失灵启动、远跳压板负电端以绝缘胶布包好
2	误整定	防止误整定定值	1. 工作前应确认最新定值单，打印一份运行定值留底
			2. 正式定值调整后应与值班员核对无误，并打印一份定值附在保护检验记录后
			3. 修改单项定值时，要注意同时修改与之相关联的其他 CPU 或保护装置定值
3	误接线	现场安全措施及图纸如有错误，可能造成做安全措施时误跳运行设备	1. 必须具备与现场设备一致的图纸。工作前须再次核对确认图纸与现场情况一致
		拆除二次回路接线时，易发生遗漏及误恢复事故；隔离不当造成 TV 短路和 TA 开路	2. 严格执行安全措施安全措施单，不跳项，漏项；严禁 TA 开路；加入试验电压应先用万用表测量确无电压
			3. 接、拆二次线至少有两人执行，并做好记录
			4. 试验接线要经第二人复查后方可通电
		拆动二次接线（特别是端子外侧接线），有可能造成二次交、直流电压回路短路、接地，联跳回路误跳运行设备	5. 拆动端子前应当先核对无误；接线解除开后当用绝缘胶布包好，并做好记录
		防止试验电流、电压加入运行设备	6. 试验的电流、电压回路与运行设备的电流电压回路应有明显断开点，与运行设备连接的端子排应用红色绝缘胶布封好，防止试验电流、电压加入运行设备引起误动，特别注意后级串接的电流回路
4	误投退压板	漏退联跳运行设备压板，误跳对侧充电线路开关	1. 严格执行工作票及安全措施单，断路器保护屏的失灵及远跳压板、线路保护屏的远跳发信压板负电端以绝缘胶布包好
			2. 工作前应核对压板位置，特别应注意解开不经压板的联跳回路端子，联跳运行开关及启动失灵、发信回路、解除复压闭锁回路的压板输出端用绝缘胶布包好
			3. 工作结束后，压板状态必须与工作前状态一致（制定工作前后状态表）

3. 保护装置外观及接线检验

序号	类别	危险点分析	控制措施
1	装置外观及接线	装置带电拔、插插件导致插件损坏	断开装置电源
2		恢复时插件插错位置	插件拔下后按顺序摆放
3		人身静电感应损坏元器件	用手接触芯片的管脚时，应有防止人身静电损坏集成电路芯片的措施

4. 保护装置电源检验

序号	类别	危险点分析	控制措施
1	保护装置电源检验	给装置加电压时接线错误损坏装置或电压加到空开电源侧损坏试验仪	严格核对装置电源接线，确保接线正确，同时核对电源幅值及正负极性

5. 通电初步检查

序号	类别	危险点分析	控制措施
1	通电初步检查	直流电压过高或接线错误损坏装置	通电时测量直流电压幅值，注意直流电源正负极性

6. 开关量输入回路检验

序号	类别	危险点分析	控制措施
1	开关量输入回路检验	损坏光隔	严格按照说明书、图纸认真核对端子，正确执行

7. 模数变换系统测量精确度检验

序号	类别	危险点分析	控制措施
1	模数变换系统测量精确度检验	试验线接至端子排外侧造成模拟量加到一次设备上	试验线接至装置侧，在端子排核对交流电压、电流通道，防止试验误接线
2		接线不牢固、不正确造成试验结果错误或损坏试验仪	接线须经负责人认真检查，确保无误后方可进行试验
3		加入电流不符合电流互感器二次额定值	核对电流互感器二次额定电流（1A 或 5A）

8. 定值检验结果安全预控

序号	类别	危险点分析	控制措施
1	定值检验	①接线不牢固、不正确导致试验结果错误或校验仪损坏	①认真核对设备及回路编号，认真检查试验接线，防止误动、误碰、误接线；试验接线必须经工作负责人检查
2		②人身触电	②认真执行互唱制度，负责人与班员之间要紧密配合，试验装置外壳可靠接地

9. 其他安全预控措施

序号	类别	危险点危险源	安全预控措施
1	其他	人身静电造成保护装置集成电路芯片损坏	1. 拔插插件时装置必须停电，同时释放手上静电后方可进行
2		进行精度测试时，长期加入大电流损坏保护装置或试验装置	2. 电流：通入 $10I_e$ 时，不能超过 10s
			3. 电压：通入 $1.4U_e$ 时，不能超过 10s
3		屏柜接线前装置绝缘检查	4. 装置绝缘检查内容及要求：按照装置技术说明书的要求拔出插件，断开与其他保护的弱电联系回路，在保护屏柜端子排内侧分别短接交流电压回路端子、交流电流回路端子、直流电源回路端子、信号回路端子，用 500V 兆欧表测量下列装置绝缘电阻值，要求阻值均大于 20MΩ。 （1）各端子对地； （2）各端子相互间
4		屏柜接线后绝缘检查	5. 分别将电流、电压、直流控制、信号回路的所有接线各自连接在一起，用 1000V 兆欧表测量下列绝缘电阻，其绝缘电阻应大于 1MΩ。 （1）各回路对地； （2）各回路相互间
5		定期检验时	6. 用 1000V 兆欧表测量电流、电压（电压回路不独立时，可不进行检查）、直流、信号回路的对地绝缘电阻，其绝缘电阻应大于 1MΩ。部分检验时，可只进行电流回路对地绝缘检查
6		断开或投入电源顺序错，以致空气开关越级跳闸	7. 断开保护、操作、通风电源空气开关或取下保险时，要先断开分级电源，再断开总电源，投入时顺序相反
			8. 若有空气开关跳闸时，要先查明原因后方可送电
7		TV 反充电	9. 断开 TV 二次空气开关或保险
			10. 试验时，如要加入交流电压，要先测量电压回路确无电压
8		表计量程选择不当或用低内阻电压表测量联跳回路，易造成误跳运行设备	11. 万用表量程及挡位选择正确

参 考 文 献

[1] 杨奇逊，黄少锋．微型机继电保护基础［M］．2版．北京：中国电力出版社，2013.

[2] 许建安，等．电力系统微机继电保护［M］．北京：中国水利水电出版社，2019.

[3] 许建安，连晶晶．电力系统继电保护技术［M］．北京：机械工业出版社，2011.

[4] 韩笑，赵景峰，邢素娟．电网微机保护测试技术［M］．北京：中国水利水电出版社，2005.

[5] 高亮．电力系统微机继电保护［M］．北京：中国电力出版社，2019.

[6] 国家电力调度通信中心．电力系统继电保护规定汇编［M］．北京：中国电力出版社，2019.

[7] 蔡跃．职业教育活页式教材开发指导手册［M］．上海：华东师范大学出版社，2020.